核心素养背景下高中物理实验教学资源的开发与应用

天津市中小学教师继续教育中心　编

天津出版传媒集团

天津科学技术出版社

图书在版编目(CIP)数据

核心素养背景下高中物理实验教学资源的开发与应用/天津市中小学教师继续教育中心编.-- 天津:天津科学技术出版社,2021.12

(天津市中小学"学科领航教师培养工程"团队攻坚成果系列丛书)

ISBN 978-7-5576-9794-5

Ⅰ.①核… Ⅱ.①天… Ⅲ.①中学物理课-教学研究-高中 Ⅳ.①G633.72

中国版本图书馆 CIP 数据核字(2021)第 273064 号

核心素养背景下高中物理实验教学资源的开发与应用
HEXIN SUYANG BEIJINGXIA GAOZHONG WULI SHIYAN
JIAOXUE ZIYUAN DE KAIFA YU YINGYONG

责任编辑:石　崑
责任印制:兰　毅

出版:天津出版传媒集团
　　　天津科学技术出版社

地址:天津市西康路 35 号
邮编:300051
电话:(022) 23332397 (编辑室)
网址:www.tjkjcbs.com.cn
发行:新华书店经销
印刷:天津午阳印刷股份有限公司

开本 710×1000　1/16　印张 20.375　字数 320 000
2021 年 12 月第 1 版第 1 次印刷
定价:128.00 元

目　录

Chapter 1
第一章

引 论

第 1 节　研究背景

20 世纪以来,科学技术的发展促进了人类社会的快速进步,因此世界各国都十分重视科学技术在促进国家发展强大中的作用, 科技人才的培养普遍得到关注。进入 21 世纪,知识与科学技术的发展日新月异,社会发展对人才的依赖达到空前的程度,中学教育中如何才能有效培养学生的实践精神和创新能力已经成为各国教育界最关切的问题,也是各国不断进行教育改革的原因之一。物理学科是科学教育中的重要学科,物理学中的实验教育、实验课程资源的开发与应用成为重点研究领域。

20 世纪初,美国教育学家杜威在其《民主主义与教育》中,提出了"从做中学"的教育观念。杜威提倡学生要通过实践活动来体验和尝试,并最终获得知识,杜威的观念体现出对动手和实验的重视。1961 年,美国的施瓦布教授提出探究式学习理论。从此,探究性实验教学开始得到重视与发展,世界各国之所以重视这一实验教学模式,也是因为它凸显了实验教学的重要作用,更强调出实验教学也是要讲究教学方式、方法的,恰当的教学方式、方法才能切实培养学生的实践能力和创新能力。1996 年,美国出台的《国家科学教育标准》中特别强调科学探究的重要性,并且强调中学教学中必须开展探究式实验教学,《标准》中列出了不同年级水平的探究性实验教学案例以及探究性实验教学的分化指标,具有很强的操作性和可行性。

德国也十分重视物理实验在教学中的作用,特别是提倡以探究性的模式开展实验教学。教师在教学中会给学生提供充足的时间和空间,通过让学生动手实验等各种实践活动,让学生通过动脑思考、动手操作来寻找答案,而不是由教师提供现成的答案。德国教师不依赖于教材,广泛利用校内外教学资源,具有很强的课程资源整合能力,让学生通过各种实践活动获得知识。

日本的教师也十分重视实验教学资源的开发,教师们开发设计了大量简单易行的小实验,指导学生完成,期望以此达到对学生学习能力的培养。有一本由中学和大学老师合著的名为《趣味物理实验(上、下)》的书,书中介绍了大量的物理课外小实验,作者搜集了众多实验案例,这些小实验既好理解又有趣,非常适合教师作为教材实验以外的补充。

我国从最早的"双基目标"到课程改革后提出的"三维目标",再到改革深化升华为的"核心素养",充分体现出实验教学在中学物理教学中的作用越来越得到重视。1952 年 3 月,教育部颁发了《中学暂行规程(草案)》,"双基"概念首次被明确提出,即中学的教育目标之一是使学生"得到现代化科学的基础知识和技能"。改革开放以后,科学技术迅猛发展,人才的培养迫在眉睫,"双基"目标易造成"只重结果,忽视过程"的"高分低能"的缺陷越来越明显,切实提高学生实践能力和创新精神的素质教育改革的呼声越来越高。为了进一步推进素质教育,教育部在 2003 年颁布了《普通高中物理课程标准(实验)》,正式提出"三维目标"的课程目标,即高中物理课程要培养学生的"知识与技能、过程与方法、情感态度与价值观"。"三维目标"的提出,体现了改变过于注重知识传授的倾向,强调学生形成积极主动的学习态度,体现了培养学生的科学探究能力,体现了为学生的终身发展做准备,为应对现代社会和未来发展的挑战奠定基础。从 2003 年开始的素质教育课程改革推进了 10 年以后,我国教育领域仍然存在着学生的社会责任感、创新精神和实践能力较为薄弱的缺陷,为解决这些问题,教育部 2014 年 4 月印发《关于全面深化课程改革 落实立德树人根本任务的意见》(以下简称《意见》),提出了把党的教育方针具体化、细化,落实立德树人的根本任务,培养全面发展的人,提升 21 世纪国家人才核心竞争力的教育改革目标。明确提出了培养学生核心素养的教学目标,指出了核心素养主要指学生应具备的,能够适应终身发展和社会发展需要的必备品格和关键能力,核心素养是关于知识、技能、情感、态度、价值观等多方面要求的综合表现。《意见》中还指出,要优化教材内容,创新呈现形式,根据学生年龄特点,密切联系学生生活经验,设计教材内容的呈现和编排方式,使之更加生动、新颖、活泼,增强对学生的吸引力。从以上我国课程改革的发展脉络可以看出,学生的学习过程越来越得到重视,结合物理学科来说,能充分体现学生学习参与程度的物理实验的地位越来越得到凸显,有关实验资源的开发与使用、实验教学方式的研究与实践等也大量地开展起来。

在此意见指导下,2017 年教育部发布了《普通高中物理课程标准(2017 年版)》,在2020年又进一步修订发布了《普通高中物理课程标准(2017年版2020年修订)》(以下简称《课程标准》),在课程标准中凝练了高中物理学科的核心素养为"物理观念""科学思维""科学探究""科学态度与责任"四个方面,指出学科核心素养是学科育人价值的集中体现,是学生通过学科学习而逐步形成的正确价值观、必备品格和关键能力。《课程标准》中明确指出:在高中物理课程中,应注重科学探究,尤其应注重物理实验,这在培养学生的探究能力和科学态度等方面具有重要地位。在物理实验中,应发掘实验在培养学生发现和提出问题能力方面的潜在价值。教师可在一些物理实验中创设情境,让学生在观察和体验后有所发现、有所联想,萌发出科学问题;还可在实验中创设一些任务,让学生在完成任务中运用科学思维,自己提炼出应探究的科学问题。应通过实验提高学生制订计划的能力;要避免让学生按教师或教材的既定步骤进行虚假"探究",不应只把注意力集中在与探究假设相符的物理事实上,还需要观察和收集那些与预期结果相矛盾的信息;教学中要为学生提供交流的机会,让学生准备有条理的讲稿,进行准确和富有逻辑的发言;实验能培养学生的科学态度和科学精神,教师应培养学生严肃认真对待实验的态度。应尊重实验结果与事实,杜绝编造和修改实验数据,并把实事求是的作风带到平时的学习和生活中去。

物理学家丁肇中教授说过:"实验可以推翻理论,而理论永远不能推翻实验";物理教育家阎金铎先生认为:物理模型的建立、物理概念的形成、物理规律的得出,以及重大的发现,都是观察、实验同科学思维相结合的产物。因此,实验既是中学物理的有机组成部分,也是物理教学的手段,更是培养学生学科核心素养的重要环节,其既是学生概念、规律得以建立的依托,物理观念得以形成的手段,也是培养学生科学思维的载体,更是在培养学生的科学探究和科学态度与责任两个方面,具有独到的、不可替代的作用。《课程标准》中指出"要通过多样化的教学方式,突出物理学科特点,发挥实验在物理教学中的作用,帮助学生学习物理知识与技能,培养科学探究能力,逐步养成科学态度与科学精神"。因此广大一线教师要认真研究教材上实验教学的编排,根据教学资源、学情、教学目标,在实验的教学模式上,在器材、原理的改进上,在自制教具上等方面敢于和善于提出改进和优化措施,进行最优化的实验教学,把实验对核心素养培养的作用落实最大化。

新课程改革以来,我国一些物理教育工作者和学者在物理实验资源开发与应用方面已经取得一些成果,表现为:一是开发出许多实验资源并集结成书出版发行,以供更多的教育工作者和学生参考使用;二是大量的教育工作者开展了有关高中物理实验资源的开发与应用方面的课题研究,并作为硕士学位论文发表;三是大量的一线教师开展了关于高中物理实验资源的开发与使用的课题研究,并将成果在期刊杂志上发表。这些已有的成果一方面使有关实验资源的开发应用的相关理论逐渐完善,从实验资源的定义、分类、特点,到开发利用的方法、途径、原则等形成了广泛的共识,另一方面积累了大量的实验资源开发与利用的具体案例,不仅为广大教师提供了实验素材,还为他们自己开发与应用实验资源提供借鉴,树立榜样。但是,现有的研究也存在一定的局限性,首先是大多数有关国内外实验资源开发与应用研究现状的介绍资料和专家的研究成果(出版的书籍)都是在教育部出台《意见》之前,即国内提出核心素养理论之前,因此关于实验资源开发与应用如何促进和落实学生核心素养方面几乎没有相关的研究成果。其次教师利用所开发的新实验进行有关核心素养培养和提升的教学行为处于摸索阶段,没有形成成熟的经验与模式,没有一些典型做法教学效果的量化结果,没有与现有教育学、心理学理论相融合的较为令人信服的融合依据,等等。再有就是由于刚刚使用最新版本的教材,教材中的实验设计与教学方法、策略教学效果如何缺少反馈,针对新教材所提供实验的改进和教学策略几乎没有研究成果。

从以上所述背景来看,进行有关高中物理实验教学资源的开发与应用的教育科学研究仍然是必要的,特别是在课程改革进一步推进的背景下,在核心素养目标如何落实的背景下,高中物理实验资源的开发与应用方面的研究具有很大的研究空间。

第 2 节　研究意义

1　理论意义

实验既是高中物理教学的内容,也是高中物理教学的手段,因此开展高中物理教育研究一般都绕不开实验教学研究,它具有很高的研究价值。随着社会的发展和国家对教育改革提出的更高要求,也随着适应新世纪知识大爆炸特点的教育理论的不断发展与完善,《课程标准(2017 年版)》强调"以人为本"的教育理念,将人本主义教育观与教师实验教学相结合,开展新形势下的实验教学研究,切实能够使现有的教育理论不断丰富和完善。例如如何利用实验让学生自主探究出知识结果,就是建构主义等理论的一次实践,开展好高中物理实验的探究式教学,不仅仅是丰富了建构主义等教育学、心理学原理的教学案例,更是对这些教育、教学理论内容的发展与进步提供的支撑,是完善教育、教学方面理论的必然手段。从文献资料看,目前在理论方面,站在核心素养的高度上阐释实验资源的开发与应用方面的成果非常少,本次研究以核心素养为背景,研究实验资源的开发与使用,既是对高中物理实验教学从高于三维目标的理论上的重新审视,也是对科学探究和科学态度与责任等素养如何在实验教学中得以彰显,如何将几个方面素养具体要点落实到位的一次具体实践。因此,本研究能够为解决中学物理实验资源开发与应用过程中存在的一些问题提供一定水平的理论参考。

在实验教学中,由于实验器材的不完备以及设备的陈旧给老师的教学和学生的探究带来了一定的困扰,长久下去不利于科学思维的提升。因此,研究实验资源的改进和开发,能够真正解决实际教学中遇到的问题,有助于让实验教学更好地发挥其作用。将新教材各章、节,各课题的实验系统地整合出一套行之有效的实验课程资源供给一线教师日常使用,通过实验教学培养学生科学思维,提升科学探究能力,促进学科核心素养的平稳落地,让物理课堂呈现出焕然一新的素养面貌。

基于以学科核心素养为背景,我们提出了"核心素养背景下高中物理实验教学资源的开发与应用"这个课题,以期在新课改形势下,为核心素养的培养,在中学实验教学资源的整合和开发方面做出一定的成绩,真正为物理一线教学服务。

2 实践意义

2.1 提升器材的使用效果

高中物理实验教学作为物理知识获取的主要手段,它贯穿于整个物理课程之中。核心素养下的高中物理实验教学,更加强调学生参与到实验过程中而不是单一的教师实验学生被动接受,也更加重视实验的创新与整合,重视新技术、新材料的使用,重视学生参与的方便性和程度,重视学生的感受和实验效果等,针对当前高中物理实验进行创新与改进,将过程与方法、科学思维、科学态度与责任等核心素养理念融入教学中,必然能够更加凸显实验的教学效果,使教学目标的完成更加高效与持久,使核心素养的培养切实能够落地,因此说本研究切实可以提高实验教学效果。

面对高中物理一线教学,教师要充分、深入地挖掘实验室资源,从而真正促进实验器材的有效使用;同时,通过开发新实验来丰富课程资源,提升学生的实验参与度与热情,在学校成立开放实验室。对于实验探究的任务,主要依托于教材或日常习题,教师引导学生结合问题提出假设,从而制订出可行的、有实效的探究实验计划,通过实验器材的合理选择,最终实施实验。在这种行动模式的引领下,为学生的思索空间适当留白,更有助于突破教材中的教学难点,促进学生自主探究能力的形成。另外,日常教学中,我们还要鼓励学生利用现有仪器,进行整合与创新,从而提升仪器的利用成效。教师应做好保障工作,确保开发的合理性,结合学生的认知规律与年龄特点,优化教学设计,充分发挥实验器材的效能。

2.2 认知体验得以全面提升

物理源于生活,生活中很多身边的物品或现象都蕴含着丰富的物理知识与原理,但由于学生的知识储备不足,并没有养成时刻从物理的角度审视问题的能力。为突破这一问题,在教学中教师要注重对学生物理思维的引导与启发,利用身边器材进行有效的实验教学引领。比如:借助旋转的陀螺形象讲述磁场知识,还可以组织学生拆装陀螺,一方面帮助学生理解其内部的构造,另一方面培养学生良好的动手操作能力。在物理教学中,很多实验素材的生活化,恰好可以激发学生的学习积极性、引燃学习热情,更能引导学生从物理视角思考问题,这样做能让学生在获得新知识的同时,拓宽视野,锻炼有效学习与灵活运用能力。这将成为学科核心素养最终养成的关键环节。

2.3 有利于培养学生的科学探究和科学思维、科学态度与责任素养

处理好实验资源的开发与使用,切实可以促进学生科学思维能力、实验探究能力的提高。通过实验引导学生建立概念或发现规律的过程,就是培养学生的归纳思维、比较思维、抽象思维和推理思维等的过程;通过以探究式方式开展实验教学的过程又可以培养学生发现问题、设计实验、动手操作、分析评估等科学探究能力。通过对大量生活、生产中现象的观察、分析得出结论,通过利用生活中常见器材进行实验,通过各种现代化设备对实验过程的辅助提高了实验的效果等,切实可以促进学生认识到物理学是一门与生活、生产、科学与社会息息相关的学科,学好物理学有利于社会的持续发展和环境的保护,有利于人类社会的进步等,最终使学生认识到学习物理的本质意义——始于课本,终于生活,终于社会。

2.4 在教与学两个方面起到促进和引领作用

开展实验资源的开发与应用研究的目的是优化教学过程,促进核心素养的落实,最终在教与学两个方面起到促进和引领作用。从学生的角度讲,高效的实验教学过程促进了其对知识理解、掌握的精度、深度、速度和持久性,利于其形成牢固、合理逻辑的知识结构,即形成观念。同时,实验过程中学生的观察能力、质疑能力、猜想、设计、操作、解释评估等能力得到训练,即科学探究素养和正确的科学态度和责任素养得以提升。从教师的角度讲,寻找原有实验的原理、步骤、教学模式等的缺点、提出改进措施或自制出教具等的过程,就是教师自身教学能力与素养自我磨炼、发展、提高的过程,也是促进教师钻研教育教学理论、研磨理论与教学实践相结合的过程,还是教师自己的学科核心素养提升的过程,即教师利用物理观

念、科学思维、科学探究等素养解决实际问题的过程。教师如果长期进行实验资源的开发与应用方面的研究,利于其逐步形成自己独到的教学风格,即以个性化的实验为特色的教学风格,最终成为课程实验资源的开发或研发的能人。

第 3 节 研究内容

(1)对近年来涉及高中物理实验教学、实验教学资源开发、创新实验设计等主题的文献进行研究,梳理当前核心素养背景下,高中物理实验教学的新要求及新发展。

(2)针对当前中学实验室所能提供的实验器材现状,对比新课标及普通高中物理教材必修 1、必修 2、必修 3 中要求,对演示实验与学生分组实验的原理、器材、实验步骤、实验分析等进行梳理,进行实验开发与创新设计。

(3)对一线教师实验教学过程中出现的问题进行梳理,结合中学实验室现有软硬件条件,进行创新实验和自制教具的开发研究;对实验效果不好或完成有难度的实验,开发 flash 动画实验、虚拟实验,录制实验教学视频。

(4)对典型实验教学案例进行分析研究,进行创新实验教学案例研发与收集,探究核心素养背景下高中物理实验教学的模式、规律、手段及相关资源的开发与应用的效果,寻找规律。

(5)在教学实践中应用创新实验及相关实验教学资源,与用传统实验教学或纯理论讲解进行对比,通过对比学生实验考查成绩、师生问卷等方式,分析本研究对高中物理实验教学效果的影响。

第 4 节 研究方法

(1)文献研究法:本研究通过中国知网、图书馆文献、中文期刊网、百度文档等平台进行搜索、查阅、分析相关资料,并从中获取有用的、正确的、具有参考价值的信息,从而达到对所要研究的有关高中物理实验资源开发与应用以及核心素养落实方面的内容、研究情况有全面、深刻的认识。在对这些资料分析的基础上,对现有的高中物理实验资源的实验器材、原理方法、教学模式等进行总结和借鉴,深刻理解并掌握物理实验落实核心素养的方法手段,以此指导教学实践,构建自主、合作、探究、体验、开放式的新型物理实验课堂。

(2)调查研究法:选取不同层次学生进行调查,分析目前高中物理实验学生学习的现状;也选取若干教师进行调查,了解实验教学方法现状;调查主要采取访谈和问卷的形式,内容主要围绕实验是否做、怎样做,教或学的效果如何,是否有兴趣、是否愿意参与、是否想要改进等问题。课题研究初期还运用问卷调查法,对学生的学科素养现状进行全面、深入的调查,以大量的数据和真实案例把握学生物理学科核心素养现状,是本课题活动必不可少的前提环节。

(3)案例研究法:从落实核心素养的目标出发,选择典型的高中物理实验课例或者是以实验来得出物理规律的典型课例或者仅仅是某一教学内容的实验环节等进行个案研究,包括遵循原有的实验器材和原理方法,仅在教学方法上落实核心素养的一些改进,也包括在原有器材、原理方法上进行改进、创新,增加多媒体技术、新材料新器材的辅助等,对这些典型的实验课例,进行剖析、反思、研讨,再尝试改进等,最终形成初步结论推广应用,达到促进教师的教和学生的学,提升实验教学效果,完成核心素养在实验教学中落实的目的。

(4)实验研究法:按照研究目的,合理地控制或创设一定的条件,创设自变量和因变量并提出关系假设,通过实验验证假设,探讨教育现象因果关系。本研究中把所任教的班级分为实验班和对照班进行对比研究,实验班采用新开发或改进的实验或者改进的实验教学方式进行教学,对照班采用传统的实验或传统的实验教学方式进行教学,在实验结束后,选择适合的测量工具和确定合理的统计方法,得到评价因变量的指标数据。本研究中最终采用对同学进行 1:1 问卷调查,对该部分知识进行检测,观察成绩关系,与问卷对比效果等测量统计方法得到结论。

第二章

概念界定与理论基础

第1节 概念界定

1.1 核心素养

"核心素养"这个概念舶来于西方,英文词是"key compertencies"。"key"在英语中有"关键的""必不可少的"等含义。"competencies"也可以直译为"能力",但从它所包含的内容看,译成"素养"更为恰当。简言之,"核心素养"就是"关键素养"。欧盟的一个研究小组提出"核心素养代表了一系列知识、技能和态度的集合,它们是可迁移的、多功能的,这些素养是每个人发展自我、融入社会及胜任工作所必需的"。多年来,世界各国尤其是教育发达国家都开展了与核心素养相关的大量研究,相继提出了与本国实际相适应的类似"核心素养"的概念。以林崇德教授为首的我国教育专家团队经过长期研究提出了适应我国实际的"核心素养"概念,即:学生应该具备的、能够适应终身发展和社会发展需要的必备品格和关键能力。

1.2 物理学科核心素养

物理学科的核心素养是指学生学习了物理课程后应达成的正确价值观、必备品格和关键能力,是对知识与技能、过程与方法、情感态度价值观三维目标进行的整合。物理学科核心素养主要包括"物理观念""科学思维""科学探究""科学态度与责任"四个方面。

1.2.1 物理观念

"物理观念"是从物理学视角形成的关于物质、运动与相互作用、能量等的基本认识;是物理概念和规律等在头脑中的提炼与升华;是从物理学视角解释自然现象和解决实际问题的基础。

1.2.2 科学思维

"科学思维"是从物理学视角对客观事物的本质属性、内在规律及相互关系的认识方式;是基于经验事实建构物理模型的抽象概括过程;是分析综合、推理论证等方法在科学领域的具体运用;是基于事实证据和科学推理对不同观点和结论提出质疑和批判,进行检验和修正,进而提出创造性见解的能力与品格。

1.2.3 科学探究

"科学探究"是指基于观察和实验提出物理问题、形成猜想和假设、设计实验与制定方案、获取和处理信息、基于证据得出结论并做出解释,以及对科学探究过程和结果进行交流、评估、反思的能力。

1.2.4 科学态度与责任

"科学态度与责任"是指在认识科学本质,认识科学、技术、社会、环境关系的基础上,逐渐形成的探索自然的内在动力,严谨认真、实事求是和持之以恒的科学态度,以及遵守道德规范,保护环境并推动可持续发展的责任感。

1.3 高中物理实验资源的开发与应用

1.3.1 实验

"实验"的概念比较宽泛,一般是指一种操作或活动。《现代汉语词典》中的解释是:"为了检验某种科学理论或假设而进行的某种操作,或从事某种活动"。同样,对物理实验的定义也不尽相同,苏州大学的陶洪教授认为:"物理实验是人们根据实际研究的目的,通过运用科学仪器和设备,人为地控制、创造或纯化某种自然过程,使之按人们的预期进程发展,并在尽可能少的干扰客观状态的前提下进行观察和测量,以便探究物理过程变化规律的一种科学活动"。

物理实验一般分为演示实验、课内小实验(边讲边实验)、学生分组实验和课外实验。演示实验是以教师为主要操作者的表演示范实验。课内小实验是穿插在课堂教学过程中的学生操作的小实验。学生分组实验是学生自己动手使用仪器、观察测量、取得资料数据、分析处理数据、总结概括结论的过程,包括验证性实验和探索性实验。课外实验是学生在课外按照教师布置的任务、要求和方法,用一些简单的器材或自制仪器独立进行的实验。前两种实验侧重于培养学生通过观察思考,了解物理现象、规律和条件,理解概念和规律,学习规范化的操作技能和方法;后两种实验侧重于系统地培养学生独立实验的技能和技巧,发展逻辑思维、探索科学规律的能力,以及养成良好的习惯和态度。教师要采取适当的形式进行实验考核。

1.3.2 教学资源

教学资源是为教学的有效开展提供的素材等各种可被利用的条件,通常包括教材、案例、影视、图片、课件等,也包括教师资源、教具、基础设施等,广义也应该涉及教育政策等内容。从广义上来讲,教学资源可以指在教学过程中被教学者利用的一切要素,包括支撑教学的、为教学服务的人、财、物、信息等。从狭义上来讲,教学资源(学习资源)主要包括教学材料、教学环境及教学后援系统。

1.3.3 开发与应用

灵活运用物理实验资源与实验教学内容,既能充实课堂,也能为课堂教学服务,开发可以理解为根据教学目标及内容相关要求,对有限的实验资源,加工与整合已有的实验器材,经开发后应用实验教学。实验资源的应用与开发密不可分,有机融合,开发当然是为了充分地发挥其应用的效率,而又能发现不足以促进实验资源的高效开发。本文中对实验资源的开发与应用的主要参与角色以教师为主,学生为辅。本文中提出的实验资源的开发是指利用一切可以开展物理实验的资源,包括实验室装备的专门的实验器材,生产、生活中的物品和器具等,对原有实验装置或原理进行改进完善或者自主研发出新的实验方法和装置。而实验资源的应用有两层含义,一是仍然利用教材原有的实验原理与装置,但对原有的实验的教学模式进行创新,以达到教师期待的教学目标。二是将改进的或重新研发设计的实验装置应用于教学过程,如用其进行情境创设以激发兴趣、引发认知冲突;开展探究性教学以培养学生的提出问题、设计实验解决问题的能力;作为理解概念或规律的辅助手段等。

1.4 核心素养背景

是指以落实四个方面的学科核心素养为最终目的的实验资源的开发与应用,即不仅把实验作为教学内容来处理,还要深挖实验本身的教育功能,即如何改进或开发出新的实验资源、新的实验教学模式能够更好地促进学生物理观念的准确、深刻、持久地生成;能够让学生经历足够强度的科学推理与论证或者善于发现问题、提出质疑与批判;最重要的是在实验的利用过程中如何才能潜移默化地促进学生科学探究素养的提升,即善于从不同角度猜想与假设、会基于现有条件进行设计与实验、能够分析实验数据得出和评估结论,等等。

第 2 节　哲学理论基础

2.1 哲学家关于科学实验的论述

近代著名哲学家培根(1561—1626)就很重视实验的作用。他认为："感官印象本身是有缺点的,因为感官既有缺陷,又欺骗我们",因此要"补充"感官的不足,借助于"建立起来的实验",来"纠正"感官印象的欺骗性,一切比较真实的对于自然的解释,乃是由适当的例证和实验得到的。感觉所决定的只接触到实验,而实验所决定的则接触到自然和事物本身。

法国唯物主义哲学家狄德罗(1713—1784)则把观察、思考、实验作为认识自然的三种方法,其中,他强调了实验是检验推理、猜测的方法,他认为："观察搜集事实,思考把它们组合起来,实验则来证实组合的结果。"

马克思指出："科学是实验的科学,科学就在于用理性方法去整理感性材料。归纳、分析、比较、观察和实验是理性方法的主要条件。"恩格斯说："实验是分析和综合这二者的结合。"

总之,许多哲学家在论著中都支持科学实验在检验科学理论真理性的过程中起到重要作用这一论断,这些论述或思想是我们今天进行高中物理实验教学方面研究的重要哲学基础或前提。

2.2 哲学家关于教育教学方式的论述

古希腊哲学家苏格拉底(前470—前399)指出:求知是每个人灵魂里固有的能力,当时的智者宣称他们能把灵魂里原本没有的知识灌输到灵魂里去,苏格拉底嘲笑道,好像他们能把视力放进瞎子的眼睛里去似的。

法国哲学家卢梭(1712—1778)提出:教育即生长。即要使每个人的天性和与生俱来的能力得到健康生长,而不是把外面的东西例如知识灌输进一个容器。

卢梭在其名著《爱弥儿》中说道："什么是最好的教育?最好的教育就是无所作

为的教育：学生看不到教育的发生，却实实在在地影响着他们的心灵，帮助他们发挥了潜能，这才是天底下最好的教育。"

德国哲学家雅斯贝尔斯(1883—1969)在他的《什么是教育》中写道："教育的本质意味着：一棵树摇动一棵树，一朵云推动一朵云，一个灵魂唤醒一个灵魂。"

英国著名分析教育哲学家彼得斯(1919—2011)认为：仅掌握某项技能的人不是"受过教育的人"；仅掌握信息，而不理解原理的人不是"受过教育的人"；仅拥有某项专业知识的人不是"受过教育的人"。"受过教育的人"掌握的是系统的知识；"受过教育的人"知其然，并知其所以然；"受过教育的人"知识具备一定的广度。

总之，许多哲学家关于教育教学的观点都蕴含着教育教学要重视过程的思想，既要重视知识的教学过程，要让受教育者自主建构知识，知识不仅仅是最终的结论，更是知识建构过程中所发展的能力；他们的观点还蕴含着实践和创新的观点，即学习知识的过程，是为知识的使用做准备。

第3节　心理学理论基础

3.1 建构主义理论

建构主义源自关于儿童认知发展的理论，由于个体的认知发展与学习过程密切相关，因此利用建构主义可以比较好地说明人类学习过程的认知规律，即能较好地说明学习如何发生、意义如何建构、概念如何形成，以及理想的学习环境应包含哪些主要因素，等等。总之，在建构主义思想指导下可以形成一套新的比较有效的认知学习理论，并在此基础上实现较理想的建构主义学习环境。

建构主义认为学生在学习前也是有一定的知识基础的，学生在日常生活和学习中要遇到各种问题，在解决这些问题时他们就会形成具有鲜明个人特点的经验，这些经验是他们处理问题时的思维储备，当然也是他们学习新的知识时的知识基础和思维基础。学生的这些来自于经验的知识也是不断地发展与变化的，是他们在不断地接触新事物、解决新问题时对已有知识和思维习惯的加工、整合的结果。这样来说，学生的学习过程就不是对外界信息的照单全收，而是外界信息与自己已有经验结合，是利用已有经验来解释、来创造出新经验的过程。建构主义认为，学习者学习应该是在自身已有认知水平上，即在已有图式基础上实现与知识体系结合并建构新的知识框架的过程，此过程的进行与学生所处的社会环境有关。当学习者面对新的环境，其对新的情景产生好奇，在这一过程中，学习者会在自身原有图式基础上，根据实际生活情景提供的信息，将新的内容整合到自身原认知中，形成一个新的认知结构。

建构主义课程观强调，课程内容要有助于学习者的意义建构，在课程实施中，创设有助于学习者意义建构的情境，让学习者通过原有知识结合生活及经验建构新的知识，更能提高教学效率，在选择实验内容以及教学实施的过程中，物理教师要充分考虑高中学生及学校的特点，开发和应用适合高中学生发展的物理实验资源。

3.2 人本主义理论

人本主义心理学是有别于精神分析与行为主义的心理学界的"第三种力量"，主张从人的直接经验和内部感受来了解人的心理，强调人的本性、尊严、理想和兴趣，认为人的自我实现和为了实现目标而进行的创造才是人的行为的决定因素。人本主义心理学的目标是要对作为一个活生生的完整的人进行全面描述。人本主义心理学家认为，行为主义将人类学习混同于一般动物学习，不能体现人类本身的特性，而认知心理学虽然重视人类认知结构，却忽视了人类情感、价值观、态度等最能体现人类特性的因素对学习的影响。在他们看来，要理解人的行为，必须理解他所知觉的世界，即必须从行为者的角度来看待事物。要改变一个人的行为，首先必须改变其信念和知觉。人本主义者特别关注学习者的个人知觉、情感、信念和意图，认为它们是导致人与人的差异的"内部行为"，因此他们强调要以学生为中心来构建学习情景。

人本主义心理学代表人物罗杰斯认为，人类具有天生的学习愿望和潜能，这是一种值得信赖的心理倾向，它们可以在合适的条件下释放出来；当学生了解到学习内容与自身需要相关时，学习的积极性最容易激发；在一种具有心理安全感的环境下可以更好地学习。罗杰斯认为，教师的任务不是教学生知识，也不是教学生如何学习知识，而是要为学生提供学习的手段，至于应当如何学习则应当由学生自己决定。教师的角色应当是学生学习的"促进者"。

人本主义心理学认为，最重要的学习不是机械被动的学习，而是对人的发展有用的知识、经验、意义的学习。教育应该把学生培养成富有"灵活性、创造性和适应性的人"，应该"注重发展个人的主动性、独创性和责任感"。人本主义强调应以学习者为中心，教学过程应真正体现出学生的主体地位，教师是学生学习的促进者，是"助产士"和"催化剂"。人本主义高度重视学生的主体地位和学生内部需要、动机、兴趣、能力、知识经验等方面，并认为学生有自己制定学习方案的权力和义务，同时也有自我探究、自我发现、自我创造、自我评价的权力。当学生能觉察到学习内容与他的目的有关时，有意义的学习便发生了；当学生负责任地参与学习过程时，就会促进学习；涉及学习者整个人（包括情感与理智）的自我发起的学习是最持久、最深刻的。

3.3 行为主义学习理论

行为主义学习理论又被称为"刺激—反应"理论，是当今世界上主要的学习理论之一。该学习理论认为，人类的思维是与外部环境相互作用的结果（即"刺激—反应"），刺激与反应之间的联系被称为强化。通过对环境的"操作"和对行为的"主动强化"，从理论上来说，可以创造、设计、塑造和更改任何行为。该学习理论认为：要给学生形成一个良好的学习氛围或提高学生的学习动机，必须通过刺激反应才能得以真正实现。例如，学生回答问题后，受到教师表扬，于是回答问题的次数增加。

行为主义代表人物斯金纳认为"教学就是安排可能发生强化的事件以促进学习"。给学生创设能为要学习的刺激做出反应的机会，教学要在学生做出反应之后，应当有随之而来的反馈。他认为教学目标要具体精确，这样才能形成特定的刺激，引起学生特定的反应；教学过程要关注"怎样教"，侧重的是行为，而且要在行为后给予强化，因为该强化必然影响后续行为的发生，即行为的结果必影响行为。教学方法要遵循三个条件：即小步骤呈现学习材料；对学习者任何反应立即予以反馈；学习者自定步调学习。

行为主义学习理论启示我们，在进行物理实验教学设计时，要多给学生设计一些积极的动手行为的刺激，使学生产生积极的反应。教师要尽可能多为学生创造手实验操作的机会，并让学生多次体验获得实验成功的喜悦，使学生真正对物理产生爱学、乐学的情感和态度。让学生对物理知识的学习逐渐由被动变为主动，并最终达到积极主动学习的目的。因此，在物理实验教学过程中，对学生良好的行为要多给予正面肯定、鼓励或表扬,并尽量减少消极的惩罚手段,只有加强正确的"反应",消除错误的"反应"才能达到实验教学的预期效果。人人都畏惧失败,更畏惧失败后被惩罚或责备,物理实验操作或探究过程中,学生难免会出现一些错误或失败的现象。为此,教师要积极营造一种宽容失败的文化环境,并根据学生的不同情况,给予一定的指导、帮助和鼓励,以增强学生学习物理的积极性和自信心,为学生学好物理做好积极的心理准备。

3.4 "认知—发现"学习理论

当代著名认知心理学家布鲁纳认为:学习是主动地形成认知结构的过程,认知结构换句话说是人们认识世界的某一种规则,也可以称之为信息加工系统。布鲁纳的"认知—发现"学习理论主张:在教学活动中教师不要让学生被动地接受教育而是能够更多地给学生提供原始的材料或信息,让学生在已有的知识层面上自主学习,让学生能够发现并解决问题。布鲁纳认为主动的发现好过被动的接受,亲身经历的过程对于学生自身发现有益无害,自主发现的过程学生为主体,发现学习使得学生在教学活动中不断获取专业知识与相应技能,同时对学生的科学思维,科学探究能力,以及对科学的态度的培养都有很大的作用。"认知—发现"学习理论应用于高中物理实验教学中要特别注意两点,一是注重实验器材和操作等原始材料的提供方式,要切合学生原有知识和本节课要达到的目标;二是把握好教师的引导与学生的主体,要引导学生由认知内驱力主动探求去学习,学生要亲自参与并独立发现分析数据,要用自己原有的知识来迁移出新知识。

第4节 教育学理论基础

4.1 杜威的实用主义教学理论

美国著名的哲学家、教育家、实用主义教育理论的创始人杜威倡导儿童是学习的中心,坚持"从做中学"的教育原则。他认为学生应该从自身的经历中进行学习,贴近生活,激发学习兴趣,从而满足学生终身发展的需要。教育就是生活,人们从生活中接受教育来提升自我同时也满足自身生活的需要。因此,生活就是教育现场,体现教育的"活",让学生在生活这个教育现场展现自己的风采。杜威根据学生心理发展特点,提出有效的教学过程理论,指出教育的核心:动手实践发现问题、对问题进行假设、研究问题并找出解决办法、根据设计来解决问题,获取真知。杜威认为,人的知识和行为应当是合一的。如果一个人他所学的知识不能影响他的行为,他的行为又不能源于他所学的知识,那就只会养成一种轻视知识的习惯。从"知行合一"思想出发,杜威强调,学校应当把单纯的以知识为中心的教育转移到儿童的活动上来,依照儿童发展的程序,通过儿童运用他所学习的知识逐渐发展他的能力,直到他能教育自己为止。杜威对"知行分离"现象的批判和"知行合一"思想的阐述,提出了知识与行为相结合以及个体在获取知识上的主动性问题,为正确认识知识传授与儿童活动的关系,鼓励儿童主动地探究,通过探究活动获取知识和经验,提供了指导思想。而高中物理实验大部分是以探究性实验为主,根据课程需要设计物理实验方案,让学生体验科学探究过程,通过自己的实践来获取物理知识,这恰好可以体现实用主义的学习理念。虽然杜威把儿童作为学习的中心,但是他并不否认教师在教学中的主导地位,他认为教师在教学中安排和引导学生进行探究性实验起到非常重要的作用。因此,要求教师不仅要具有扎实的专业知识,还应具有丰富的教育心理学知识。

4.2 赞可夫发展教学理论

苏联教育家赞可夫所提出的教学论的核心思想在于:"在学生的一般发展上取得尽可能大的效果。"赞可夫本人在《教学与发展》一书中指出,"我们对教学与发展问题的理解与大多数人的理解不同——我们所指的不只是智能发展,而是学生的一般能力的发展。"赞可夫发展理论有五条教学原则,分别为:以高难度进行教学的原则;以高速度进行教学的原则;理论知识起指导作用的原则;使学生理解学习过程的原则;使全体学生包括"后进生"都得到发展的原则。其中使学生理解学习过程的原则,可理解为要求教师要关注学生的学习过程,关注知识在建立、发展、应用等环节学生的参与度,也就是通过学生自己的智力活动来探究以获得知识与方法。赞可夫所提出的发展教学理论对于高中物理实验教学具有重要指导意义,物理实验教学要让学生参与进来,不只是观察与动手,更重要的是思维活动,使他们的归纳、类比、演绎、推理、论证等思维得到发展,最终促进学生形成积极的学习态度、高水平的创新意识和实践操作能力等多方面核心素养的发展。

4.3 陶行知生活教育理论

"生活教育"是陶行知教育思想的核心,集中反映了他在教育目标、内容和方法等方面的主张,反映了陶行知探索适合中国国情和时代需要的教育理论的努力。陶行知的生活教育理论是对杜威教育思想的吸取和改造。这个理论包括:"生活即教育",这是陶行知生活教育理论的中心;"社会即学校",是"生活即教育"思想在学校与社会关系问题上的具体化;"教学做合一",是"生活即教育"在教学方法问题上的具体化。生活教育理论是一种不断进取创造,旨在探索具有中国民族特色的教育道路的理论,它体现了立足于中国实际,"去谋适合,谋创造"的追求。无论是强调学校教育与社会生活、生产劳动相结合,还是要求手脑并用、劳力又劳心,都是对学校与社会割裂、书本与生活脱节、劳心与劳力分离的传统教育的反对,显示出强烈的时代气息。陶行知的生活教育理论是我们民族教育理论宝库中十分可贵的遗产。

4.4 邢红军教授的原始物理问题教学理论

邢红军教授通过长期的研究提出了原始物理问题教学理论,他认为:物理教育在本质上是实践的,物理教育发生的起点应当是物理现象,活生生的生活世界是物理教育应该回归的地方。当现象学融入物理教育之后,就启发我们在物理教育活动中关注学生的体验、强调物理教育实践的重要性,追求物理教育意义的实现,重视师生间的主体交互性,注重物理教育反思,寻求对物理现象的理解,注重物理教育的情境性……因为,所有这一切都是在活生生的物理教育世界中发生着的。这样,原始物理问题教学就成为"通达科学的教育和人生形式",是物理教育价值实现的源泉。原始物理问题教学理论告诉我们,实验资源开发与应用,可以最大限度地促进学生核心素养的达成,要在实验改进或自制的准备阶段要尽量多考虑生活中的素材和资源,多从原始的问题入手,要充分考虑为学生去建构有意义的情境,既可以激发学生兴趣,又可以使学生产生新旧知识的认知冲突,从而引发学习动机。

第三章

力学(一)部分案例研究

第1节 核心素养背景下对传统力学实验创新改进的案例研究

——测定重力加速度方法研究

1 文献述评

1.1 高中力学实验现状

通过对自己身边的物理实验教学现状调研发现,当前高中物理实验教学中普遍存在着以下方面问题。

1.1.1 教师方面

部分教师的实验教学理念所致,在其教学过程中,注重讲授或演示,不重视学生的动手操作,甚至教师自身的实验素养也不够高,无法及时解决实验中的问题,演示效果很差;另一部分教师(占多数)关注并带领学生进行一些实验,却不够重视学生在实验中的体验和思想火花,也不能很好地引领学生对实验进行课外自主探索。

1.1.2 学生方面

多数人主动意识较差,"等"的思想严重,不善于参与、思考和探究,这种学习方式阻碍了学生科学思维、逻辑推理等能力的发展,较难达到预期的提高实验素养的效果。另外,由于老师较多是讲授实验理论知识,侧重让学生做大量的实验习题,导致学生理论知识丰富,但缺乏相应的动手操作的能力,学生不能真正感受实验过程,实验成为学生的短板。

1.1.3 学校实验教学条件方面

教学实验室现代化建设开始进行,但是由于班多、学生多,许多学生缺乏良好的实验素养,长期以来,仪器的使用不当造成了大量器材损坏,没有充分的资源组织分组实验,教师"等仪器"的情况较多。

1.2 力学实验创新研究的意义

让一线老师们愿意用实验来说话,搭建学生与学科知识间的桥梁。作为基本自然学科的德育渗透,物理学科自身特点是利用学科理论和实践两方面丰富的教育资源,在实验教学中培养学生积极健康的科学态度与责任感,从世界观角度提升其物理学科核心素养。20世纪60年代,在物理实验仪器严重短缺的情况下,朱正元教授竭力提倡自制教具,有效开展物理实验,他提出"坛坛罐罐当仪器,拼拼凑凑做实验"的思想,这一思想对创新实验研究起到了开创性作用。

近年来,国内物理教育工作者从软、硬件两方面对中学物理实验资源开发与应用做了很多探索与梳理,如黄国雄主编的《重新发现物理实验:中学物理实验资源开发利用的理念与案例》;刘炳升、冯容士主编的《中学物理实验教学与自制教具》;广州市第一一三中学吴校玉的《基于Arduino的中学物理实验创新设计》;李桂福的《掌握最新技术 创新实验教学——介绍〈创新中学物理实验——电子信息技术的应用〉》。这些整合与梳理工作为物理实验研究方法手段进一步推广和加深做了很好的奠基工作。

还有结合不同理论促进中学物理实验的研究。上海师范大学邓子为认为物理自我效能感影响学生学习物理的自信程度、动机、兴趣等,应用班杜拉的自我效能感理论,在高中物理学科教学领域,以物理探究性实验教学为载体,结合具体的物理教学情境,提出切实可行的提升学生物理自我效能感的培养策略。他基于自我效能感和物理探究性实验教学的理论概述研究,结合科学探究四要素和理论与实验交替式教学设计理念,提出以物理探究性实验为载体,以提出问题、引起前概念认知冲突、做出猜想与假说、验证性实验、转化应用为主要环节的教学策略。

1.3 传统高考力学实验的创新研究方向

传统高考力学实验:研究匀变速直线运动;探究弹力与形变量的关系;验证力的平行四边形定则;验证加速度与力、质量的关系;探究平抛运动的特点;验证机械能守恒定律;用单摆测定当地重力加速度;验证动量守恒定律。

实验创新改进的四个趋势:基于原有实验模式的改进,联系生活实际,进行课外实验引导;利用自制实验仪器的创新实验教学,鼓励学生合作自制,强调经济实用;融入新技术手段的创新实验教学,使用电子制图和传感器;利用一些探究性习题背景,策划实验探究。

1.4 自由落体运动研究历史 实验改进创新

测量重力加速度实验在中学学段仪器条件下已经较为成熟,既可以梳理已有知识和方法,以二力平衡、自由落体运动规律为原理,使用传统的弹簧秤、天平、打点计时器、光电门等仪器设计,还可以通过资料查询以中学阶段的单摆运动等知识进行设计,采用气垫导轨、力传感器和多普勒仪器等仪器,甚至于真空室实验环境,提出超过当前所学的方案。

较新趋势是对传统实验进一步创新和改进。如华东师范大学物理与电子科学学院卢肖然等几人在研究物体在气垫导轨上的加速度实验的基础上,对实验中气垫导轨喷射气流对测量结果产生的影响进行了深入研究。运用数学及物理知识对实验原理的公式进行系统误差的修正,通过作图法对测量的实验数据进行处理,分析得出实验中气体摩擦黏滞性阻力是造成滑块的运动中加速度测量数据误差的主要因素,根据分析结论提出添加重力加速度修正项,明确了减小实验误差的优化实验方案。又如瑞丽市第一民族中学王金针对用单摆测定重力加速度实验中存在的实验过程重复、公式复杂、计算烦琐、测周期时统计通过最低点次数环节容易出错的不足,将 Tracker 软件引入到高中物理,绘制 $x-t$ 图像,既科学合理,又准确直观,弥补了原实验存在的诸多不足,既避免了重复,节约了时间,又简化了实验,提高了效率。总体来看,测 g 实验处于不断完善中,而不断完善的过程也体现了物理学工作者对科学的不懈追求。

2 教材分析

动力学是整个经典物理理论的核心,体现了基本学科知识(力动 、功能、动量)、科学思维和科学探究等方面的核心素养生成,由直观到理论,是学生进行概念辨析、问题模型构建和科学探究习惯的生成的起点。

落体运动是生活中一种很常见的运动，人类对其进行研究的历史已有2000多年。伽利略认为，在自然界能够观察到的所有运动中，自由落体运动是弄清楚这些运动的关键，他的科学研究方法可以以此为突破口打开科学研究各种运动规律的大门。爱因斯坦曾赞扬，伽利略的逻辑推理(包括数学演算)和实验相结合的研究方法是人类思想史上最伟大的成就之一，标志着物理学的真正开端。

学生对各种落体现象并不陌生，因此探究落体运动规律能很好地引导学生对生活中的物理现象进行科学推理和探究，而人们对落体运动规律的探索过程又充分体现了人类面对问题时思维方法的巨大进步。

本节通过历史研究、逻辑推理、实验演示和实验探究分析得出自由落体运动的规律，使学生对落体运动的规律有了更具体和深入的理解。同时，通过不同栏目来加强学生对物理现象的质疑精神、科学推理和科学论证能力的培养。"做一做"中的"用手机测自由落体加速度"配合课后"练习与应用"中的第5题频闪摄影研究，引导学生利用生活中的器材测量重力加速度，教师在提示注意照片与真实背景的空间比例关系后，推荐学生用手机都有的连拍功能进行试验，将物理学习引入生活。"STSE"中对伽利略的生平介绍体现了科学对社会发展的作用和社会环境对科学家发展的意义，教师在教学中应注意落实这些学习，联系新中国成立后钱学森、邓稼先等科学家在一穷二白的基础上为国实现"两弹一星"工程的事例，对培养学生科学思维、科学探究、科学态度与责任等物理核心素养具有重要意义。

对于自由落体运动的科学研究是本节内容的首要难点，因为它与学生常见的生活中的落体运动并不完全相同，教学要转变学生的已有认识。教材从亚里士多德观察到的经验性结论(和学生脑海中对落体运动的认识一样，重物下落快，轻物下落慢)与伽利略的科学逻辑推理论证(轻重物下落快慢推断)结果间的矛盾出发，引发对落体运动的实验探究，通过纸片与纸团下落对比和牛顿管实验证明空气阻力是影响物体下落快慢的因素，进而提出没有空气阻力的理想化模型——自由落体运动，教师在教学中应注意突出这样的科学探究和基于证据的推理论证过程，引导学生转变生活直观认识，看到去除干扰因素后的物理本质。

探究自由落体运动的规律是对前面所学知识的综合应用，教材通过实验结合前两节所学的匀变速直线运动的规律，得出自由落体运动的规律，并利用学生在高中新接触的打点计时器测得重力加速度 g 的大小,进而得出自由落体运动的速度、位移和时间的关系规律。

教材上通过打点计时器计时、测距计算得出重力加速度的过程,强调打点计时器最小时间间隔为 0.02 s,而伽利略的时代还只能靠滴水计时,不能测量自由落体运动所用的时间,伽利略采用了一个巧妙的方法——"冲淡"重力、合理外推来解决,引导学生阅读教材第 49 页,找寻答案。以此为基础,鼓励学生敢于攻坚克难,梳理探索新的测 g 方法。

3 实验改进

3.1 传统测 g 设计原理及注意事项

3.1.1 力的角度

(1)共点力平衡(见图 3–1)

静止时 $F=mg$

用测力计测出 F,用天平测出物体质量 m

则 $g=F/m$

注意事项:

①弹簧秤空载调零;

②金属杆挂重物后移动时与外壳的摩擦力 f;

③手指易动,不易控制处于平衡态,应将弹簧秤固定好;

④换电子测力计仪器。

(2)共点力不平衡(牛顿第二定律,见图 3–2)

力的角度(气垫导轨,光电门)

原理:$mg=(m+M)a$,

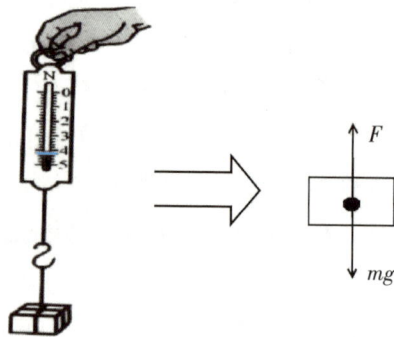

图 3–1 共点力平衡

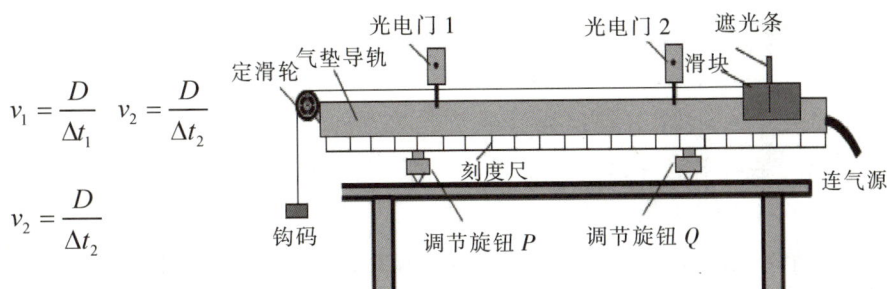

$$v_1 = \frac{D}{\Delta t_1} \quad v_2 = \frac{D}{\Delta t_2}$$

$$v_2 = \frac{D}{\Delta t_2}$$

图 3-2 共点力不平衡

注意事项:

①滑轮要轻,使其转动动量可忽略;

②气垫导轨要调平,保证钩码与滑块系统合外力为钩码重力 mg。

2)动的角度(按装置区分)

(1)自由落体运动(见图 3-3)

静止释放,$O \to B$

$$v_B = \frac{S_1 + S_2}{2T},$$

$$g = \frac{v_B{}^2}{2(S_0 + S_1)}$$

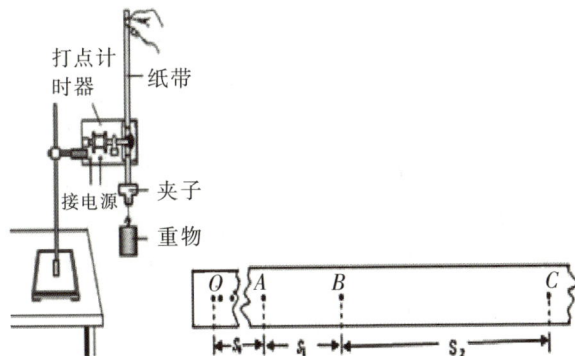

图 3-3 自由落体运动

注意事项:

①密度较大的铁块为重物,使阻力远小于重力,可认为是自由落体运动;

②释放时控制纸带与限位孔不接触,减小阻力;

选点迹清晰的点和速度 $v_0=0$;

③滴水法测 g 同理。

(2)单摆(见图 3-4)

由 $T = 2\pi\sqrt{\dfrac{l}{g}}$ 得 $g = \dfrac{4\pi^2}{T^2}l$

注意事项：

①摆角要尽量小于 5°，且保证在同一平面内摆动，使之能认为是简谐运动；

②测 l：悬点固定，摆线轻、细且无弹性，摆长为悬点到球心间距离，即摆长 $l=$ 摆线长 $L+$ 球半径 r；

③测 T：从最低点计时，且测 n 次全振动（如 $n=30$ 次）总时间 t，周期 $T=t/n$；

④若是双线摆效果会更好，它能很好地控制小球在同一个竖直平面内摆动，避免圆锥摆现象的出现，可保证小角度单摆全振动次数达到 30 次，但要注意两绳长的控制。

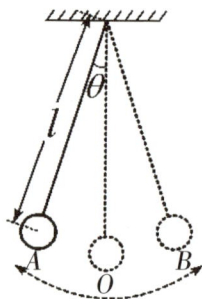

图 3-4　单摆运动

3.2 创新测 *g* 设计原理及注意事项

3.2.1 能的角度

竖直面杆球模型（见图 3-5），Δt_1，Δt_2，小球直径 D，轻杆长 l，

$$v_1 = \frac{D}{\Delta t_1} \quad v_2 = \frac{D}{\Delta t_2}$$

$$r = l + \frac{D}{2}$$

$$mg \cdot 2r = \frac{1}{2}mv_2^2 - \frac{1}{2}mv_1^2$$

$$g = \sqrt{\frac{4gr}{v_2^2 - v_1^2}}$$

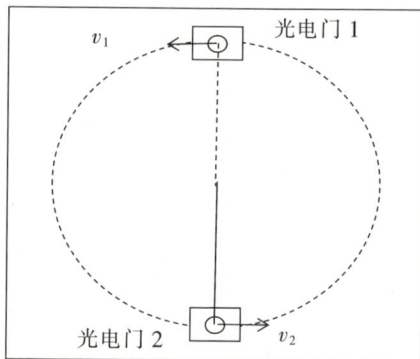

图 3-5　竖直面杆球模型

注意事项：

①用绳球模型不易控制在同一竖直平面内，所以用杆球模型，转轴光滑、轻、细，使阻力功相对于重力功可忽略，小球机械能守恒；

②杆不宜过长。

3.2.2 力的角度（阿特伍德机，见图 3-6）

原理：$(m_1 - m_2)g = (m_2 + m_2)a$

①打点计时器，逐差法测 a

②光电门,逐差法测 a

$$g = \frac{m_1 + m_2}{m_1 - m_2} a$$

注意事项:

①滑轮要轻,使其转动动量可忽

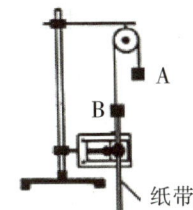

图 3-6 阿特伍德机

略,转轴要光滑,减小转动中的摩擦力,可以在物块 A 上增加配重以平衡摩擦力;

②打点计时器的使用要规范,减小纸带与限位孔之间的摩擦力;

③从实验误差控制的角度看,不如气垫导轨装置更优。

3.2.3 动的角度(光电门)

原理:自由落体运动(见图 3-7)

静止释放,小球过两光电门 A、B,

测得小球直径 d,两光电门间距 h,

小球经过两光电门的时间 t_1、t_2,

则 $v_A = d/t_1$,$v_B = d/t_2$

$2gh = v_B{}^2 - v_A{}^2$

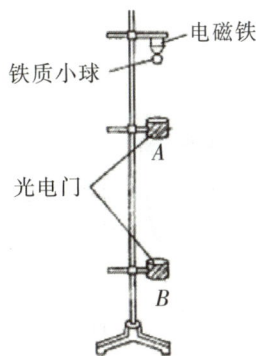

图 3-7 自由落体运动

对比打点计时器装置:

①小铁球所受空气阻力远小于重力,可认为是自由落体运动;

②没有纸带与限位孔间的摩擦阻力,较打点计时器装置更优;

③实验注意:需对正方位,使球心经过光电门,保证遮光长度为 d,因此,若能通过频闪照相装置测量会更好;

④如果条件允许,将装置置于真空室内,将测得更准确的 g 值。

3.2.4 利用信息化教具(传感器、手机)

很多学校硬件条件不足,不具备传感器,但可以利用手机自带加速度传感器进行测量,只要在手机的应用商店中下载显示输出加速度的应用软件即可,但多数数据略粗糙。

综合上面几种方案,对各种物理模型要用物理语言对过程进行描述,作为传统实验设计的改进,围绕实验目的,科学思考与探索,对原理和器材进行改进和评价,有的方案较为粗略,有的较为精确,有的原理上合理但操作性较差,甄选出可操作性的创新改进方案,在探讨和改进中亦能加深学生对仪器工作特点、原理的掌握,提高操作水平和误差分析能力。如用阿德伍德机方案测量时,由于学校实验室提供的滑轮质量和轮轴摩擦力的影响,我们测得的 g 值由最初的粗测 5.3 m/s² 到通过在物块 A 上增加配重以平衡摩擦力,调整好后可以达到 8.6 m/s²,如果能使用更好的滑轮装置会更接近本地重力加速度的准确值。

总之,确定好实验目的后,有理(原理规律)可依,结合中学现有仪器条件进行一定程度上的梳理与创新改进,如打点计时器→光电门→频闪照相装置,哪怕是局部仪器调整或方法的改变,利于学生建构知识和方法体系,在对原理和仪器的探讨和改进中提高实验精度,接近物理本质,生成学生的科学思维探究品质,建立科学研究精神。

4 教学设计

【章节内容】人教版高中物理必修 1 第二章第 4 节。

【课题名称】自由落体运动。

【教学目标】

(1)结合生活实例,了解亚里士多德关于物体下落快慢的观点;

(2)了解伽利略研究自由落体运动的实验和推理方法,认识其于人类科学发展的意义;

(3)通过实验探究自由落体运动,体会基于实验和逻辑推理的科学研究方法;

(4)通过实验对比和推理,概括出物体做自由落体运动的条件;

(5)通过实验,探究自由落体运动的规律,了解重力加速度的概念,掌握其大小、方向,知道地球上不同地点的重力加速度会有不同;

(6)实验测 g,通过讨论,梳理所学原理和仪器,讨论改进方案。

【教学重点】建立自由落体运动的概念,研究并掌握自由落体运动规律。

【教学难点】探究并掌握自由落体运动的规律。

【学生情况分析】初步学习并掌握了匀变速直线运动的规律,基本掌握了对于小车在重物带动下的运动规律的研究方法,对落体运动有一定的日常经验。需要透过落体现象看其本质,通过历史研究、逻辑推理、实验演示和实验探究分析得出自由落体运动的规律,测量当地重力加速度,明确自由落体加速度在生活中的意义。

【课型,手段】新授课,实验探究规律,采用实验活动加多媒体教学手段。

【教学设计】

★教学环节1:引入新课

(1)情景引入:快手赚钱游戏(男女生各2人)

老师手持一张崭新10元钞票的顶端,学生的两个手指放在钞票中部做好捏住钞票的准备,规则是老师松手前学生的手不得碰触钞票,看到老师松手后才立即去捏钞票,捏住就归学生所有。

板书:多数人的反应时间是0.2~0.3 s。

老师:事实证明,即使同学们很专注也不能捏到钱,这是为什么呢,本节课知识能解决这个问题。

(设置小游戏,在课堂伊始迅速集中学生的注意力,将课前分散状态的精力迅速汇聚到本节内容上来,提高效率,激发学生探究兴趣,活跃课堂氛围)

(2)落体视频:各种落体运动(雨滴从屋檐下落、树叶从树上落下、桌边的书被碰落、起重机吊着的集装箱在钢缆断裂时从空中坠落)

老师:这些运动的共同特征是什么?(培养学生观察、分析能力,学会科学抽象出物理模型)

学生讨论得出共同特点:物体从静止开始竖直下落。

老师:你还见过这种运动吗?(引导学生关注生活,观察分析生活现象)

老师:落体运动遵从什么规律呢?

★教学环节2:概念构建

1.历史小话剧:落体运动2000年(学生扮演亚里士多德和伽利略)

旁白(学生诵读):出场人物简介:

1)亚里士多德(Aristotle,公元前384—前322),古代先哲,古希腊人,世界古代史上伟大的哲学家、科学家和教育家之一,堪称希腊哲学的集大成者。是柏拉图的学生,亚历山大的老师。马克思曾称亚里士多德是古希腊哲学家中最博学的人物,恩格斯称他是"古代的黑格尔"。

作为一位百科全书式的科学家,他几乎对每个学科都做出了贡献。他的写作涉及伦理学、形而上学、心理学、经济学、神学、政治学、修辞学、自然科学、教育学、诗歌、风俗,以及雅典法律。亚里士多德的著作构建了西方哲学的第一个广泛系统,包含道德、美学、逻辑和科学、政治和玄学。

2)伽利略·伽利雷(Galileo Galilei,1564—1642),意大利物理学家、数学家、天文学家及哲学家,科学革命中的重要人物。其成就包括改进望远镜和其所带来的天文观测,以及支持哥白尼的日心说。伽利略做实验证明,感受到引力的物体并不是呈匀速运动,而是呈加速度运动;物体只要不受到外力的作用,就会保持其原来的静止状态或匀速运动状态不变。他的工作为牛顿的理论体系的建立奠定了基础。1609 年 8 月 21 日,伽利略展示了人类历史上第一架按照科学原理制造出来的望远镜。1642 年 1 月 8 日卒于比萨。伽利略被誉为"现代观测天文学之父""现代物理学之父""科学之父"及"现代科学之父"。

第一幕,亚里士多德观点:生活现象,一块石头比一片落叶落得快些(学生群众演员演示,饰演亚里士多德的学生论述观点)。

第二幕,伽利略观点(饰演伽利略的学生首先手持大小两个木块进行逻辑推理,然后该学生用纸片、纸团和小木块实验演示,并提问)。

(1)通过逻辑推理可知,亚里士多德的"重的物体下落快"的论断会自相矛盾。假如大木块下落速度为8,小木块下落速度为4,当两者捆在一起时,大木块会被小木块拖着而变慢,整体速度应该小于8;但是把两个木块捆在一起后,整体质量比大木块要重,即整体速度应该大于8,说明亚里士多德的"重的物体下落快"的看法是错误的。

(2)实验
①两张完全相同的纸片等高处同时下落(基本一样快地下落);
②将一页纸揉成纸团,让其与纸片等高处同时下落(纸团下落得快);
③将纸团与小木块等高处同时下落(基本一样快地下落);
饰演伽利略的学生问:纸团和纸片下落的快慢不同,是什么因素导致的呢?
同学们分析、猜想,可能是由于空气阻力。
饰演伽利略的学生:假设没有空气阻力,它们的运动情况如何?
饰演伽利略的学生:经过严谨的逻辑推理和实验现象对比,我猜在没有空气阻力的情况下,小木块的运动与小纸团、纸片的运动情况是一样的。

(用话剧的形式介绍历史人物,讲述历史故事,相对于老师直接讲更能吸引学生,也避免课堂过于单调)

2.教师演示实验:用牛顿管来验证猜想是否正确(见图3-8)。

演示实验:1)牛顿管内有空气时,同时下落,铁片比羽毛快;

2)牛顿管内空气被抽出后,同时下落,铁片和羽毛一样快。

学生观察总结:没有空气阻力的影响,所有物体下落的快慢都是一样的。

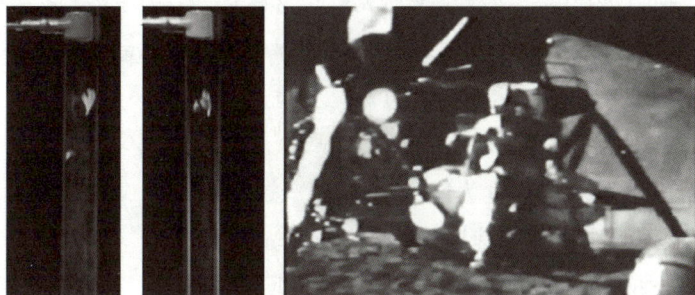

甲 有空气 乙 真空

图3-8 用牛顿管验证猜想

视频:阿波罗号登月后做的落体实验,月球上,重锤和羽毛下落得一样快。

教师:期待你们能有机会乘坐我国的飞船也到月球表面做下这个实验,解决这种很常见的落体运动快慢问题。

物体只在重力作用下从静止开始下落的运动叫作自由落体运动。

(培养学生们拥有尊重事实的科学态度和为国学习的担当)

自由落体运动的概念(板书)

1.定义:物体只在重力作用下从静止开始下落的运动。

2.条件:(1)只受重力;(2)初速度是零。

没有空气阻力下落,这是一个理想化运动模型,只在真空中才能发生。在有空气的空间,当空气阻力的作用可以忽略时,物体的下落可以近似看作自由落体运动。

★教学环节3:实验探究

自由落体运动的规律(板书)

教师提问1:我们观察到自由落体运动是加速运动,它遵从什么规律呢?

学生猜测:匀加速直线运动。

教师提问 2:匀加速运动的加速度是个定值,你能设计一个实验来验证你的猜想是否正确吗?

学生设计实验,分两组(左右两侧)演示:用打点计时器来研究物体下落的运动规律:一组用乒乓球带动纸带,另一组用铁块带动纸带。

教师指导学生设计实验步骤,进行实验,处理纸带,记录数据,作出 $v-t$ 图像,分析得出运动规律。

教师提问 1:我们选择哪一组数据来研究自由落体运动规律,为什么?

学生:铁块组,空气阻力相对于重力很小,可忽略,可视为自由落体运动。

教师提问 2:铁块的自由落体运动是匀加速直线运动吗?

学生:是的,因为它的 $v-t$ 图像是一条过原点的直线。

自由落体运动的规律:初速度为零的匀加速直线运动。

我们用 g 来表示自由落体加速度,公式 $v=gt$,$h=gt^2/2$。

自由落体运动加速度(板书)

教师提问 1:铁块自由落体运动的加速度是多大?

学生:根据图像斜率得到铁块下落的加速度(用坐标纸),$g= 9.8 \text{ m/s}^2$。

教师提问 2:同一地点,不同的物体做自由落体运动的加速度相同吗?

学生:相同,依据牛顿管实验,所有物体下落情况都相同。

教师提问 3:阅读课本第 47 页,在地球上的不同地方,g 值相同吗?

学生:不全相同,纬度越大,g 值越大。

教师总结:不同纬度的加速度为什么不同,我们在以后的学习中将会专门讨论这一问题。一般 g 取 9.8 m/s^2 或 10 m/s^2。

我们通过打点计时器计时、测距计算得出蓟州区的重力加速度,最小时间间隔为 0.02 s,而伽利略的时代还只能靠滴水计时,不能测量自由落体运动所用的时间,伽利略采用了一个巧妙的方法,大家读课本第 49 页,找寻答案。

爱因斯坦曾赞扬,伽利略的逻辑推理(包括数学演算)和实验相结合的研究方法是人类思想史上最伟大的成就之一,标志着物理学的真正开端。大家面对未知事物时可借鉴和使用这种科学研究方法。

中华人民共和国成立后,在艰难的条件下,我国的科学工作者用算盘和笔进行了大量计算,完成了"两弹一星"伟大工程,帮助新中国迅速站起来,精神可嘉。

(对学生进行勇于面对困难的科学态度教育)

★ 教学环节4:实验改进探究

教师:这节课我们利用打点计时器测量自由落体加速度 g 约为 $9.8\ m/s^2$,你还有其他方法测自由落体加速度 g 吗?

学生分组讨论,绘制简图,派代表论述创新方法。

教师梳理:原理:力的角度;动的角度;仪器角度:电子秤,光电门。

★ 教学环节5:梳理小结

(1)自由落体运动的概念

1)定义:物体只在重力作用下从静止开始下落的运动。

2)条件:①只受重力;②初速度是零。

(2)自由落体运动的规律:初速度为零的匀加速直线运动。

我们用 g 来表示自由落体加速度,公式 $v=gt$,$h=gt^2/2$。

(3)自由落体运动加速度:一般 g 取 $9.8\ m/s^2$ 或 $10\ m/s^2$。

★ 教学环节6:反馈应用

例1 课本第51页第2题

学生练习。

强调习惯养成:(1)做运动示意图;(2)使用公式前先确定运动模型。

例2 有一小铁球距离地面某一高度自由下落,在最后一秒内通过的位移是 9 m。($g=10\ m/s^2$)

求:(1)小球下落的时间 t;

 (2)起落点距地面的高度 h。

例3 课本第51页第6题 制作一把"人的反应时间测量尺"。

(课前要求学生用胶条固定约1 cm宽纸条于刻度尺上,方便书写)

原理介绍:刻度尺自由落体运动,端点"0"刻度与两指等高,利用 $h=gt^2/2$,g 取 $10\ m/s^2$,计算当 $t=0.08\ s,0.09\ s,0.10\ s,0.11\ s,0.12\ s,0.13\ s,0.14\ s,0.15\ s,0.16\ s,0.17\ s$ 时对应的 h 值(学生常用刻度尺测量最大值为 15 cm)。

(同桌两人先协同制作一把尺,合作测量反应时间)

老师简介反应时间:生物电从眼睛到大脑,大脑接收分析后再去控制手指肌肉所用时间,这个时间内手指不动。

回顾上课时的小游戏，多数人的反应时间是 0.15~0.3 s，$t=0.15$ s 时钞票下落 11.25 cm，因此即使同学们很专注也不能捏到钱。

★ 教学环节 7：课外延伸

课后作业：

(1)梳理小组讨论的测 g 方法，简写实验方案，可探究新方案；(2)"练习与应用"2、3、4 题。

课外研究：你们了解"眼疾手快抓落棒"的游戏吗？(见图 3-9)

课下了解并研究其规律，寻找游戏技巧。

图 3-9 "眼疾手快抓落棒"的游戏

5 教后反思

挖掘教材，构建思考型课堂，落实课堂核心素养教学目标。

一堂以提高学生物理学科核心素养为目标的课，应该结合学生学习能力，利用学校教学资源，体会和挖掘教材设计理念，以物理观念、科学思维、科学探究和科学态度为思想，把实验设计改进创新与教学进程有机结合，构建课堂思考氛围，落实课堂核心素养教学目标。

5.1 课前，挖掘教材

本节通过历史再现、逻辑推理、实验演示和实验探究分析得出自由落体运动的规律，明确自由落体加速度在生活中的意义，使学生对自由落体运动的规律有了更具体和深入的理解。

同时，通过不同栏目来加强学生对物理现象的质疑精神、科学推理和科学论证能力的培养。"做一做"栏目配合课后"练习与应用"中的第 5 题让学生利用生活中的器材测量重力加速度，引导学生对测 g 的实验方法进行改进。"科学漫步"中伽利略关于落体运动的研究方法和实践过程，体现了科学家在仪器不足的条件下实验与逻辑推理相结合的科学思维方法和研究方法。"STSE"中对伽利略的生平介绍体现了科学对社会发展的作用和社会环境于科学家发展的意义。

探究自由落体运动的规律是对前面所学知识的综合应用,教材通过实验结合前两节所学的匀变速直线运动的规律,得出自由落体运动的规律,并利用学生进入高中新接触的打点计时器测得重力加速度 g 的大小,进而得出自由落体运动的速度、位移和时间的关系规律。

5.2 课上,引发深度思考,落实课堂核心素养教学目标

教师在精心的备课中,找到其在物理学发展历史长河里的根,对知识的由来、理解、应用进行梳理,为各个学习难点进行层进的问题预设,通过课堂调度,可以在课上生成许多对问题的思辨,从一个问题跨越到另一个问题,乃至一类问题的分析解决策略。了解影响问题分析的基本因素所在,联系应用实例,多提出几个为什么,引发学生结合生活实际而进行的思辨氛围,甚为精彩。

拒绝浮于表面的"伪互动"。教师提出有价值的问题,给学生一段安静的时间去独立思考,再给予时间互相质疑和辩论,进行信息交换和判断,最终梳理出自己的思路,并应用到处理问题中去,这样的课堂虽表面较为安静,但思维活跃,反而更有意义,特别是生生间的思维碰撞尤为必要。

具体涉及以下几个课堂教学环节,促进深度思考的生成。

5.2.1 课堂导入环节

情境导入是抓住学生专注点,激发认知兴趣,从课间休息状态迅速转移到新的课堂教学节奏中来的操作,是现代课堂教学必要的一个环节。从方式上,它可以是传统的问题引入(复习旧知,导入新识),也可以是故事引入(激发兴趣,提出质疑),还可以是实验引入(联系生活实际,引发共鸣和思考);从媒介上,它可以是传统的"白加黑"(即粉笔和黑板),可以是图片、音乐、视频、课件等多媒体资源,还可以是具体实验操作等,为之后的深度思考做好感性、有效的情景铺垫。

本节课以"快手赚钱游戏"的小游戏引入,在课堂伊始迅速集中学生的注意力,将课前分散状态的精力迅速汇聚到本节内容上来,提高效率,激发学生探究兴趣,活跃课堂氛围。

5.2.2 新概念构建环节

学习新知,构建物理观念,不断完善个人的知识和方法体系,并通过不断的应用来实现个人能力和认知观的建构,成为一个不断发展的人。依据学习成效金字

塔理论,通过学生间认知进度的差异来引发彼此间的质疑与解答,构建深度思考的探究课堂。了解知识的来龙去脉是构建个人知识的基础。

本节课以落体运动视频和思辨性小话剧为活动载体构建自由落体运动概念。通过视频中生活中各种落体运动,如雨滴从屋檐下落、树叶从树上落下、桌边的书被碰落、起重机吊着的集装箱在钢缆断裂时从空中坠落等现象培养学生观察、分析能力,学会科学抽象出物理模型,引导学生关注生活,观察分析生活现象。用话剧的形式介绍历史人物,讲述历史故事,强调伽利略尊重事实、敢于批判先贤的科学态度,将伽利略的逻辑推理和实验相结合这种研究方法更加立体化地呈现在学生们面前,增强了代入感。尤其是在简单的小实验中发现影响落体运动的因素——空气阻力,引发学生对落体运动规律的猜测。

去除次要因素,专注落体运动的本质规律,得出自由落体概念。以牛顿管的演示实验来验证猜想是否正确,并通过阿波罗号登月后做的落体实验视频进行价值观"期待你们能有机会乘坐我国的飞船也到月球表面做下这个实验",培养他们尊重事实的科学态度和为国学习的担当。

5.2.3 课堂实验探究环节

高中物理实验思维方法典型有效。本节从学生猜测落体运动为匀加速直线运动入手,引导学生设计实验来验证。学生基于匀加速直线运动定义联想到加速度恒定,进而转向实验测定加速度,结合最近所学知识,能尽快联想到打点计时器,学生设计实验步骤,进行实验,处理纸带,记录数据,作出 $v-t$ 图像,分析得出运动规律。通过两组对比:一组用乒乓球带动纸带,另一组用铁块带动纸带,结合自由落体运动定义——只受重力,选定铁块一组纸带数据,根据其 $v-t$ 图像是一条过原点的直线判断自由落体运动为初速度为零的匀加速直线运动。

5.2.4 问题探究环节

这是通过深度思考,进行科学思维,进而掌握科学探究方法的过程。是形成高端思维品质的核心环节,当"盘"之、研磨之,是需要学生主动推进、历经反复的,结合最近发展区原理和学习成效金字塔理论,学生之间的合作、思辨会更高效地促成各种发现和解决问题的关键能力的形成,而教师则是辅助提供方向辨别和方法指导,体现"以生为本"。在遵循安全、准确、简易的原则下,结合学生知识基础和环境条件,从提高教学内容中的趣味性、直观性、创新性和生活普遍性等方面,对其进行继承、改进与创新。

反思总结：通过打点计时器计时、测距计算得出天津市蓟州区的重力加速度的过程，强调打点计时器最小时间间隔为 0.02 s，而伽利略的时代还只能靠滴水计时，不能测量自由落体运动所用的时间，伽利略采用了一个巧妙的方法引导学生阅读教材第 49 页，找寻答案——"冲淡"重力、合理外推的科学研究精神。

新中国成立后，在艰难的条件下，我国的科学工作者用算盘和笔进行了大量计算，完成了"两弹一星"伟大工程，帮助新中国迅速站起来，对学生进行勇于面对困难的科学态度教育。

教师进一步抛出问题"这节课我们利用打点计时器测量自由落体加速度 g 约为 9.8 m/s^2，你还有其他方法测自由落体加速度 g 吗？"指导学生分组讨论，绘制简图，派代表论述创新改进方法。学生结合已有知识基础和预习，可以联想到二力平衡、光电门、频闪照相等。教师梳理：(1)原理：力的角度；(2)动的角度；(3)仪器角度：电子秤，光电门，并强调"设计方案的可操作性高吗？"为学生课下进一步思考与完善做铺垫。通过鼓励学生对高中物理实验的改进与创新，提高他们的学习兴趣、增强学生的探究能力，为学生更好地掌握物理知识与原理奠定基础。

5.2.5 联系实际应用环节

实践是检验真理的唯一标准。指导学生依据自落体运动规律，制作一把"人的反应时间测量尺"，同桌两人协作，合作测量反应时间。回顾上课时的小游戏，多数人的反应时间是 0.15~0.3 s，$t=0.15$ s 时钞票下落 11.25 cm，因此即使同学们很专注也不能捏到钞票。

既构建了系统课堂，又让物理知识回归生活、用于生活、丰富生活、改善生活，学以致用。

5.2.6 课后梳理反思和练习环节

课后进行的梳理工作才是学生真正自我建构的过程。这是学生脱离单一的知识性记忆，依据已有知识对新内容、新观念进行批判式内化的过程，是逐步辨别、归纳、梳理形成自己属性物理观念和价值观的个人知识的过程。这也是新课程改革要求由知识导向向思维观念导向转变的原因所在，每个学科的核心素养都包含着学科观念和学科逻辑生成的教学目的。

"眼疾手快抓落棒"游戏是"反应尺"的变式，下课前对它进行介绍，并要求课下了解并研究其规律,寻找游戏技巧,体现了课堂学习的延伸,使自由落体运动规律进一步走向生活。

课后作业中梳理小组讨论的测 g 方法,简写实验方案,则是对课上实验讨论的深化,教师指导学生思考和操作方向,既可以梳理已有知识和方法,以二力平衡、自由落体运动规律为原理,使用弹簧秤、天平、打点计时器、光电门等仪器设计,还可以通过资料查询通过中学阶段的功能规律、单摆运动等知识进行设计,提出超过所学的方案。并通过第二天提供展示发挥的舞台,激发其物理学习兴趣。

对于具体问题的梳理,以利于学习为准则,可以尝试图文并重的思维导图,由小章节到大单元,进行研磨加工和深度思考,构建个人知识方法体系,不必刻意求繁,以便捷、实用、有效为准则。

学而思,思而用,再深思,再应用,形成物理观念,进行科学思维和科学探究,基于教学环境实际,把课堂实验演示、操作、设计改进创新与教学进程有机结合,遵从学习新知的科学规律,构建深度思考的课堂教学会氛围,让学习更加简洁、有趣、高效、有高度,让课堂成为学生有效提高物理核心素养的天堂。

第2节　高中物理实验教学培养学生科学思维的案例研究

——摩擦力的实验研究

1 文献述评

1.1 研究背景

基础物理教育课程作为基础教育课程的重要组成部分,对学生科学素养的提高具有十分重要的意义。纵观国内外基础物理教育课程改革的发展历程,整体趋势呈现出从"学科本位"到"育人本位"的转变;从注重学科结构到学科知识结构与学生认知结构相适应的转变;从强调科学本质到实现科学本质与教育本质有机融合的转变;从重视传授学科知识到提高科学素养的转变。

课程改革对我国的基础物理教育改革具有重要的借鉴意义。其中,科学思维参与到学生学习和实践的整个过程,对学生的观察与实验、概念和规律的形成、掌握以及应用、问题的发现与解决都起到十分重要的作用。因此,对科学思维能力的培养尤为重要。

1.2 研究意义

1.2.1 理论意义

通过对高中物理实验教学培养学生科学思维的研究,发展学生科学思维,落实物理学科核心素养,推动高中物理实验教学的长足发展。

1.2.2 实践意义

(1)物理教育者们一直在探索核心素养与实验教学的结合,但一直没有得出较为统一的见解。尤其对于一线教师,如何在教学过程中渗透科学思维,一直是一个较为困难的问题。本研究结合物理学科特点,在众多理论的支撑下,尝试让科学思维从物理实验教学中显现,为一线教师实际教学提供可行建议,探索一条将培养学生的科学思维与实验教学相对接的可行道路。并且,本研究以培养学生的科学思维为目标,对培养学生的科学思维起到指导作用。

(2)鉴于社会对创新型人才的迫切需求,培养学生的物理核心素养刻不容缓。如何在传授知识的同时提升学生科学思维能力,是当前物理教学研究的热点问题。加之新课改的提出与推进,新概念的建立与落实,使得本研究课题在中学物理教学改革中有较强的借鉴意义。

1.2.3 选题意义

本课题作为"核心素养背景下高中物理实验教学资源的开发与应用"课题的子课题,旨在从高中物理核心素养的科学思维出发,尝试在高中物理实验教学中培养学生科学思维的典型案例研究,从而实现提升学生核心素养的目的。

1.3 国内研究现状

1.3.1 实验教学

实验教学对于高中物理教学的重要性不言而喻，我国的教育行政管理部门、教育教学研究机构、物理教育界的专家、学者们历来要求中学物理教师要高度重视实验教学，从最早的"双基目标"到"三维目标"再到"核心素养"，对实验的教学要求以及赋予实验教学的教育功能要求逐步提高。

1.3.2 物理学科核心素养内涵

关于物理学科核心素养的含意，教育者们意见大致相同。如李金瑞在《高中物理教学如何培养核心素养》中，将核心素养的四个方面拆开论述，分别阐述教育目标。在调查核心素养现状方面，李婉莹的《高中物理学科核心素养及培养初探》认为：当今学生物理观念不强，科学思维能力不强。

1.3.3 核心素养视角下的物理教学

核心素养引领下的物理教学，林钦、陈峰、宋静在《关于核心素养导向的中学物理教学的思考》中认为，教育应从整体出发，物理课程传授的知识排在其次，学生在忘记知识后剩下的才是一个人发展必备的。并且，教师不应只灌输知识，培养核心素养除学习、体验，自身还要充分实践。作者考虑到了学生的主体地位与主观能动性，深刻挖掘了物理知识的意义以及物理课堂真正教的是什么。

1.3.4 核心素养视角下的教学案例设计

在核心素养视角下的教学案例设计方面，卓春蕊、杨光敏、陈红君的《基于核心素养导向的高中物理教学设计研究——以"反冲运动火箭"为例》中，将本节课的课程设计按照物理核心素养的四个方面拆分开来——对应地设计了具体教学方案。作者在文中重视科学探究的逻辑性，在教师的设计下，学生可以在实践中学习，在动手中学习，尽可能地从直观体验上升到理性认识。

1.4 国外研究现状

1997年，经济合作与发展组织提出"核心素养"模型，随后，各个国际组织与部分发达国家也开始对核心素养概念进行积极的探索。人们都在积极探索一条既能培养优秀人才,同时又适合国家发展需要的教育道路。其中,美国重视培养学生的交流合作与领导能力,欧盟重视整合个人和资源。2013 年 2 月,美国智库与联合国教科文组织进行的"学习指标专项任务"研究中,建议基础教育阶段应主要加强学生的身体健康、社会情感、文化艺术、文本交流、学习方法和认知、数字和数学、科学与技术的培养。虽然上述研究仍未提及物理学科核心素养,但是每一个国家和国际组织的共识在于,决不能仅仅将知识传授作为教育教学的主要目标。在教育过程中培养学生的能力,慢慢地成为世界各个国家与组织的首要教育目标。在教育过程中越来越重视学生能否获得知识外的东西。

综上所述,国内外物理教育界的专家、学者、一线教师们对高中物理实验教学的研究已经取得了一些成果,但是如何在核心素养理论框架下进行实验教学的研究成果还是较少,尤其是如何在物理实验教学中培养学生科学思维的案例则是少之又少,因此笔者拟以本校高中部学生为对象进行高中物理实验教学培养学生科学思维的案例研究。

2 教材分析

【教材分析】

《普通高中物理课程标准(2017 年版 2020 年修订)》要求认识摩擦力,知道滑动摩擦和静摩擦现象,理解摩擦力的产生条件,会判断摩擦力的方向,能用动摩擦因数计算滑动摩擦力的大小。

本节是人教版新教材物理必修 1 第三章第 2 节的内容。本节内容是对初中摩擦力知识的延伸和拓展,通过回忆初中知识,说明什么是滑动摩擦力,并说明滑动摩擦力的大小和方向,然后再介绍静摩擦力及其方向,并通过实验探究静摩擦力的大小。

2.1 本节教材的地位和作用

摩擦力是力学中常见的三种力之一,也是力学基础之一。通过对摩擦力的学习不仅可以夯实前面所学的力学知识(如二力平衡知识的具体应用),而且为后续知识的学习打下基础,特别是对物体受力分析的学习。因此,本节内容在高中物理学习中具有重要的作用。

另外,在第三章教学中,摩擦力承接 2 课时的学习内容,深化了初中的摩擦力教学,是本章的教学重点与难点。摩擦力的"动中有静,静中有动,若有若无,方向不定"的特性,对培养学生思维与应用物理知识解决实际问题的能力有着不可忽视的作用。

2.2 教材的特点

本节教材的特点之一:本节知识与初中的相关知识相衔接,降低了高中物理的台阶。特点之二:演示实验和探究实验直接使学生参与到探究知识的过程,体验学物理的乐趣。特点之三:与人教版旧教材相比,本节在处理摩擦力的教学内容上有所调整,先从滑动摩擦力入手,然后介绍静摩擦力,这样处理是从学生的认知规律和实验现象发生的先后顺序考虑的。

【学生分析】

(1)在前面的学习中,学生已经初步掌握了运动学的有关知识,以及研究物体运动的基本方法,并对理想模型及其建立过程有了一定的认识。同时,具备了初步的科学思维能力及实验探究能力。因此,教师在教学过程中应加强启发和引导,激发学生的积极性和主动性,使其通过对探究性实验的主动设计与实施,以及对实验现象的观察和推理,提高自身的科学思维能力水平。

(2)初中阶段学生已经对摩擦力有了一些定性的认识,但是还不够深刻,本节内容将带领学生进入摩擦的世界。初中阶段学生已进行过初步的探究摩擦力,而今我们将对摩擦力进行定量的探究,这就需要学生有一定的数学能力作为探究物理过程的基础。学生在高中阶段前面的教学中已经初步会利用记录的数据去分析问题,并且学会用作图的方法分析处理数据。

3 实验改进

（1）摩擦力是学生学习的难点，正确认识摩擦力对后面知识的学习起到非常重要的作用。上一课时，重点介绍了摩擦力，产生条件和摩擦力的方向。在这节课中，重点是探究滑动摩擦力和静摩擦力的大小。对摩擦力的介绍层层分解而避免一步到位，教学中注意把握尺度，让学生亲历感受摩擦力以便真正理解摩擦力。本节课注意结合实际，采用实验和实例分析交互的方式，启发学生动手动脑，引导学生积极参与教学活动。同时这是一节实验探究课，教材从生活中的摩擦现象引入，以探究滑动摩擦力和静摩擦力的大小与哪些因素有关为主线，安排了学生猜想、设计实验、实验探究、交流与讨论等教学过程，让学生经历探讨两种摩擦力与压力、接触面粗糙程度关系的过程。很好地体现了新教材让学生在体验知识的形成、发展过程中，主动获取知识的精神。

（2）教材设计的问题：探究滑动摩擦力大小的实验参考方案操作限制比较多，需要教师引导学生自主探究，修改实验方案，因此教材的实验方案缺乏开放性，不利于培养学生的创新思维，教师可以引导学生对实验方案进行修正，培养学生的质疑创新的科学思维。在探究最大静摩擦力和滑动摩擦力大小的关系时，教材给出的参考方案不利于学生观察，可以通过实例分析，让学生发现实例中最大静摩擦力大于滑动摩擦力，是特例还是普遍现象需要进一步进行实验探究，但是物块运动的瞬间不好捕捉，可以借助录制视频，慢放来放大瞬间，借助现代化的手段实现实验观察，再介绍力学传感器，既实现瞬时观察又将实验数据转化为图像，便于分析数据得出结论。

4 教学设计

【教学目标】

(1)通过分析摩擦现象,理解摩擦力的产生条件,会区分静摩擦力和滑动摩擦力以及影响摩擦力大小的因素,促使学生形成经典物理相互作用观。

(2)知道滑动摩擦力和压力成正比以及动摩擦因素与哪些因素有关。通过从定性和定量两个方面对"相同接触面滑动摩擦力和压力的关系"进行归纳推理,提升学生的科学思维能力。培养学生实践—认识(规律)—实践(解决实际问题)的科学思想。

(3)知道静摩擦力的变化范围及其最大静摩擦力,会根据物体的平衡条件简单地计算摩擦力的大小;知道最大静摩擦力略大于滑动摩擦力。通过设计实验、制定方案、改进方案、应用科技手段获取和处理信息以及基于证据得到结论,培养学生的科学探究能力。

(4)通过对摩擦力大小的定量研究,使学生逐步形成对科学本质的认识,体会物理学是人类有意识地探究而形成的对自然现象的描述和解释,是一项建立在观察和实验基础上的创造性工作。学生通过应用学到的知识正确解决生活和社会的实际问题,增强学生的成就感和责任感。

【教学重点和难点】

重点:

(1)滑动摩擦力大小的计算。

(2)静摩擦力大小判定规律,正确理解最大静摩擦力的概念。

难点:

静摩擦力有无的判断。

最大静摩擦力与滑动摩擦力大小的关系。

【教学课时】

1课时。

【教学方法】

探究式教学法和实验教学法贯穿于整个教学过程之中。

【教具和媒体】

多媒体计算机、投影仪、弹簧测力计、木块、钩码、木板、演示用传感器,多媒体课件等。

【设计的意图】

采取"提出问题—分析解决问题—设计实验—实验验证—得出结论"的思维程序,探究问题,得出科学结论。通过讨论分析、应用举例、练习巩固对本节内容有更深的理解。学生在初中定性地学习过摩擦力,包括滑动摩擦和静摩擦等内容,并掌握了增大和减小摩擦的方法,还通过实验的方法定性地研究了滑动摩擦力与表面状况有关。强调以学生的参与和体验为主,使他们的思维处于兴奋状态。学生通过亲自参与探究静摩擦力和滑动摩擦力大小的规律全过程,学习科学探究的方法,加深对物理知识的理解,使他们在创新精神和实践能力方面得到发展和提高。

【教学流程图】(见图 3-10)

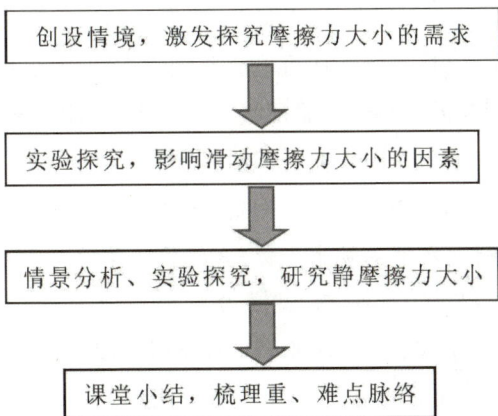

創设情境,激发探究摩擦力大小的需求

实验探究,影响滑动摩擦力大小的因素

情景分析、实验探究,研究静摩擦力大小

课堂小结,梳理重、难点脉络

图 3-10 教学流程图

【教学过程】

新课导入

(1)旧知回顾

教师活动:提供学案,复习上节课所学摩擦力的相关知识。

学生活动:1)学生边回顾摩擦力的产生条件及方向边思考教师。2)明确本节课所要研究的任务,探究摩擦力的大小。

设计意图:为本节课做好相关物理知识的铺垫。

(2)辨别摩擦力

教师活动:1)播放视频:激情爬杆。2)通过视频,区分静摩擦力和滑动摩擦力。

学生活动:1)学生进行观察,从中发现:哪些时刻存在摩擦力,是什么摩擦,为什么? 2)观察归纳得出判断静摩擦力和滑动摩擦力的关键是:有相对运动还是相对运动趋势。

设计意图:以师生互动的方式培养学生的观察能力和语言表达能力。通过学生对实例分析,让学生掌握如何辨别摩擦力,为探究摩擦力大小打基础。

新课教学

　★ 探究滑动摩擦力的大小

教师活动:要研究滑动摩擦力的大小,首先我们要猜测它可能与哪些因素有关,在同学们猜测之前,提醒同学们可能有些同学在初中已经学过,但我们不要盲目地相信权威,我们今天有机会来验证我们的猜想,下面同学们先讨论一下。

【提问】滑动摩擦力的大小可能与哪些因素有关?

【提问】这些因素都需要一个一个地研究吗?

【教师分析】在研究之前要做出分析,有些其实是没有关系的,有些是类似的,有些暂时只能做定性研究,有些可以定量分析。

根据以上几条猜测,设计实验去进行验证探索。(利用控制变量法来进行探究)

教师引导学生修改实验方案,如何让弹簧秤的示数等于物块所受摩擦力的大小?

教材中给出的实验方案如图 3-11 所示,在实际操作中很难实现匀速拉动木块,不能用弹簧秤的示数来表示滑动摩擦力的大小,引导学生思考如何改进实验,才能使弹簧秤的示数等于物块所受摩擦力的大小。

学生通过思考与讨论,得出如图 3-12 所示的实验方案,将弹簧秤一端固定在

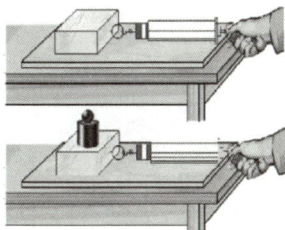

图 3-11 实验方案

图 3-12 实验方案

铁架台上,另一端与物块连接,用手拖动木板,此时不论木板如何运动,弹簧秤的示数都等于物块所受摩擦力的大小。

选定实验方案后,学生可以分组进行实验,探究滑动摩擦力和压力的关系。将测量数据填写在表 3-1 中。

表 3-1 测量数据

压力 F_N					
摩擦力 F_f					

利用计算机作出 F_N-F_f 图像,寻找其中规律。对实验过程和结论进行评估和交流。

滑动摩擦力大小与接触面积无关。滑动摩擦力的大小与正压力成正比,其比例系数由接触面的材料决定,称之为动摩擦因数(μ)即: $F_f = \mu F_N$

"μ"跟相互接触的两个物体的材料有关,还跟接触面的粗糙程度有关,没有单位。

学生活动：

(1)进行猜想和假设,学生通过讨论回答:可能因素:重力、接触面积、压力、运动速度、湿度、粗糙程度、材料等。

(2)学生和教师一起对列出的因素做出筛选,确定本节课的研究内容。设计出实验方案并进行实验探究。

(3)学生通过自己的比较探究过程,并分享其他同学的成果,修正自己的不足之处。学生对成果进行分析论证。

(4)分析论证后形成结论:

1)滑动摩擦力大小与接触面粗糙程度有关(见表 3-2)。

2)滑动摩擦力大小与(正压力)成正比。

(5)学生分析问题,解决问题过程,教师做出实时的评价。

表 3-2　材料的动摩擦因数

材料	动摩擦因数	材料	动摩擦因数
钢—钢	0.25	钢—冰	0.02
木—木	0.30	木—冰	0.03
木—金属	0.20	橡胶轮胎—路面(干)	0.71
皮革—铸铁	0.28	木—皮带	0.40

设计意图:

(1)教师进行点拨教学可以给学生正确的指导。

(2)这样引入主要想培养学生不盲目迷信权威,一切依事实为依据的科学探究精神。

(3)学生拟定简单的科学研究的计划和实验方案。完成对知识的初步探究和理解过程。在设计实验的过程中利用观点的分歧展开教学,一方面可以加深学生对知识的印象,另一方面学生通过实验观察,对同一现象提出不同观点,逐渐形成质疑创新的意识。

(4)鼓励学生从物理现象和实验中归纳科学规律,并能书面或口头表达自己的观点,使学生认识到实验、分析,论证在科学探究中的重要性。

(5)培养合作的精神,敢于提出与别人不同的见解,勇于放弃或修正自己的错误观点,既坚持原则,又尊重他人。

★**探究静摩擦力的大小**

教师活动:实验探究:探究静摩擦力的大小。

用如图 3-13 所示实验装置进行研究:缓慢地拉动弹簧测力计记录读数和小木块的运动状态。注意:当物体开

图 3-13　探究静摩擦力的大小

始运动后,就不再记录数据。(提问:这是为什么?)利用实物投影仪进行分析、归纳。

要求学生通过实验感受如何测静摩擦力大小。

解释:我们继续实验会发现,静摩擦力不会无限制增大,它的增大有一个限度,当超过这个限度时,物体将由静止变为运动。即由相对运动的趋势变为相对运动,此时所受摩擦力将变为滑动摩擦力。

静摩擦力的最大值 F_{max} 叫作最大静摩擦力(将动未动时摩擦力)。它的数值等于物体刚开始运动时的拉力的大小。可见:两个物体间的静摩擦力可以是一个变力,它的大小可以在 0 与 F_{max} 之间,即 $0 < F \leqslant F_{max}$。

学生活动:

(1)进行探究实验,完成所要求的实验,得出结论。

结论:静摩擦力的大小随着拉力的增大而增大,并与拉力的大小相等。即根据二力平衡条件,当物体只是相对运动趋势时,此时:$F_{静} = F_{拉}$。

(2)学生通过具体问题的分析与求解,能深刻体会相对静止、相对运动和相对运动趋势的不同。

(3)学生分析问题,解决问题过程,教师做出实时的评价。

设计意图:

(1)会用简单的实验感受到静摩擦力的大小,并设计出具体方案。

(2)培养学生提出完整的探究实验的方案,通过实验的探究结论,同时加强实验的操作技能。

(3)教师进行点拨让学生能更加明确区分静摩擦力和滑动摩擦力。

(4)有问题通过实验探究来实现的思想。明确物理是一门以实验为主的学科的真实含义。物理实验方法本质上是处理问题的程序化工具,掌握相应的实验方法对物理模型建构具有促进作用, 是学生从观察表象深入到研究本质属性的桥梁,也是学生从本质属性升华出物理模型的催化剂。

★探究最大静摩擦力和滑动摩擦力大小的关系

教师活动:实验中同学们发现静摩擦力不会无限制增大,它的增大有一个限度,当超过这个限度时,物体将由静止变为运动。静摩擦力的最大值叫作最大静摩擦力,最大静摩擦力和滑动摩擦力的大小有什么关系呢? 我们继续进行探究。首先看一个实例。

(1)实例分析

例题:重量为 100 N 的木箱放在水平地板上,至少要用 35 N 的水平推力,才能使它从原地开始运动。木箱从原地移动以后,用 30 N 的水平推力,就可以使木箱继续做匀速运动。由此可知:木箱与地板间的最大静摩擦力 F_{max}=_____;木箱所受的滑动摩擦力 F=_____,木箱与地板间的动摩擦因数 μ= _____。如果用 20 N的水平推力推木箱,木箱所受的摩擦力是_____。

（2）分析例题得出的结果。

（3）视频展示。录制视频慢放木块移动瞬间弹簧秤示数的变化情况,让学生观察示数变化情况。

（4）力学传感器演示最大静摩擦力和滑动摩擦力大小的关系，让学生通过数据图像进行分析(见图3-14)。

图3-14 数据图像

学生活动：

（1）学生分析例题中的实例。

（2）求解例题得出正确结果,分析结果,得出实例中显示最大静摩擦力大于滑动摩擦力。产生质疑,实例中的结果是特例还是普遍现象,希望通过实验进一步进行探究最大静摩擦力和滑动摩擦力大小的关系。

（3）学生提出实验方案,还可以借助如图3-13所示的实验进行探究,但出现困难,就是从静止到滑动只是一瞬间,很难捕捉弹簧秤示数的变化,能否借助其他手段放慢这一瞬间。观看视频慢放实验,学生通过观察思考得出结论。

（4）是否还有更先进的仪器来放大实验结果,得出结论？根据学生的实验需求,教师给学生介绍力学传感器,学生认识力学传感器,并通过传感器测量并分析$F\text{-}t$图像。突显图像对分析数据的作用。

设计意图：

（1）加强学生对具体问题的分析过程的理解,让学生体验战胜困难,解决物理问题时的喜悦,但是实例中的数据是教材给出的,存在特定性,结论是否具有普遍性需要进一步验证。

（2）提倡学生用多种方法或方式解决实际问题,同时指导学生用所学的知识分析实际问题,提出用实验进行验证。

（3）实验设计的思路中体现了学生的逻辑思维,设计中的操作设定体现了学生的推理能力和问题处理能力,在教学中有意识地关注学生对问题的分析和计划的制订,可以促进学生逻辑思维和推理能力的发展。

课堂小结

教师活动：

（1）落实检测。

(2)如何求摩擦力的大小?

学生活动:

(1)解决问题。

(2)学生自己总结。通过这节关于摩擦力大小的实验探究,总结实验探究的方法,在探究过程中有什么体会。

设计意图:及时复习巩固,让知识系统化。学生科学思维的培养不是通过教师讲授而获得,科学思维是在学生尝试应用一定物理知识去解决相关问题的过程中,通过对已有知识利用与整合而形成的独具个人特色的知识应用方式,对于这类认知的评价要依赖更加开放的形式。

【作业设计】

课后探究:设计一个实验测量给定木板和木块之间的动摩擦因数。

设计意图:鼓励学生采用不同的原理设计方案,通过设计实验学生加深对于摩擦力和动摩擦因数的理解,探究一题多解的处理方式,锻炼学生的创造性思维和发散性思维。

【板书设计】

第2节 摩擦力——探究摩擦力大小

(1)探究滑动摩擦力的大小

$F_f = \mu F_N$

(2)探究静摩擦力的大小

$0 < F \leq F_{max}$

3.探究最大静摩擦力和滑动摩擦力大小的关系

$F_{max} > F_f$

5 教后反思

摩擦力是看不见、摸不着的一种无形中存在的力,是非常抽象的,这就给学生的学习造成一定的困难。所以必须通过学生自己的亲身体验和身边器材来探究摩擦力的影响因素,这样的设计充分调动起学生的学习热情,让学生体会到了成功的喜悦,培养了学生和他人的合作意识和能力。学生的逻辑推理能力体现在整个实验设计过程中,在物理实验设计之初,教师创设问题情境,以问题开始,提供具有难度梯度的互动环节,通过思考、推理增加学生思维的厚度。用互动式教学促进学生主动探索实验中存在的逻辑关系。在探究的过程中让学生自己设计探究的各个环节,并在实验中及时进行修正。这样的设计可以加强学生对探究环节的进一步掌握。但在实际操作中也有意想不到的情况发生。为了防止实际在课堂上学生没有思路,在备课时也注意了一些实际教学环节,做好预设,多想想可能会出现什么情况,做到早预见,给学生一些及时必要的点拨。

学生物理认知过程中的科学思维是处于特定的物理学习情境中,在教师的启发和引导下,产生认知冲突并明确学习目标,继而运用已有物理知识和经验,以及相关学习技能,经历思维探究过程,对科学思维材料进行加工处理,最终获得对物理事物本质和规律的理论认识,并且学生的科学思维活动需要非认知因素和自我监控的全程参与。教师在教学设计和组织实施过程中,需要根据物理课程标准、具体教学内容以及学生的认知发展特点,在明确教学目标、重点难点以及学生物理学业水平的基础上,选择适宜的教学模式和方法,精心安排和处理好上述各思维要素的内容及其相互关系,以实现对学生科学思维能力的培养。

在实验课程教学中教师应从学生的易错点出发,针对学生的思维漏洞进行相应的教学活动设计,以学生为活动主题,通过实验过程中的对比分析、互检互测以及自主总结等环节的设计,发挥学生主动性,除此之外在教学中,教师应创设实验情境,引导学生观察,使学生养成质疑创新的意识;关注学生的实验设计思路,培养学生逻辑推理能力;在实验教学过程中重视实验方法的渗透,培养学生的物理模型建构能力;选用合适的实验形式组织教学,并进一步转变科学思维评价方式。

附录1:

高中生科学思维现状调查问卷

亲爱的同学,你好!

欢迎参加本次问卷调查。为了了解同学们关于科学思维的认识,特进行本问卷调查。问卷所得数据信息仅做研究之用,不需署名,您的信息不会外泄,请您不必顾虑,根据自己的真实情况作答。感谢您的参与!

编号	问题	完全同意	比较同意	不太同意	完全反对	您的选择
1	学习物理实验时最大的困难是理解实验原理	1	2	3	4	
2	物理学是以实验为基础的学科	1	2	3	4	
3	在做物理实验时,若一种方法不行,会尽力尝试其他可行的方法	1	2	3	4	
4	物理学习中,必须先理解物理规律的含义,才能正确使用	1	2	3	4	
5	物理学习过程中用到的推理能力对日常生活有帮助	1	2	3	4	
6	会结合个人经历来理解所学的物理知识	1	2	3	4	
7	在做物理习题时一旦思路受阻,就无法独立解答出这道题	1	2	3	4	
8	学习物理,只需熟记一些典型例题的解法	1	2	3	4	
9	物理公式只是用来计算的,对物理概念的理解没有帮助	1	2	3	4	
10	随着物理学的发展,现在的很多物理观点将来都有可能被证明是错误的	1	2	3	4	
11	做物理题时,会利用题目给出的物理量找出一个公式,然后代入具体数值求解	1	2	3	4	
12	为了更好地掌握物理知识,会和同学进行讨论	1	2	3	4	
13	解答物理题时,如果计算结果和预估相差很大,通常会把结果代入已知物理情景验证	1	2	3	4	
14	物理学中,公式表示的是可测量物理量之间有意义的联系	1	2	3	4	
15	通常能找到解决物理问题的思路	1	2	3	4	
16	能准确地找到解决问题要用到的物理概念	1	2	3	4	
17	物理学家们重复同一实验,有可能得到不同且正取的结果	1	2	3	4	
18	会应用物理课堂中所学知识解释生活中一些现象	1	2	3	4	
19	物理在近代社会、科学、技术的发展过程起到了非常重要的作用	1	2	3	4	
20	针对教材内容,会产生不同的观点和看法	1	2	3	4	

附录2：

关于高中物理实验教学培养学生科学思维的教师访谈提纲：

1.您认为实验教学是否有利于培养学生的科学思维？请举例说明。

2.请简述您在实验教学中培养学生的科学思维的教学策略。

3.您认为在实验教学中培养学生科学思维的最大优势是什么？

4.您认为在实验教学中培养学生科学思维的最大障碍是什么？

5.简述您对通过高中物理实验教学培养学生科学思维的建议。

第3节　核心素养背景下高中物理实验对学生潜能开发的研究

——牛顿第三定律案例研究

21世纪以来，全球经济技术发展迅猛，各国对人才竞争也越来越重视，加大人才的战略培养和储备是各国刻不容缓的事情。真正的人才竞争实际上是人的潜能开发的竞争。人的潜能开发的广度和深度将成为衡量各国是否能在激烈的竞争中获取主动地位的标志，重视人的潜能的开发，将对人类的延续和发展至关重要。

"核心素养"一词的出现，使得各国在人才培养和潜能开发方面有了新的方向标。党的十八大以来，我国教育改革方面提出了"立德树人"的新要求。这就使得教育在教授学生基础知识的同时，更加注重对学生德育的培养。教育部希望可以从顶层设计着手，建构"核心素养体系"，从而和国际教育体系相接轨。

2016年9月，正式发布的《中国学生发展核心素养》使得我国新一轮课程改革有章可循。针对物理学科核心素养而言，新课程理念更加重视实验教学，旨在通过实验探究开发学生潜能，提升探究能力，培养正确的物理思维和科学方法。

于是，笔者带着对高考改革的思考进入了一线教学中，希望可以通过物理实验教学开发学生潜能，基于此提出了"核心素养背景下高中物理实验对学生潜能开发的研究"这个课题,希望通过实验教学活动的开展,寻找其对学生潜能开发的积极影响。

在课题研究中,为彰显物理实验教学对学生潜能开发的影响,笔者以《牛顿第三定律》为课例,展现教学案例,帮助学生从枯燥乏味的教科书学习向独立探究学习的转变,充分调动每一位学生发展的主动性,激发学生自身蕴藏的潜在能量,引导自我探索,智慧生成,深度学习,从而全面提升学科核心素养。

1 文献述评

在确定课题研究方向以后,笔者进行相关文献资料的搜集与整理,对国内外关于核心素养、物理实验教学、牛顿第三定律和潜能开发等方面的研究进行了梳理和总结。

1.1 关于"实验教学"的研究

1.1.1 国外关于高中物理实验教学的研究现状

潜能教育最早是由国外的教育教学组织提出的,因而其理论和实施方法策略等也较国内的发展水平要高,因此利用高中物理实验教学开发学生潜能方面的研究或做法也较多。

在国外的物理课程中,实验是课堂教学的重要一环,大多数学校都有专门的教师进行实验课的讲授。从18世纪起,德国、法国相继建立学校的物理实验室,物理实验教学便初露端倪。

在英国,物理教师十分重视实验教学。他们会在课堂上会安排足够长的时间让学生参与到实验活动当中来。除了教师自己经常开发一些实验资源以外,还鼓励学生亲自尝试,发明创造,推理辨识,从而培养科学探究的能力。

德国的物理课堂教学都是从实验出发的,通过观察现象归纳结论,从而学会物理知识。教师在进行课堂讲解时通过问题情境的创设,让学生在观察实验、思考现象中获取知识和方法,提升学科核心素养。

美国于2002年启动了21世纪核心技能研究项目,并于同年颁布的《国家科学教育标准》中对公民的核心素养教育也有明确的说明,利用物理实验提升学生核心素养的观点进一步得到强化。

1.1.2 国内关于高中物理实验教学的研究

我国的教育部门历来重视实验教学,要求教师在实验教学过程中完成育人使命。从"三维目标"到"核心素养",课堂教学对实验环节的要求也在逐步提高,对实验教学资源的开发与应用更是积极鼓励和大力支持。

李新乡等人在《物理教学论》中指出,实验对传授物理知识、培养学生的科学态度、提升学生思想方法以及开发学生智力、发展学生能力都有很重要的作用。

实验教学对教师的要求也较高。唐挚在《高中物理实验有效教学设计及案例》中提及,进行物理实验教学,教师要具有实验观察技能、实验思维技能、实验操作技能、实验分析技能、实验统筹技能、实验设计技能以及实验观察技能。

而对于实验的有效教学,唐挚认为,在实验教学设计上要针对学生的最近发展区,这样才能高效地促进学生的发展。

周长春在《对称与非对称相结合 有效凸显问题的本质——五种版本教材编排牛顿第三定律内容的比较》一文中,对比五种版本教材对牛顿第三定律内容的编排,提出注意四个"结合"——看到与体验、接触与非接触、对称与非对称、物理与生活,阐述了自己对牛顿运动定律的理解。

沈曼辰在《翻转课堂提高学生实验创新能力——以对传统"DISLab 验证牛顿第三定律"的实验改进为例》一文中,以传感器验证牛顿第三定律的实验改进为例,提出翻转课堂这种新模式下传统实验的改进方法。

李雪梅、赵保钢在《基于 DISLab 的"牛顿第三定律"实验》中谈到了将信息技术应用于物理实验课堂教学中,使得传统实验教学中无法量化的某些物体间的相互作用可以通过 DISLab 得以实现。

张冬冬在《基于思维型课堂发展科学建模能力——以"牛顿第三定律"教学为例》一文中,以牛顿第三定律为教学案例,基于思维型课堂,激发认知冲突建构模型、利用自主建构验证模型、借助思维监控评估模型、通过灵活迁移应用模型,用这四个环节来促进科学建模,以达到发展科学建模能力的目的。

1.2 关于"核心素养"的研究

1.2.1 国外关于"核心素养"的研究

1997 年,经济合作与发展组织(OECD)启动"素养的界定与遴选:理论和概念基础"项目,在项目中首次建构了"核心素养"框架,并设置研究指标。

2003 年,经济合作与发展组织出版了最终研究报告《核心素养促进成功的生活和健全的社会》。报告中界定了"核心素养"的概念,将与学生能力相关的问题概括为"核心素养"这一概念。

2005 年,联合国教科文组织对"核心素养"的内涵进行了详尽阐述,并且为中小学生构建出培养核心素养的学习目标和课程体系。文件在强调理论学习的基础上,更加注重学科思维的培养。

1.2.2 国内关于"核心素养"的研究

2014 年 3 月,我国教育部印发了《教育部关于全面深化课程改革落实立德树人根本任务的意见》,首次提出了"核心素养体系"的概念,并将其作为教育改革的重点和核心。其中明确指出,"学生在接受相应学段的教育过程中,应逐步形成适应个人终身发展与社会发展的人格品质和关键能力。"

随后,我国教育界对核心素养的关注日益提升,对核心素养的研究也在不断地深化。李艺、钟柏昌在《谈"核心素养"》一文中,从"双基指向""问题解决指向""科学(广义)思维指向"三方面,分析核心素养的内涵。常珊珊、李家清在《课程深化改革背景下的核心素养体系构建》中,通过梳理核心素养发展历程,分析核心素养内涵,提出学生核心素养体系的构建过程。余文森在《从三维目标走向核心素养》一文中指明,相比于三维目标,核心素养更能体现以人为本的教育思想,并阐述了核心素养体系建构的重要意义。

由以上分析可知, 很多国家与地区都将核心素养视为课程设计的主要标准,世界各国以核心素养作为教育改革的目标已达成共识,基于核心素养的培养,对课程标准进行改革已经刻不容缓。

1.3 关于"潜能理论"的研究

国外潜能理论的提出起源于 20 世纪五六十年代西方人本心理学关于人的价

值和潜能的论述。人本心理学提出,在生物进化过程中人有高于一般动物的心理潜能,而心理潜能高于生理潜能。健康的人有自发追求潜能实现的内在需求,并有以此为依据的自我评价能力。

我国发布的《国家中长期教育改革和发展规划纲要(2010—2020 年)》指出,高中阶段教育是学生个性形成、自主发展的关键时期,因此高中应推动多样化发展,满足不同潜质学生发展的需要。因此,学校应该尽可能挖掘学生优势潜能,探索创新人才培养模式。激发学生主动发展的潜能是适应当今教育发展的责任使然。

激发学生发展潜能的第一步是"激发和唤醒",可以通过观察、测试、诊断外部或内部变化外显来发现、认识并加以研究。第二步是"引领和成就",创设适合每一位学生成长的特定的学习环境,创造发展机会,通过搭建学生兴趣爱好、特长发展的平台,接受挑战任务等措施创设学生发展机会。

在文献查阅过程中,笔者在"核心素养"这个关键词的基础上,输入"牛顿第三定律物理实验教学""潜能开发"进行进一步检索,结果发现文章数量锐减了许多,这反映出物理实验教学研究对潜能开发的影响多集中在理论与策略的研究,而如何在实验方面评判学生潜能开发程度和物理核心素养培养情况也没有统一的标准和规范的测量手段,以上表明基于核心素养的物理实验教学对学生潜能开发的研究尚处于初始阶段,还有较大的探索空间。笔者以此为契机,借鉴总结前人的研究经验,提出自己对应用物理实验开发学生潜能的教学策略,并就具体案例《牛顿第三定律》进行设计和分析。

2 教材分析

2.1 知识地位

人教版物理必修 1 将《牛顿第三定律》这一节内容从旧教材的第四章第 3 节前移到第三章第 3 节,在学生学习完重力、弹力和摩擦力这三种基本相互作用后,就提出了作用力和反作用力,使得学生对"力"的概念有了更深的体会。要全面探究物质世界的关系及其运动规律,相互作用是基础,而牛顿第三定律恰恰向我们揭示了这一规律,有了它可以把研究对象由一个物体扩展到多个物体,拓宽了分析思路和解题范围。实际生产、生活和科技中的许多问题只有依赖它才能得以顺利解决。

从课程整体结构而言,牛顿运动定律是学习动力学的基础,而牛顿第三定律作为其中的一个独立定律,在生活中应用非常广泛,掌握牛顿第三定律,对学生理解物理观念有助推的作用。在进行课堂教学时,可将教学环节设计为学生探究实验,更利于学生科学探究能力和科学思维的培养,从而提升学习过程中的智力价值和思想教育价值,也可以为后续的牛顿运动定律的学习打下坚实的基础。

2.2 课标规定

本模块强调在机械运动的基础上,培养学生相互作用的观念和模型建构的能力。教学中应根据本模块所学物理知识的特点,从多个角度创设情境,结合生产生活实际提出与物理学有关的问题,引导学生讨论,让学生体会物理模型建构必要性。通过设计实验,学会分析和处理实验数据的方法,提高科学探究的能力,引导学生结合物理学史认识实验探究与科学思维的结合对物理学发展的重要作用。

2.3 教材呈现

人教版物理必修 1 对牛顿第三定律分三个层次进行阐述,层层递进,引导学生科学思维的建立:一是演示实验的引入,通过现象的分析,让学生对相互作用力有一个初步的感知,然后根据特殊现象总结出一般规律,即作用力与反作用力的定义。二是通过科学探究,定量地得到一对相互作用力的大小关系,从而对牛顿第三定律有了进一步的理解。三是通过生活实际,加深对牛顿第三定律的认识,进而将其应用于实践。物体的受力分析这部分内容主要通过具体实例进行分析,引出相互作用力与平衡力的区别与联系。如图 3-15 所示。

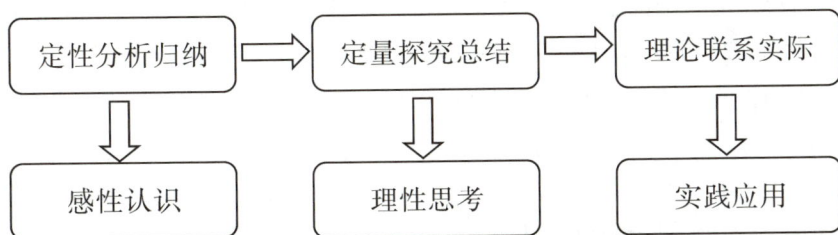

定性分析归纳 → 定量探究总结 → 理论联系实际

感性认识　　　　理性思考　　　　实践应用

图 3-15 教材对牛顿第三定律的阐述

3 实验改进

在新教材物理必修 1 中,无论是课堂教学环节还是课后"拓展学习"栏目,编者都设计用弹力来定量探究并验证牛顿第三定律,旨在培养学生科学思维和探究能力,但这样的设计忽略了其他性质的力之间是否也符合这样的定量关系,使得验证实验有失普适性。针对该问题,笔者设计用其他性质的相互作用力来定性验证牛顿第三定律的实验方案,从而对教材进行补充,使得探究实验具有普遍性。

实验探究是本节课的一个重点和核心,首先由学生提出设计方案,在教师引导下进行修正,然后选择相关实验器材进行科学探究,整个教学环节的设计始终坚持学生的主体地位,让学生像科学家一样思考和实践,教师仅仅是适当进行引导和点拨,在实验器材的选择上更多提供和选取的是生活中常见的物品,让学生感受平凡生活中随处可见的物品却在科学探究中生成不平凡的现象和效果,产生视觉冲击的同时,制造认知冲突,从而激发学生的求知欲,培养学生求真务实的科学精神,提升物理学科核心素养。

4 教学设计

4.1 学情分析

从知识建构的角度分析,学生对相互作用力并不陌生,初中阶段他们已经对作用力与反作用力的问题有了定性的学习,知道相互作用和一对平衡力的区别。同时,学生们有足够的生活经验,通过肢体感受体会相互作用力的特点。但是,他们对这一知识的了解基本上处于记忆的层面,缺乏深入的理解和灵活的应用,因此迫切需要进一步的学习来弥补认知上的不足。

从能力培养的角度分析,高一年级大部分学生已经有了初步的观察思考能力、合作探究能力、动手操作能力和分析解决问题能力,他们好奇心强,学习热情高,有参与意识,这就为本节课设计科学探究活动奠定了基础。

4.2 教学目标

(1)知道力的作用是相互的,知道作用力和反作用力的概念。

(2)理解掌握牛顿第三定律,并能应用其解释生活中的相关现象或科技中的相关问题。

(3)通过实验探究相互作用力的关系,体会科学探究的方法,形成独立思考、实事求是、勇于创新的科学态度和团结协作的科学精神,增强社会责任感。

(4)通过实例分析,激发参与科技活动的热情和对物理学科的兴趣,形成将物理知识应用于生活和生产实践的意识,以及用于探究与日常生活有关的物理问题的意识,培养科学思维,提升物理学科核心素养。

4.3 教学过程设计

★ 环节一:课前准备 旧知回顾

【教学活动设计】

教师活动:课前准备活动,根据学案,引导学生梳理所学知识。

学生活动:通过旧知回顾和新知预习,明确本节课的学习目标和学习内容。

【设计意图】

通过温故知新,以学案为引导,为本节课的理论学习做好相关物理知识的前期铺垫。

★ 环节二:创设情境 新课引入

【提问设疑】

【教学活动设计】

教师活动:首先我们先对本节课将要到来的科学探究之旅表示殷切的期盼,请大家以热烈的掌声为自己鼓劲加油!

同时想请问大家,在鼓掌的同时,大家有怎样的感受,两手之间有怎样的感觉呢?

学生活动:学生感受:鼓掌力气越大,掌心越觉疼痛。这是力的作用效果。

教师活动:小结生活中常见的相互作用,唤醒学生在初中学习的记忆。

过渡:在初中的时候,大家对相互作用有一定的了解,今天我们就在已有认知的基础上,对相互作用进行更进一步的探究。

板书设计:第三章 相互作用

第三节 牛顿第三定律

——牛顿第三定律案例研究

【设计意图】

通过身体感受引发学生兴趣,表达对待课堂学习的热情,提高学生的关注度和求知欲望。

★环节三:科学探究 新课教学

(1)演示实验——自制小船

【教学活动设计】

教师活动:自制小船模型,在自制小船内的玻璃容器内注满水,将小船放入水中,点燃船内蜡烛对玻璃容器进行加热。观察实验现象,并引导学生思考:

• 你观察到什么现象?

• 小船为什么会运动?

• 驱使小船运动的力从何而来?

学生活动:观察实验现象:小船由静止开始运动起来。

学生思考讨论,并尝试解释产生原因:被蜡烛加热后的容器内水蒸气冲出,同时推动小船反向运动。

因此,小船运动的原因来自于水蒸气对小船的作用力。

【设计意图】

学生在上课后的前几分钟,思维处于比较活跃的阶段,但注意力分散,此时选择具有悬念的小实验将学生带入课堂是新课引入的关键,也是本节课的一个亮点。

(2)演示实验——自制火箭

【教学活动设计】

教师活动:自制火箭模型:用气球模拟火箭发射过程,观察实验现象。

学生活动:通过受力分析,揭开其中奥秘:气体喷出的同时推动气球上升。这也是火箭发射的原理。

【设计意图】

强调以学生的参与和体验为主,使他们的思维处于兴奋状态,为相互总用力的引出做好铺垫。

(3)小结

【教学活动设计】

教师活动:引导学生概括总结作用力与反作用力的概念。

学生活动:通过演示实验归纳总结作用力与反作用力的定义。

板书设计:一、作用力与反作用力

【设计意图】

通过实验观察,得出结论。鼓励学生从物理现象和实验中归纳科学规律,培养归纳、总结的能力。通过口头或书面表达自己的观点,促使学生形成经典物理相互作用观,同时认识到实验、分析、论证在科学探究中的重要性。

(4)实践体验

【教学活动设计】

教师活动:引导学生思考:两个物体间的相互作用力可能是什么关系呢?

学生活动:组织学生参与活动,体验掰手腕:有的学生僵持不下,不分胜负;有的学生一起掰手腕,瞬间一决高下。尝试体会相互间作用力的大小关系。

让掰手腕已分胜负的两个学生一起拉动同一个橡皮条的两端,发现随着拉力的增大,橡皮条的形变也在增大,直到被拉断。

教师活动:引导学生思考:

(1)两个人之间的作用力有什么关系?

(2)掰手腕时什么原因决定胜负?

(3)生活中是否还有类似的现象?能否解释一下现象产生的原因?

学生活动:产生不同观点:有的学生认为获胜者对失败者的作用力大于失败者对获胜者的作用力,而另一部分学生则认为胜败之间的作用力是一样大的。

与此相似的现象还包括:玉碎瓦全、鸡蛋碰石头、拔河比赛……

教师活动:引导学生思考:用什么方法可以探究一下两个物体间的相互作用是不是大小相等呢?

板书设计:1.实验探究:相互作用力的大小关系

【设计意图】

通过亲自体验导致悖论,吸引学生注意力,增加感性认识,培养学生勇于质疑、敢于思考的科学态度。

同时,通过身边习以为常的现象引发探究,有助于激发学生的学习兴趣。与此同时设疑激趣,为科学实验做好前期铺垫。

(5)科学探究——相互作用力的大小

【教学活动设计】

教师活动:引发学生思考:用什么样的物理过程探究相互作用力的大小方便测量呢?

学生活动:物体间的相互作用有的持续时间长,像掰手腕,拉弹簧,有的持续时间短,如气球的释放,气体的喷射……作用时间长的物理过程更便于实验探究。

教师活动:继续调动学生深入思考:掰手腕和拉弹簧相比,哪个更便于定量研究?

学生活动:拉弹簧。因为弹性形变更便于追踪研究过程。

教师活动:如何定量地得出作用力与反作用力的大小关系?

学生活动:分组实验:学生以小组为单位设计探究实验,分享设计方案,听取不足,通过实验改进验证科学猜想。

学生利用教师提供的实验设备,用弹簧测力计探究相互作用力的大小关系,得出实验结论,完善实验报告。

【设计意图】

实验设计的思路中体现了学生的逻辑思维,设计中的操作设定体现了学生的推理能力和问题处理能力,在教学中有意识地关注学生对问题的分析和计划的制订,可以促进学生逻辑思维和推理能力的发展,从而提升科学探究的能力。

(6)实验验证——相互作用力的大小

【教学活动设计】

教师活动:教师用传感器探究相互作用力的关系,为学生提供别样的实验设计。

学生活动:从特殊到一般,得出实验结论:两个物体间的相互作用力大小相等。

【设计意图】

从质疑相互作用力大小相等,到通过科学探究验证相互作用力大小相等,用辩证的方法体会科学精神和探究魅力,培养学生敢于质疑、严谨求真的科学态度。提倡用多种探究方法得出实验结论,培养学生的发散思维和科学探究的能力。

(7)科学探究——相互作用力的方向

【教学活动设计】

教师活动:在讨论过相互作用力的大小后,我们再来研究相互作用的方向特点。

板书设计:2.实验探究:相互作用力的大小关系

教师活动:演示实验:将磁铁与小磁针异名磁极相对,旋转磁铁,小磁针也跟着转动起来,且磁铁和小磁针始终在一条直线上。

引发学生思考:用手按压桌子,引导学生分析现象中的相互作用力的方向特点。

学生活动:观察现象,得出结论:作用力与反作用力始终在一条直线上,且方向始终相反。

【设计意图】

通过演示实验,让学生直观发现现象,有助于学生科学思维的培养。通过学生对课堂学习活动的参与,提高学习的积极性和主动性。

(8)小结

教师活动:从力的大小到力的方向,从磁力的共线到弹力的共线,引导学生归纳总结牛顿第三定律。

学生活动:从力的三要素入手,总结相互作用力的关系,尝试得出牛顿第三定律。

板书设计:二、牛顿第三定律

两个物体之间的作用力和反作用力总是大小相等,方向相反,作用在同一条直线上。

【设计意图】

一系列的实验设计围绕相互作用的特点进行,由浅入深,层层递进,不但使学生对知识的理解经历了科学探究的过程,而且通过逐步分析引发学生的深度学习,激发学生潜能,培养科学思维和科学探究的能力。

(9)设疑激趣

【教学活动设计】

教师活动:引发学生思考:如何理解牛顿第三定律中的"总是"?

学生活动:讨论总结:

"总是"——不管两个物体的质量、材质、形状;不管两个物体的运动状态、所处环境。

【设计意图】

帮助学生加深对牛顿第三定律的理解。

(10)迁移应用

【教学活动设计】

教师活动:引导学生参与活动:称一称你有多重?

让学生静止站在台秤上,通过台秤示数测量学生重量。

引发学生思考:为什么台秤测量的弹力可以体现人的重力?

学生活动:通过受力分析阐述称重原因:学生静止站立,台秤对人的支持力和人的重力是一对平衡力,而台秤对人的支持力和人对台秤的压力是一对相互作用力。因此,可以通过人和台秤间的相互作用力间接得到人的重力的大小。

通过实验感知,总结得出一对平衡力和一对相互作用力的异同点。

板书设计:三、相互作用力和平衡力(见表3-3)

表3-3 相互作用力和平衡力

	相互作用力	一对平衡力
相同点	大小相等,方向相反	
不同点	同时产生,同时变化	不一定同时产生,同时变化
	一定是同种性质的力	不一定是同种性质的力
	作用在两个物体上	作用在一个物体上

【设计意图】

引导学生用物理语言解释台秤称重的原因,通过实例探究帮助学生加深理解相互作用力的同时,进而引出一对平衡力和一对相互作用力的鉴别。

鼓励学生敢于提出与别人不同的见解,勇于放弃或修正自己的错误观点,培养学生的科学态度与责任。

(11)拓展延伸

【教学活动设计】

教师活动:自制教具:旋转的矿泉水瓶。

学生活动:自制实验教具,学以致用。

【设计意图】

通过课后自行设计教学用具,可以提升学生的动手操作能力,有助于学生发散思维的培养。

5 教后反思

牛顿第一定律和第二定律解决的是单一物体在不同力学环境下所遵循的物理规律,但自然界不同物体直接的相互联系还需要牛顿第三定律来阐述。牛顿第三定律可以客观反映机械运动规律,帮助学生更好地认识物体之间的相互作用。但学生在应用过程中容易受直觉的影响,比如"拔河""马拉车""以卵击石"等,受生活经验误导很容易判断错误。因此,本节课的教学需要通过对实验现象的分析,让学生认识牛顿第三定律,并体会牛顿第三定律在实际生活和生产中的应用。

学生的前概念来自于直觉,因此在教学过程中,我从具体实例分析,让学生大胆猜想,勇于犯错,并在不断试误中认清问题的本质。因此本节课的教学环节设计的一个重点就是注重学生的亲身体验,这也体现了自主学习和探究学习的思想,通过合作学习,自主探究,分析总结等学习过程,让学生在学会物理概念的同时,形成科学思维并培养科学探究的能力。学习的最后通过成果展示,增强学生的成就感和责任感。

通过本课题的研究和本课例的教学,本人就核心素养背景下高中物理实验教学提出以下教学建议,仅供大家参考。

5.1 教师应加强对物理实验教学的重视程度

高中学生和教师直接面对的是高考,因为实验考查在高考中所占比重较少,所以实验教学并没有引起老师和学生足够的重视。但从核心素养的角度出发,物理探究实验对学生物理观念的建立,科学思维的形成以及操作能力的提高都起到了至关重要的作用。通过尝试加深了学生的感性认识,因此,从长远角度来看,教师应该重视物理实验教学,并引导学生通过科学实验掌握物理学习方法,从而对学生潜能发展起到积极的推动作用。

5.2 教师应提高自身的物理学科核心素养

教师的实验操作能力直接影响到他们在课堂中对实验教学的自觉应用程度。因此,若想实验教学实现在物理课堂的常态化,首先物理教师应先提升自身的科学探究能力和科学态度与责任。只有在潜意识里将实验教学作为物理课堂上不可或缺的重要环节,才能真正发挥实验教学的作用,对开发学生潜能产生积极影响。

5.3 相关部门应组织教师培训

通过和教师的访谈笔者了解到,除了课时紧张、高考所占比重较少导致他们放弃物理实验的教学以外,还有一个重要的原因就是很多教师自身实验操作能力较差,因此也就缺乏培养学生科学探究的意识了。为了能够提高物理教师队伍的专业素养,笔者认为相关部门应该定期组织教师培训,为教师学科核心素养的提升提供专业途径,帮助教师不断成长,不断进步。

第4节 核心素养背景下高中物理力学实验资源开发案例研究

——力的合成与分解实验资源开发与应用

1 文献述评

近现代以来,中学教育中如何才能有效培养学生的实践精神和创新能力已经成为各国教育界最关切的问题。作为科学教育中的重要学科,物理学中的实验教育,实验课程资源的开发与应用普遍成为西方教育发达国家的重点研究领域。

仅以美国为例。美国的《国家科学教育标准》中将实验目的确定为"提高学生开展科学探究的基本技能以及加深对科学探究的本质的理解",并且认为实验内容要与生活世界相结合。美国教师也普遍重视实验,只要能够通过动手操作来展示的物理过程和物理现象,教师就不会用语言去解说,这已经成为一种普遍共识。他们的专用教室里,常常摆满演示实验仪器,大多是教师自己设计制作的,并且构思巧妙,结构简单,极其富有启发性。此外,他们还经常带领学生进行多样的课外实验。

我国从最早的"双基目标"到课程改革后提出的"三维目标",再到改革深化升华为的"核心素养",都十分重视物理实验的教学,也鼓励教师们自己开发设计实验资源,经常举办各级各类自制教具比赛,以促进老师们发现或挖掘教学资源,提高实验的育人功能的水平和能力。我国著名物理教育家朱正元教授在20世纪五六十年代就提出了"坛坛罐罐当仪器,拼拼凑凑做实验"的教学理念,这正是实验资源开发与应用的体现。

近年来一些国内物理教育工作者和学者出版了一些关于中学物理实验资源开发与应用的专著,如刘炳升、冯容士主编的《中学物理实验教学与自制教具》;黄国雄主编的《重新发现物理实验:中学物理实验资源开发利用的理念与案例》;还有《高中物理趣味实验》,作者:张军朋、李德安、全汉炎;《物理趣味创意实验100个 让孩子们一起玩中学(上下册)》,作者:陈耿炎、张惠瑶;《高中物理探究性趣味实验》,作者:赵力红、臧文彧;《中学物理实验研究》,作者:彭梦华。

进入新课程改革以来,许多教育学的研究生开展了关于高中物理实验资源开发与应用的实践研究。笔者在中国知网就"高中物理实验教学资源开发与应用"相关的一些检索词进行文献检索,其中以"高中物理实验改进"为检索词检索到9篇硕士学位论文;以"高中物理实验资源"为检索词检索到10篇硕士学位论文。以"核心素养背景下高中物理实验"为检索词进行检索,得到一篇硕士学位论文;以"核心素养背景下高中物理实验资源开发与应用"为检索词进行检索,没有得到一篇硕士论文。

如何利用物理实验来促进物理学科核心素养的达成也成为广大一线教师教科研的重要领域。笔者以"核心素养背景下高中物理实验"为检索词进行检索,得到4篇期刊论文;以"基于核心素养的高中物理实验"为检索词进行检索,得到14

篇期刊论文。笔者选取其中比较具有代表性的研究成果列举一篇:柴秀芹、王凤程在《基于核心素养的高中物理实验课教学——"验证机械能守恒定律"教学设计》(2017)一文中认为:物理实验对物理观念的形成,在培养学生的科学思维、探究能力、科学态度与科学精神方面具有特殊的地位。作者在开展教学时,充分利用现有实验器材,从探究的视角设计实验,合理利用日常生活资源,开发自制教具,实现现代教育技术与实验教学的有机有效结合。学生在经历了这次实验课后,不仅掌握了传统仪器的应用,还享受了实验教具的改进和完善带来的创新思考和探究的快乐,学生的思维得到延伸,培养了学生的质疑创新能力、解决问题能力,激发学生学习热情,培养了学生的实践创新、科学精神等核心素养,增强了学生的团结协作意识。

为了解国内关于力的合成与分解实验资源的开发与应用研究的现状,笔者在中国知网以"力的合成与分解"为检索词进行检索,查找2000年以来发表在期刊上的研究论文,得到有关实验装置的自制与改进的论文9篇。作者选取其中比较具有代表性的列举一篇:王晓静在《力的合成分解仪》(2018)一文中,首先指出了传统实验的主要缺点:误差比较大,并且演示和操作烦琐。然后给出了自己设计的实验装置如图3-16所示,作者认为该

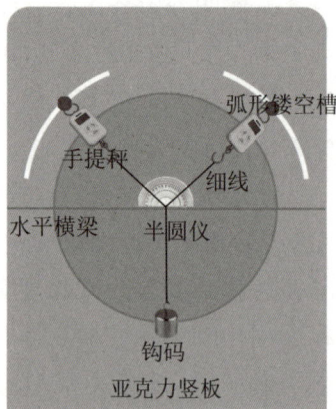

图3-16 王晓静设计的实验装置

仪器的优点有:采用了圆形镂空设计,可以防止手提秤、钩码等与竖直面板间的摩擦,提高了实验的精确性,同时充分利用了圆的高度对称性,通过改变螺丝钉在弧形槽中的位置,进而改变两分力的夹角,使得两分力的夹角方向可以在0~180°范围内任意组合。

笔者以"核心素养背景下力的合成与分解""基于核心素养的力的合成与分解"作为检索词进行检索,没有找到相关研究成果。

分析以上关于力的合成与分解的实验改进或自制教具方面的研究成果发现,多数研究都指出了教材原有实验在精确性、稳定性等方面的主要缺陷,部分研究者利用钩码和滑轮来施加力来解决这些问题,少数处于教育发达地区的研究者利

用力传感器解决这一问题。这些研究者制作的实验装置普遍都有器材需要再加工、组合复杂、制作工艺难度大等缺点，与材料普遍、工艺简单、观察直观、结果准确的自制教具的原则相差甚远。

综合分析已有的研究成果发现，国内外广大与中学物理教育相关的专家、学者、一线教师都十分重视实验资源的开发与应用的研究，在针对教材原有实验的改进和利用周围资源自制教具两方面的成果都日益丰富，相关理论和实验资源都取得大量成果。但现有的研究存在一定的局限性，包括力的合成与分解的实验改进或自制教具在内，大多数关于实验资源开发与应用的研究，在如何促进和落实学生核心素养方面没有相关的研究成果。其次是有关高中物理实验资源开发与应用的教育硕士研究成果较少，表现为研究多数还处于个案研究阶段，系统性不强，教师利用所开发的新实验进行有关核心素养培养和提升的教学行为处于经验的、随意的状态，使得其独特的教育教学功能难以发挥。并且由于刚刚使用最新版本的教材，针对新教材所提供实验的改进和教学策略几乎没有研究成果。

因此，针对新教材，在核心素养背景下的实验资源开发与应用方面的研究具有很大的研究空间，有关力的合成与分解实验的改进或自制教具方面的研究仍然有很大的研究空间。

2 教材分析

2.1 知识地位

本节内容在整个教材中起到承上启下的作用。学生已经知道了既有大小又有方向的物理量为矢量，在计算加速度时还学习了如何计算一维情况下的速度变化，在初中还接触过一维情况下力的合成，这些都可以算矢量运算的初步接触。但是矢量与标量的区别仅仅是有无方向吗？矢量运算的普遍法则如何？这些问题还没有解决。通过本节的学习，既可以回答以上问题，还可以为以后运动学、电磁学中矢量的运算打下基础，真正建立起矢量观念。可以说本节内容是高中物理的"基石"。

2.2 课标规定

问题?

一个静止的物体,在某平面上受到 5 个力的作用,你能判断它将向哪个方向运动吗?如果我们能找到一种方法,即"用一个力的单独作用替代两个力的共同作用,而效果不变",上述问题就迎刃而解了。你觉得这个力和被替代的两个力会有怎样的关系呢?

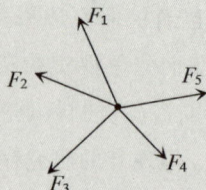

图 3-17　教材展示

课标对本节内容的要求为:通过实验,了解力的合成与分解,知道矢量和标量。如图 3-17 所示。

对本节涉及实验的要求为:"探究两个互成角度的力的合成规律"为必做实验。并提出:应充分利用已有的实验器材,努力开发适合本校情况的实验课程资源,尽可能让学生自己动手多做实验,提升学生的物理学科核心素养。

2.3 教材呈现

2.3.1 引入部分

教材用一个实际的问题激发学生思考,引出本节课的主要内容。

2.3.2 新课学习部分

1)给出共点力概念;通过常见的实际情境给出合力、分力的概念。如图 3-18、图 3-19 所示。

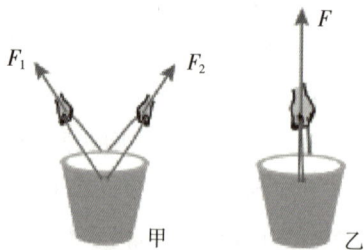

图 3-18　水桶所受拉力示意图

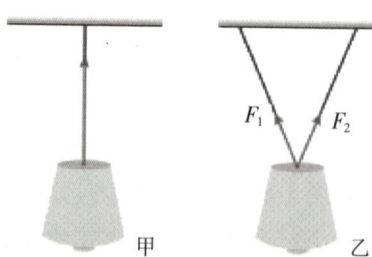

图 3-19　水桶所受拉力示意图

2)力的合成和力的分解的规律(见图 3-20)

(1)给出力的合成和力的分解的概念。

(2)实验探究两个互成角度的力的合成规律。

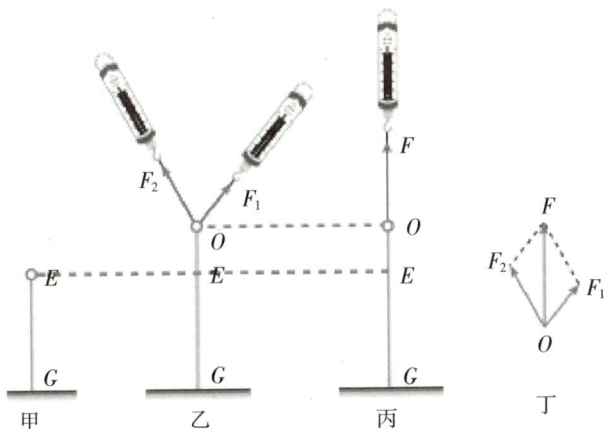

图 3-20 探究二力合成规律实验示意图

(3)给出平行四边形定则。

(4)由逻辑思维证明出力的分解也满足平行四边形定则。

(5)指出没有限制的分解一个已知的力是无意义的,怎样进行分解,要根据具体问题确定。

(6)怎样求两个以上共点力的合力。

(7)例题。

3)矢量和标量

从满足的运算法则的角度再一次给出矢量与标量的概念。

2.3.3 课后练习

2.4 教材设计的问题

关于引入:激趣不足,也不能引起认知冲突,引入的着力点在合力与分力的等效替代上不是在核心内容合力大小与分力大小关系上。另外,引入的叙述与新课教学中的内容有重复的嫌疑。

关于建立合力分力概念的情境:两次均是重物悬空静止有些重复。教材的本意是第一个情境先是两个力共同施加,再是一个力单独作用,给出合力的概念,第二个情境先是一个力单独作用,再是两个力共同施加,给出分力的概念,实际上合力、分力的概念与先施加后施加无关,这样安排反而容易造成误解。另外,提水桶和悬挂吊灯的案例并不是学生最熟悉的。

关于实验:第一,精度差:倾斜施加拉力时容易导致杆与孔的摩擦;橡皮筋老化易造成合力与分力作用效果不同;向上施加拉力不易操作(虽然此操作规避了弹簧秤的系统误差);在手用力拉着状态下不稳定。这些综合起来易出现实验误差大,得到的结论令人不信服。第二,《课程标准》将此实验列为学生必做的分组实验,但是笔者认为在本节中应该安排为演示实验更好,理由如下:(1)准确性的需要,由于第一印象非常重要,作为理论建立的一节课,必须让它确实立得起来。(2)从本节的知识容量与课时安排来看,处理成分组时间不足。(3)从让学生经历科学思维与科学探究素养的必要训练来看,在师生互动、生生互动过程中的演示实验利于学生这两种核心素养的培养。

关于力的分解:只说一个力究竟应该怎样分解,要根据具体问题来确定,没有具体情况怎么分解的实例。

关于例题:只介绍了作图法,没有介绍计算法,而计算法应该是重点。

3 实验改进

3.1 巧断绳索的实验装置

3.1.1 实验装置的介绍

(1)实验器材:条形木板两块(长约 43.50 cm,宽约 6.30 cm,厚约 1.10 cm),合页一个(螺丝钉 4 个),直角加固铁角码两个,尼龙草捆扎绳一根。

(2)制作过程:用合页将两木板一端连接,截取尼龙草捆扎绳一段两端各拴一个直角加固铁角码(总长度约为 82 cm)。

(3)实物展示:如图 3-21 所示。

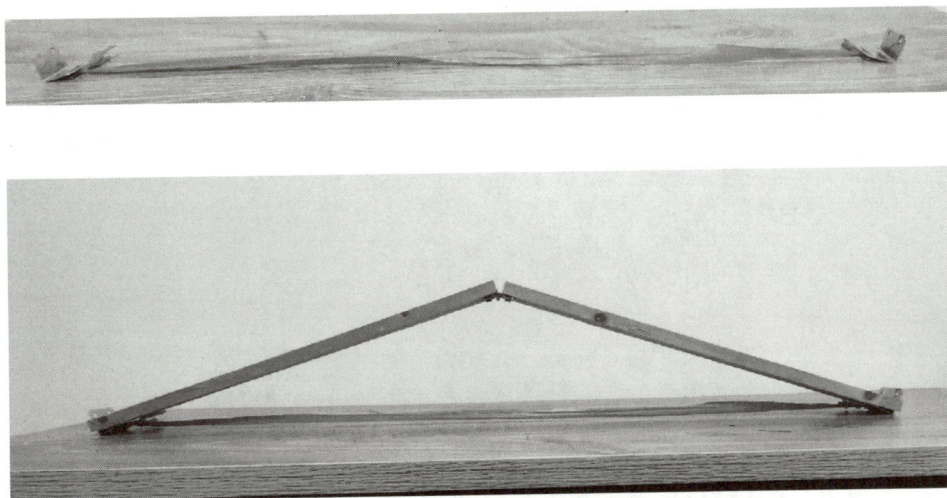

图 3-21 实验装置

3.1.2 实验装置的优点以及教学价值

实验装置的优点：

(1)器材和原理简单：器材种类少且方便找到；实验的原理简单,易于理解。

(2)实验效果明显,说服力强。

(3)操作方便、安全,避免了传统的拉断金属丝带来的危险性。

(4)实验装置大小适当,充分满足演示实验的观察要求。

教学价值：

该装置特别适合于在引入新课时来创建情境,引发认知冲突、激发兴趣。

3.2 探究两个互成角度共点力的合成规律实验装置

3.2.1 实验装置的介绍

(1)实验器材：钩码或槽码(50 g、20 g、10 g 等)各若干,带有铜丝卡(自制)的滑轮三个,鱼线若干,铁架台(各带一个铁夹)两个,图钉若干,彩纸若干,细铅笔一支,直尺和三角板各一支,美术课用木制垫板(规格：长 60 cm,宽 45 cm)一块。

(2)制作过程：将木板竖直固定在两个铁架台上,将带有铜丝卡的滑轮两个卡在木板上沿,一个卡在木板下沿。将三条鱼线一端打结在一起,另一端分别系一个小绳套。将适当的钩码或槽码组分别挂在一条渔线的绳套上,并跨过一个滑轮(第一次实验时最下面的滑轮可以不使用)。

（3）实物展示:如图 3-22 所示。

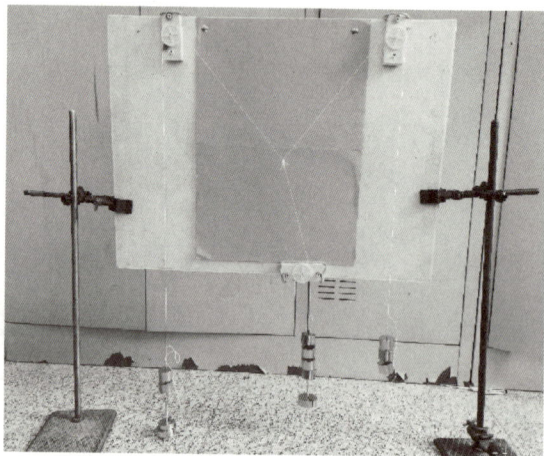

图 3-22　实验装置

3.2.2 实验装置的优点以及教学价值

【实验装置的优点】

（1）器材和原理简单:器材种类少,而且在物理实验室或学生身边均可方便找到(铜丝卡可以自己弯折铜丝得到);实验的原理简单,与引入合力与分力概念的情境基本一样,上边两个钩码或槽码组提供的力可以认为是两个分力 F_1、F_2,下面的钩码或槽码组充当重物,而单独用一个力施加在重物上即产生合力的操作可以不做,该合力一定大小与重物重力等大,方向沿悬挂重物的渔线向上。

（2）力大小的精度高:用弹簧秤施加拉力时,容易出现弹簧秤不沿竖直方向,造成弹簧秤的杆与孔间有摩擦,读数不准。用钩码或槽码的重力大小充当实验中合力与分力的大小,准确性明显提高。

（3）合力与分力的关系准确:避免了用橡皮筋时由于橡皮筋老化或者超弹性限度引起的合力与分力作用效果不同造成的误差。

（4）可控性和稳定性好:实验时该装置可以保持住某一状态,方便老师就某个问题组织学生充分探究,即方便将实验进行暂停和继续。

（5）操作方便,可以迅速地改变力的大小与方向,保证短时间内多做几次实验,增加实验结果的说服力。

(6)实验装置大小适当,充分满足演示实验的观察要求。

【教学价值】

该装置特别适合于在师生、生生互动中开展教师引导、学生主体的探究式教学,由于操作简单,因此学生的时间和精力都花费在思考、讨论、反思、质疑等重要环节上,使学生的科学探究素养的提升得到切实落实。实验中力的大小、方向的误差小, 通过数据得出互成角度的两个力求合力时满足平行四边形定则说服力强,利于学生自信心的培养,利于学生科学态度的形成,也利于学生形成用实验来探究物理规律的思想和意识。

4 教学设计

4.1 学情分析

有利因素:学生已经具备了学习本节内容的知识和主要思维方法。力的概念,作用效果,两种表达方式(示意图和图示)这些本节需要学习的知识在初中或在本章前面部分都已学习过,力可以进行合成,几个力可以用某一个力来替代这种等效替代的思想学生在初中也学习过或使用过,他们学习过同一直线上力的合成方法,在研究平面镜成像规律时,研究电阻串并联规律时用过等效替代的方法。同时,等效替代的思想学生在生活中也经常遇到,如曹冲称象的故事等。经过高中物理前两章的学习,学生的分析综合,推理论证能力也获得了发展,特别是在匀变速直线运动规律一章学习中建立运动过程模型,分析已知条件,结合公式推论等寻找解决方法的能力得到加强,这些思维能力都能帮助学生探究出互成角度的两个力求合力应该满足的规律,另外学生也已具备了学习本节内容的心理准备,一条直线上力的合成是特例,学习互成角度二力合成是一种必然。另外本节实验原理与操作也都不复杂,适合在教师引导下主要靠自主构建获得。可以说,到学习本节内容的时间节点,学生的知识与能力储备都已经比较完善,相关的观念素养(相互作用观)、科学思维素养(科学推理、科学论证、质疑创新)、科学探究素养(发现问题、提出解决方案、设计实验过程、分析评估等)等也都已基本具备。

不利因素:学生在初中掌握的同一直线上两个力合成的方法,是非常肤浅和狭隘的,而且初中一般只练习合成,没有分解的训练。虽然在学习位移一节时,教师一般用先后发生两个互成角度的位移说明总位移不是代数加减,这些实例能帮助学生隐约知道互成角度的两个力求合力时应该既与两分力的大小有关,又与两分力的方向有关,只是缺乏具体的感性认识或体验,没有究竟满足什么规律的明确认识。还有,求两个力的合力的情境与生活经验相符,学生易于接受,而求某一个力的分力,由于两个分力并不是实际存在的,是抽象出来的,学生比较难于接受。

4.2 教学目标

(1)知道合力、分力、共点力、力的合成、力的分解的概念;掌握力的平行四边形定则,会用该定则求共点力的合力;理解等效替代的思维方法。

(2)经历教师引导下的科学探究过程,初步得到设计实验、观察实验现象、探索规律、归纳总结等研究问题方法的训练,促进动手能力、观察能力、分析能力、协作能力、创新思维能力等的提高。

(3)体会科学探究过程的科学性与严谨性;培养团队意识和求真精神。

【教学重点】

(1)通过实例理解分力、合力、力的合成的概念。

(2)通过实验探索得出"力的合成"所遵循的规律。

【教学难点】

探究过程的科学思维;"平行四边形定则"的理解。

【教学方法】

翻转课堂与教师引导下的实验探究。

4.3 教学过程设计

(引入新课和新课学习中共点力、合力与分力概念这两部分制成翻转课堂,让学生提前完成,以省下课堂时间来专攻合成规律的探究。)

★环节一:引入新课

教师提前录制微课:

今天我们要学习的内容是力的合成和分解,我们先来观看一场与力的合成有关的三人拔河比赛。邀请女生一人,强壮男生两人上来,提供绳索、红绳等比赛用具,安排比赛场地,讲解比赛方法与规则、保证安全的注意事项等,发出指令开始比赛。

再来看一个与力的分解有关的巧断绳索实验。展示两端系有直角加固铁角码的尼龙草捆扎绳,先请一位同学两手分别抓住两端的直角加固铁角码向两边拉,发现要想拉断尼龙草捆扎绳非常费力,再让他利用实验装置轻松地拉断尼龙草捆扎绳。

两次实验后教师要分别说明结果和原因:男生组合输掉了比赛,说明两个男生的力都大于一个女生的力,但他们的合力小于那个女生的力;一个力可以通过某种方式产生出比自己还大的力,甚至大很多。

【学生活动】

观看微课,先预判实验结果,感受实验结果与自己的预判是否相同。

【设计意图】

(1)使学生产生认知冲突,激发兴趣和求知欲。

(2)利用生活中的现象或常识创设情境,既可以激发兴趣,还可以落实物理观念的建立与达成,最终培养学生从物理学的视角观察生活的习惯。

(3)让学生进行体验式实验,更能加强学生的参与度,充分体现学生作为学习中心的地位,利于促进其科学态度与责任素养的提升。

★环节二:新课学习

• 共点力;合力、分力的概念

教师提前录制微课。

注意几个要点:

1)给出共点力的概念时要配上示意图。

2)给出合力、分力的概念。

(1)换用提起装满书的书包悬空静止的情境和向下拉开一头被拴住的弹簧拉力器(学生锻炼用的)的情境。

(2)在拉开弹簧拉力器的情境中故意给出一个人单独拉开弹簧拉力器时把手拉到的位置与两个人共同拉开该弹簧拉力器时把手拉到的位置不同的问题,以突出作用效果相同才是研究分力与合力关系的前提。

(3)在拉开弹簧拉力器的情境中,故意提出三力共同作用的情境,以说明合力与分力不是并列并存,而是等效替代。

【设计意图】

(1)用学生最熟悉的现象或事物来创建情境,可以使学生产生亲切感,促进学生形成从物理视角观察生活的习惯,促进观念素养的提升。还可以使学生体会物理来自于生产生活而又服务于生产生活,促进科学态度与责任素养的提升。

(2)让学生切实理解"等效替代"的思想方法,得到一次科学思维的训练。

(3)为后续探究互成角度的两个共点力的合成规律打下思维和实验基础,做好铺垫。

● **力的合成与分解的规律**

(1)力的合成和分解的概念

教师活动:求几个力的合力的过程叫作力的合成,求一个力的分力的过程叫作力的分解。

(2)力的合成规律

①回顾同一直线上的二力合成。

【教师活动】

初中我们学习过同一直线的两个分力的合成,满足怎样的规律呢?

【学生活动】

两个分力方向相同时,相加得合力,方向与两分力方向相同。

两个分力方向相反时,相减得合力,方向与较大的分力方向相同。

设计意图:回顾旧知,拓展新知。在原有认知的基础展开新知识的学习,符合建构主义理论。

②探究互成角度的二力合成的规律。

【教师活动】

生产、生活中的两个共点力绝大多数都不是在一条直线上的,我们叫作互成角度的两个共点力,那么互成角度的两个共点力在求合力时还满足直接把二力大小加或者减吗?

【学生活动】

猜想与假设,说满足或不满足的都给出了理由,最终形成一致意见,用实验验证猜想与假设。

教师活动:请设计一种较简单的实验方案进行粗略的探究。

【学生活动】

用情境一的方法,重物用钩码,力用弹簧秤施加。给出实验示意图,一次用两个弹簧秤通过细绳套互成角度地提住钩码使其悬空静止,标注 F_1、F_2,一次只用一个弹簧秤通过细绳套提住钩码使其悬空静止,标注 F。计算 F_1、F_2 的和或差是否等于 F。学生采用不同的分力夹角实验多次,将数据记录在表格中,分析数据后得出结论。

【教师活动】

我们初步得出结论:互成角度的两个共点力在求合力时不满足直接把两个力大小加或者减。此实验除结论是否可靠？你还得到什么启示？

【学生活动】

(1)尽管实验误差较大(弹簧秤倾斜使用,易造成杆与孔的摩擦,不稳定),但结论可靠,若互成角度的两个共点力在求合力时也仅是两个力大小加或减,何时加,何时减呢？是夹锐角就加,夹钝角就减吗？那样会得到大小不变的两个分力夹,合力大小一样的荒谬结论。

(2)看来互成角度的两个共点力的合力不仅与两分力大小有关,还应当与两分力方向有关。

【设计意图】

(1)锻炼学生有根据地进行猜测的能力,训练科学探究中的证据意识和实验验证前的分析、评估意识。

(2)初步训练学生科学探究素养中设计实验的能力,懂得用最简单的方法和器材进行初步探究。

(3)训练学生科学探究素养中的对实验的结果进行分析、评估、反思的能力,以及科学思维素养中的假设思维、发散与收敛思维。

教师活动:到底满足什么规律,我们还是要通过实验来探究。刚才的实验太粗略,我提供如下器材(展示实验装置,先不把绳和钩码挂上),大家设计实验方案。

介绍该器材组成部分和各部分的功能:如用三根有绳套的细绳结在一起可作为受力的载体;钩码或槽码有 50 g、20 g、10 g 等不同的规格,钩码或槽码组可作为受力物,也可以作为提供外力的施力物。细铅笔可以记录力的大小与方向等。

设置有关关键环节的提示性问题:

①如何产生合力与分力等效的情境?

②在实验过程中,我们应记录些什么?怎么记录?

③得到合力与分力的大小与方向后,怎么处理这些实验数据可以直观地展示出这些力的大小与方向,从而利于寻找可能满足的规律?

【学生活动】

思考、讨论、补充完善。得出:

在木板上固定一张彩纸,先用三套钩码或槽码组分别钩住三个细绳套,让上边两条细绳分别跨过两个定滑轮,我们把上面的两组钩码提供的力作为两个分力,左边标记为 F_1,右边标记为 F_2,记录下两个力大小,把下边的一组钩码作为受力物,记录下重力大小。用描点的方式记录下细绳结点位置和三个细绳套的方向。

卸下钩码组和细绳套装置后,取下彩纸作出 F_1、F_2 的图示。

如果单独用一个力 F 向上提重物,使其保持悬空静止,则 F 为 F_1、F_2 的合力,不用操作,可知 F 的方向竖直向上,大小等于重物的重力(若下边的细绳也跨过了滑轮,则 F 的方向沿该细绳方向)。

用同一标度作出 F 的图示。

改变 F_1、F_2、F 的大小与方向,重新做几次实验,取下彩纸后,得到多张 F_1、F_2、F 的图示图。

【设计意图】

(1)受时间和学生认知结构、思维起点的限制,我们不可能把学生的探究活动搞成与科学家当时的探究活动相同的模式,教师必须对整个探究过程进行引领,要把最重要的思维训练提供给学生进行探究活动。本实验培养学生科学探究素养的关键是实验步骤的设计与数据处理,而非实验器材的开发。

(2)此部分内容是本节课的核心,要充分组织师生互动,生生互动,尽可能活跃课堂气氛,为学生的交流创造和谐宽松的氛围,尽可能地为学生的交流创造机会,发展其表达能力。

(3)教师要把握好引导的度,既要找准点,切中问题的要害,以利于帮助学生把思维主要用在正确方向的探究上,少做无用功,还要搭合适的台阶,让学生切实做到是通过自己的思考探究才得到结论的,而不是老师直接告知的。这样也可以提高学生探究成功的概率,使其获得喜悦感,促进其科学态度价值观素养的提升。

【教师活动】

展示本次实验得到的多张力的图示(若时间不足,可以课下提前做好,告知学生是课下同一方法得到的),你能猜想到求合力的方法吗?

可以视情况进行如下逐渐深入的提示:

①从几何特征上观察这几个图感觉"像"什么?

②用虚线把合力的箭头端分别与两个分力的箭头端连接,得到的图形"像"什么?

【学生活动】

学生大胆猜想并观察、尝试。

【设计意图】

(1)仅通过一次实验就得到的图形像平行四边形,就说互成角度的两个共点力的合成满足行四边形定则是不严谨的、不科学的,不利于学生科学态度与责任素养的形成。限于时间限制,将课下实验的多组数据拿到课上一同分析,能够比较好地解决这个问题。

(2)从感性认识上入手寻找规律,符合学生的认知规律。

教师活动:"像平行四边形",也就是说求互成角度的两个共点力的合力,可能满足如下结论:以表示两个分力的有向线段为临边做平行四边形,这两个临边间的对角线就表示合力的大小与方向,我们怎样从物理实验的角度来验证这一猜想呢?

【学生活动】

思考、讨论、补充完善。

(1)应该是以 F_1、F_2 的图示为临边作出平行四边形,得到对角线,即由平行四边形得到合力 F',再比较 F' 与 F 的大小与方向的偏差是否在误差允许范围内。

(2)按照这个方法完成以上几个图片的验证。

【设计意图】

观察实验值与理论值的差别是实验检验的普遍法则。对学生进行科学态度与责任素养的培养。

【教师活动】

两个力合成时,以表示这两个力的有向线段为邻边作平行四边形,这两个邻边之间的对角线就代表合力的大小和方向,这个规律叫作平行四边形定则。

初中学过的同一直线的两个共点力的合成方法是独立于平行四边形定则之外的,另一种方法还是可以归纳进平行四边形定则之中。

可以视情况用教具或课件来提示。

【学生活动】

思考、讨论。

【设计意图】

把过去的知识纳入到新知识体系中,既可以促进学生的物理观念的逐步提升,又可以使学生体会我们在认识世界、解决问题时使用的由简到繁,由特殊到一般的研究方法,促进其科学探究、科学思维素养的提升。

(3)力的分解规律

【教师活动】

从逻辑上可知,上述探究过程也可以看作是得到了合力 F 和两个分力 F_1、F_2 的图示,探究力的分解满足什么规律,因此说力的分解也满足平行四边形定则。

很显然,分解某一个确定的力时,如果对两个分力不加以限制,则可以画出无数多个平行四边形,可以得到无数多个分力,即分力无确定解。

试把图 3-23 中的合力 F 分解成两个互成角度的分力,看一看大家得到的平行四边形是否相同。

除了被分解的力的大小、方向已知外,如果还知道两个分力的方向,你能作出一个确定的平行四边形吗?即两个分力的大小是不是唯一确定的,大家试着做一做。

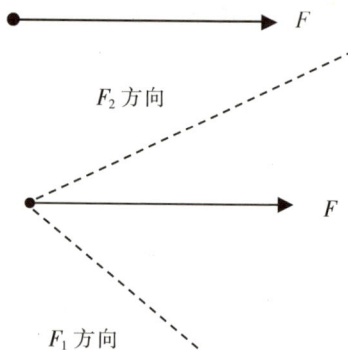

图 3-23　力的分解

【学生活动】

领会力的分解为什么也满足平行四边形定则;作图。

【设计意图】

(1)对称思维是物理学中重要的思维方法之一,也是体现物理学美的艺术的一个重要方面,利用对称思维解决问题有利于学生的科学思维素养的进步。

(2)体会力的分解需对分力做出限制才有意义。

(3)训练学生规范的作图能力,为后续用平行四边形定则解决问题打好基础。

● **例题**

【教师活动】

某物体受到一个大小为 32 N 的力,方向水平向右,还受到另一个大小为 44 N 的力,方向竖直向上。通过作图求出这两个力的合力的大小和方向。

思考:这种方法的缺点是什么？怎样处理可以克服这种缺点？

【学生活动】

作图、求解、思考、讨论问题。

【设计意图】

反馈所学知识的掌握情况；学会用作图法和计算法来处理力的合成问题,由于计算法是今后我们主要使用的方法,所以补充上这种方法。

4.4 矢量与标量

教师活动:如图 3-24 所示,一个人从 A 走到 B,发生的位移是 AB,又从 B 走到 C,发生的位移是 BC。则在整个运动过程中,这个人的位移是 AC,AC 就是位移 AB 和位移 BC 的合位移。你能看出来求两个位移的合位移也满足平行四边形定则吗？

【学生活动】

思考、作图。

【教师活动】

既有大小又有方向, 相加时遵从平行四边形定则的物理量叫作矢量。只有大小,没有方向,相加时遵从算术法则的物理量叫作标量,如袋子里有 1 斤米,又倒进去 2 斤米,总共为 1+2=3 斤米。

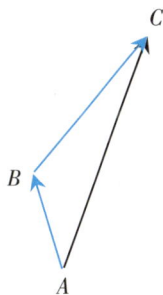

图 3-24　位移

力、位移、速度、加速度都是矢量;质量、路程、功、电流等都是标量。

【设计意图】

重新认识矢量与标量,找到矢量与标量的根本区别,既可以解决前面学习中产生的遗留问题,又可以进一步提升学生对矢量的认识,最终形成正确的矢量观,完善学生的物理观念素养。

★环节三:解释引入新课的实验

教师活动:同学们能不能利用今天所学知识解释我们做过的三人拔河比赛中为什么两个男同学的力都大于女同学,但他们的合力却小于女同学呢?

【学生活动】

思考、作图、解释。

设计意图:培养学生应用物理知识解决实际问题的能力。

教师活动:巧断绳索实验中为什么利用一个倒 V 形的支架可以产生拉断绳索的大力呢?这个问题涉及怎样结合具体的情境来分解力,由于时间的问题,我们作为下节课的主要内容来解决。

【设计意图】

(1)对教材的说法进行诠释,解决学生的疑问。

(2)为下节课的学习做铺垫。

★环节四:课堂小结与作业

(1)合力与分力、共点力、力的合成与分解的概念。

(2)互成角度的两个共点力求合力时满足的规律。

(3)矢量与标量。

作业:课后 1~7 题。

5 教后反思

教学前采用了访谈法来了解学生在学习前对教师开展实验教学的看法与期望,由访谈得出的结论:大部分学生希望通过实验来认识物理现象和得到物理规律,而且是通过教师当堂做的实验而不是看实验录像。学生希望在实验中成为主要参与者,希望通过实验经历一次科学探究过程的训练,即猜想结论、设计实验、采集数据、得出结论、分析评估等,希望老师组织同学们进行讨论、探究,希望老师用常见的素材进行实验,希望看到有趣的实验。邢红军教授的原始物理问题教学理论认为:物理教育在本质上是实践的,物理教育发生的起点应当是物理现象,活生生的生活世界是物理教育应该回归的地方。在物理教育活动中关注学生的体验、强调物理教育实践的重要性,追求物理教育意义的实现,重视师生间的主体交互性,注重物理教育反思,寻求对物理现象的理解,注重物理教育的情境性……因此,笔者根据教学内容和教学目标,结合《课程标准》的要求,考虑到课前由访谈得到的结论,开发出适合核心素养落实的教学实验资源和教学设计,并进行课堂实践。

课堂引入的实验能够很好地形成认知冲突,激发出学生的求知欲;在探究互称角度的两个共点力求合力应该满足的规律时,由于采用了教师引导下的探究模式进行实验,而且采用了分割、递进的启发方式,学生思考积极、互动融洽有效,主体地位得到充分体现;学生根据教师提供的实验器材经过努力能够完成方案设计、操作采集数据、处理数据得出结论等关键环节的探究,观察与思维能力得到提高。由于实验结论是自己亲自探究出来的,结论的可靠性得到认可,对学生物理观念的形成,特别是物理概念和规律在头脑中的提炼与升华有较大帮助。

诺贝尔奖获得者,理论物理学家杨振宁教授曾在一则题词中写道:"物理学是以实验为本的科学",这一见解也是物理学界的共识。因此,抓住实验的教学就抓住了物理学的根本。美国教育家杜威针对科学教学过分重视知识,忽视科学思维和科学态度提出批判,指出学生要掌握科学知识、过程与方法,主张开展探究教学,创立了"问题"学习法,培养和提高学生解决实际问题的能力。美国著名课程理论家,教育学家施瓦布主张通过探究来教学,他认为:教师应当用探究的方法来教授知识,学生也应当用探究活动展开学习,根据自己的探究提出科学的解释,从而掌握科学的概念、原理。因此,让学生掌握力的合成和分解满足的规律,采用探究式的实验教学方法是最恰当的,即可以帮助学生自主建构出知识还可以培养其科学思维素养和科学探究素养。整个教学过程采用:提出问题、形成猜想与假设、设计实验与制定方案、获取和处理信息、基于证据得出结论并做出解释的流程来推进,在这一过程中通过师生、生生互动促进学生不断进行知识的建构与修正,最终得出正确的物理观念。

建构主义认为:学生是学习的主体,教师是学生学习过程中的引导着、启发者;知识不是教师传授给学生的,而是学生在一定的情境与背景下,借助老师与同学的帮助,通过必要的学习资料进行有意义的自我建构而成的。

本节课中教师从学生已经掌握的同一直线上的二力合成满足的规律出发,提出互成角度的二力合成是否也满足代数加、减的规律的问题,符合建构主义教学的策略,即从学生头脑中已有的认知结构出发来建立新的认知结构。问题提出后,学生能够想到要通过做实验来验证,也能够设计出简单、实用的实验方案,说明学生在科学探究方面是有能力基础的,因此教师在教学前要对学生发现问题和解决问题的潜在能力做出正确的评估,不能一味地不相信学生,认为他们一无是处,总想代替学生提出设想和解决方案,也不能高估他们的能力和水平,在探究中完全放任不管,必要的引导和恰当的提示不能及时给予,使探究变成瞎猜,学生不能处于与最近发展区关联的思维过程,科学思维与科学探究素养的培养就得不到有效落实。因此,在得出互成角度的二力求合力时不满足代数加、减的结论之后,怎样来做实验探究应该满足什么规律,整个探究过程就是教师引导下的分层递进的过程,如通过简单的实验探究出合力不仅和分力的大小有关还应该与分力的方向有关,探究实验的操作时应该要记录什么,探究怎样表达出两个分力,等等。教师在引导过程中都是通过实验器材通过操作的暂停来引导学生的观察来进行思维与探究的,实验的设计必须方便操作的暂停和保持,因此教师改进了教材的实验原理,以方面探究式教学的展开,最终促进学生科学思维与科学探究素养的达成。

本节课的教学目标主要应该抓两方面的落实,一是物理观念素养的落实,即掌握力的平行四边形定则的内容、内涵、使用方法、注意事项等。二是科学思维与科学探究素养的落实,即狠抓得出互成角度二力合成应满足什么规律的探究过程。实验资源的开发是本着简单、实用、准确和便于操作与暂停的原则进行的,但是也带来了实验时分力、合力到底是哪个力的问题,教师一定要在实验前交代清楚,防止出现探究过程的前概念不清,根基不稳的问题出现。在引导学生进行探究的过程中,教师的引导问题要及时还要恰到好处,要把控学生的探究大方向正确,要把问题设置成学生跳一跳能够够得着深度,引领学生的思维但又不能代替学生的思维,这其中的"度"的把握非常关键。在教学中还要注意学生科学态度与责任素养的培养,首先是提高实验的精度,因此采用自己开发的实验资源做实验,精度提高了实验结果的说服力增强了,不能动不动就用误差来解释不准确问题,长此以往不利于学生正确的科学态度的形成。其次是注意语言的严谨性,不能经过几次实验就得出了平行四边形定则,要说明经过大量的实验研究才发现互成角度的二力合成满足平行四边形定则。

附录:

关于学生对教师开展实验教学的看法与期望的访谈提纲:

(1)你认为本节课涉及的物理现象或物理规律是老师直接告知好?还是通过实验得出好?为什么?

(2)如果是通过实验得出,是老师当堂做实验好?还是看实验录像好?为什么?

(3)若老师当堂实验,你愿意充当哪个角色?观察者、协助者,还是表演者?

(4)你是否乐于与老师、同学互动,参与到实验的过程中?如参与猜想或假设、设计实验方案、动手实验搜集数据、分析实验数据得出结论、分析评估实验过程与结论等?

(5)你是否乐于看到老师用身边常见的素材做实验?为什么?

第5节 核心素养背景下对传统力学实验创新改进的案例研究

——牛顿第一定律的实验研究

1 文献述评

聚焦学科特色、探索实验创新、提高核心素养。2017年颁布了新的物理课程标准,新课标明确指出"高中阶段的物理课程作为科学教育的组成部分,是以提高全体学生科学素养为目标的自然科学基础课程。此阶段的物理课程不仅应注重科学知识的传授和技能的训练,还应注重纳入物理科学的成就及其对人类文明的影响,注重对学生终身学习愿望、科学探究能力、创新意识以及科学态度、科学精神等方面的培养等"。同时物理学科是实验学科,实验教学也是物理学科的特色,核心素养背景下物理实验教学的创新是落实课程目标,全面提高高中生核心素养的重要途径与手段。

对比新旧教材、改进实验设计、突破素养目标。结合《普通高中物理课程标准(2017年版)》,将新旧教材进行仔细对比研究(见表3-4),旨在得到教学设计中最科学最有实效性的实验教学方案,并对核心素养在力学实验阶段的落实提出有效的可行性建议。为了弥补传统实验中的不足,在实际教学过程中,在教材或教参上许多章节都有实验教学的内容,但有些实验存在一些不太符合实际情况的地方,比如实验需准备的实验器材过多,实验现象不明显,以至于不能引起实验现象与学生认知上的冲突等,这些不完美的地方都容易导致教师授课时不愿意用实验进行教学。还有一些章节没有设计实验引入,使课堂显得更加生硬乏味。有些演示实验、探究性实验也有不完善、不完美的地方,使得教学效果不能达到最佳效果,最终不利于核心素养

表 3-4　新旧教材对比

序号	旧教材	新教材
1	牛顿运动定律 1.牛顿第一定律 2.实验:探究加速度与力、质量的关系 3.牛顿第二定律 4.力学单位制 5.牛顿第三定律 6.用牛顿运动定律解决问题(一) 7.用牛顿运动定律解决问题(二)	运动和力的关系 1.牛顿第一定律 2.实验:探究加速度与力、质量的关系 3.牛顿第二定律 4.力学单位制 5.牛顿运动定律的应用 6.超重和失重
2	4.1牛顿第一定律一节中细节文字的区别 ①第68页光凭经验来做判断常常是靠不住的 ②在探究运动原因的侦探小说里出现的"福尔摩斯" ③理想实验的魅力中,伽利略理想实验中,小球向上向下运动	牛顿第一定律一节中细节文字进行了斟酌 ①这一句完全删掉 ②第68页变为"神探" ③理想实验的魅力中,伽利略理想实验中,小球向上向下滚动
3	4.1关于伽利略理想实验的阐述: 　　当然,我们不能消除一切阻力,也不能把第二个斜面做得无限长,所以伽利略的实验是个"理想实验"。	关于伽利略理想实验的阐述,更注重物理研究方法的培养和科学思维的培养,提升教科书育人价值。 　　虽然这个实验无法实现,但是,伽利略在实验基础上进一步推理的方法,帮助我们找到了解决运动和力的关系问题的方法。 　　同时利用备注的小字部分,介绍研究物理问题的重要方法——依据逻辑推理把实际实验理想化的思想
4	4.1第一节第二部分 牛顿物理学的基石——惯性定律	第一节第二部分 牛顿第一定律
5	4.1在介绍牛顿第一定律内容后: 　　"这个定律给出了惯性的概念,所以人们说它是牛顿物理学的基础。因为不可能把自然界的任何物体完全孤立起来,也就是说,不受力作用的物体是不存在的,所以,牛顿第一定律是利用逻辑思维对事实进行分析的产物,不可能用实验直接验证。但是,许许多多现象可以帮助我们理解牛顿第一定律。例如,冰球场上,冰球离开球杆后,能以几乎不变的速度继续前进,直到它再一次受到球杆的打击或碰到障碍物,才改变这种状态。"	在介绍牛顿第一定律内容后:新教材更重视揭示物理现象的本质与前后因果联系。只有在进行概念、规律的教学中适时注意将有关概念加以整合提升,才能使学生的物理观念水到渠成地建立起来。 　　"任何物体都和周围的物体有相互作用,不受力作用的物体是不存在的。所以,牛顿第一定律所描述的状态是一种理想状态。它是利用逻辑思维进行分析的产物,不可能用实验直接验证。牛顿第一定律揭示了运动和力的关系:力不是维持物体运动状态的原因,而是改变物体运动状态的原因"

续表

序号	旧教材	新教材
6	在第一节教学内容后科学漫步环节中,只加入了对于惯性参考系的了解与介绍。	在第一节教学内容后拓展学习中,对于惯性参考系的介绍更侧重从实验角度出发。

目标的达成。

研读国内研究、分析国外进展、立足有效资源。物理实验教学一直是教育工作者关注的问题。为了更好地实施实验教学,他们从教学模式、教学手段、教学资源等方面进行研究。

2 教材分析

2.1 本节教材的地位和作用

人教版高中物理必修 1 第四章第 1 节是《牛顿第一定律》。在用牛顿运动定律解决问题的教学中,要重视让学生体会用牛顿运动定律解决问题的思路,逐步形成运动与相互作用观念,以牛顿运动定律为知识载体,全面提升物理学科核心素养。

2.2 教材特点

本节教材的特点之一是本节知识在初中物理课程中已经有所体现,初高中跨度相对其他章节较小。特点之二:本节课教材中重视科学探索过程的介绍,真理固然重要,但获得真理的方法更为重要。特点之三:这一章的知识属于动力学的知识,是研究力与运动之间的关系,只在懂得了动力学的知识才能根据物体所受的力确定物体的位置,懂得了速度变化的规律,才能够创造条件来控制物体的运动。牛顿三大运动定律作为动力学的核心内容,本节课的教学内容牛顿第一定律作为牛顿物理学的基石,首先对人类认识运动和力的关系做了历史的回顾,着重介绍了伽利略研究运动和力的关系的思想方法及卓越贡献,而后讲述了牛顿第一定律的内容,为后续的牛顿运动定律的学习打下良好的基础。

2.3 教材设计的问题

教科书在本节的开始设置了引导学生思考的问题,然后依据牛顿第一定律的发现过程先后介绍了亚里士多德和伽利略在研究运动和力的关系问题上的观点,显示出研究方法在科学研究中的重要地位。在"理想实验的魅力"中,介绍了伽利略的理想实验,表达了理想实验和逻辑推理是物理学研究的基本方法。在上述内容的基础上,教科书呈现了牛顿在伽利略和笛卡尔工作基础上提出的牛顿第一定律。本节的教学重点与难点是深刻体会牛顿第一定律的内涵及其发现过程背后的思想方法。

通过本节内容的学习,应该帮助学生在原有认知的基础上形成更为深刻的认识。但是如果依照教材照本宣科,学生会把一节科学方法课仅仅作为一节历史课程去学习,无法真正对规律发现过程的学习体会理想实验加逻辑推理的科学思维方法。

3 实验改进

3.1 整体实验设计改进,由开展活动到任务驱动

将整个课堂打造为一个闭合的回路,起点与终点首位相应,中间过程环环相扣,实验设计既相互独立又层层递进。

现象激趣有效:春晚刘谦小魔术引入新课,产生强烈震撼,充分调动学生积极性,激发学生强烈的学习兴趣。

表象生动高效:通过由学生演绎的方法,将枯燥的物理学史搬入生动的课堂,学生们课后说,老师我永远也忘不了这四位科学家了,孩子们告诉我当天的班级日志都是这节物理课,可见这样的课堂构建和教学效果,远超我们的常态教法。自制了理想斜面实验的对比教具,由学生版伽利略进行讲解,学生展示、学生仔细观察,交流讨论得出结论,充分感悟到物理与现实生活的紧密联系,提高学习动力,

真正实现了学生主体的课堂。

抽象对比实效:利用四位科学家的观点分析,得出牛顿第一定律,进步于前人的关键两点,从而引出牛顿第一定律以及惯性的定义。并通过多种方法相结合,得出惯性的唯一量度是质量,这在潜移默化中对学生进行了科学思维的培养。

想象提升功效:利用想象在同一辆车上的集体小活动,真实看到牛顿第一定律在我们解决问题的功效,学以致用。

现象回味见效:利用开始的现象,在此回归,此时学生已经完全理解并可以自己清楚表达讲解,可见学校效果立竿见影。

整个设计强调以学生的参与和体验为主,使他们全程处于兴奋状态。学生通过亲自参与历史进程,学习科学探究的方法,加深对物理知识的理解,使他们在创新精神和实践能力方面都得到发展与提高。

3.2 个别实验自制教具,别具匠心提升课堂品质

春晚魔术搬入物理课堂,考查的不仅是教师发现魔术原理与物理知识相关联的敏锐洞察力,同时也对教师课下的准备工作提出了更高的要求,这个魔术实验的课堂整合,从穿衣、到螺丝、螺母的选择、到教师的演绎,都需要精心的准备,真的是讲台上一分钟,讲台下大用功。光服装我就试了好几件,要把手机放到小臂袖子里视觉上完全察觉不到,袖口要紧,袖管还要松弛,衣服质地尽可能厚最好有点褶皱;手机不要用智能机,太大了太重了,以前淘汰的诺基亚刚刚好;螺丝、螺母我凑了好多种,螺丝杆要尽量长一些,不能太粗,上面抹凡士林效果会更好。虽然用心良苦,但这个实验引入带来的震撼以及课后打开袖口时学生表现出的惊奇,让我觉得一切都值得。

铁球气泡对比实验,是源于一道高一物理题目改编,但这个看似简单的实验也要花费很大工夫。瓶子要选择透明且直径不变的,我试了很多瓶子,依云的矿泉水瓶子效果最好;金属球和气泡尽量体积接近相同,视觉冲击会更好;利用手机慢放录制视频,在有些小组没有观察清楚实验结果的时候展示出来,会增加实验事实的可信度。

4 教学设计

4.1 学情分析

(1)知识背景:学生已经学习了"运动的描述""探究匀变速直线运动"和"研究物体间的相互作用力",掌握了描述运动的基本物理量,并能用这些物理量去描述运动的一些规律;同时学习了力的基本知识,懂得了物体的运动状态的改变情景,知道了力和运动有着密切的联系,从而为探究力与运动的关系做好了思想准备。

(2)习惯背景:学生往往会从日常经验出发,对力和运动的关系存在错误的认识,所以使学生建立起运动状态改变的原因是物体间的相互作用力的观点,不是轻而易举的事情。

(3)能力背景:学生好奇心强、对实验有着浓厚的兴趣,具有一定的观察力,具备了自己动手进行简单单实验的技能,喜欢演绎,多数学生表现欲强。

(4)不利因素:学生独立探究问题的能力不够,不善于抓住问题的本质,主动性不强,被动接受学习为主,需要教师的引导和指点。

(5)自制教具:意念螺丝魔术、气垫光盘、三球对比实验、气体液体固体惯性实验。

(6)设计理念:通过魔术引发思考,该节课的总思路是围绕力是维持物体运动的原因还是改变物体运动的原因的议题来讨论。人类认识这个问题,经历了漫长的过程,学生要正确认识这个问题,同样也要克服日常经验所带来的错误认识。一开始利用学生演绎来回顾物理学史;通过对牛顿第一定律的层层设问,进行深入理解,对固液气物体的惯性进行实验探究,从而得出惯性是物体固有的属性。具体框架图如图3-25所示。

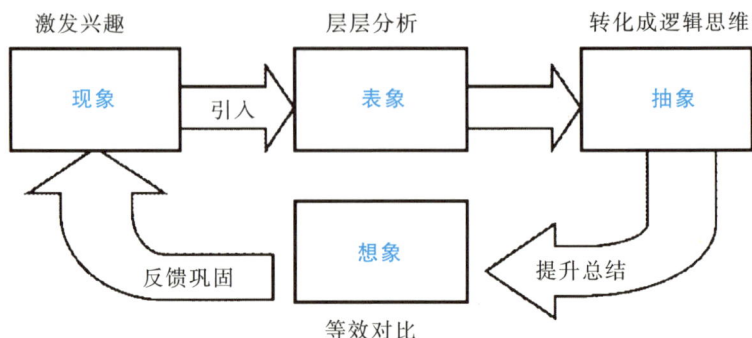

激发兴趣　　　　　　　　　层层分析　　　　　　　转化成逻辑思维

现象　→（引入）→　表象　→　抽象

想象

反馈巩固　　　　　　等效对比　　　　　提升总结

图 3-25　框架图

4.2 教学目标

(1)在演绎物理发展的历史过程中了解到科学研究过程的艰辛,形成观察分析、实验推理、不畏权威、勇于质疑的科学素养与学科精神;通过对科学史的"再现",体验严谨的科学态度。

(2)知道伽利略理想斜面的实验装置,亲身体会伽利略以事实实验为基础,将实验与逻辑推理相结合的思想方法,体会科学家进行科学研究时的理想实验法。

(3)知道运动不需要力来维持,力是改变物体运动状态的原因。

(4)理解牛顿第一定律的内容和含义,能举例说明物体的质量是其惯性大小的量度,并能用于解释与惯性有关的现象,用以解决生活中的问题。

(5)通过牛顿第一定律的学习,在解决生活中的问题的同时,感受自信阳光的态度以及强烈的民族自豪感。

4.3 教学重难点

【教学重点】牛顿第一定律的得出过程,惯性的基本应用。

【教学难点】学生从"物体运动必须有力来维持"转变到"运动不需要力来维持,力是改变运动状态的原因"。

4.4 教学流程

★环节一:以"现象"激趣引入

视频观看航母飞行员红视现象。

将春晚刘谦的"意念螺丝"搬到课堂上。

【教师提问】小小的螺丝帽,为什么通过意念想让它动它就动,想让它停它就停呢? 这难道真的是意念的作用吗?

【学生活动】看魔术,思考原因,并带着疑问开启今天的课程研究。

【设计意图】用学生感兴趣的话题真实引入新课,激发学习兴趣,提升学习动机,进而培养学生乐学善学的品质。

★环节二:对"表象"层层分析

(1)亚里士多德部分

【教师课前准备】(引入亚里士多德部分)提前拍摄的五大道的马车停车的视频,演示马走车走马停车停,既还原了历史上亚里士多德的观察实际,又体现了地域文化教育。

【学生活动】全程由三位学生分别利用剧本扮演亚里士多德、伽利略和笛卡尔三位科学家,尽可能还原当年的物理学史,通过几位"先辈科学家"们在课堂上的闪亮登场,让学生亲身经历力与运动的探索的全过程,让记忆与理解都达到了一个新的高度。

【设计意图】体会科学家的不屈不挠和敢于质疑的探索精神。不迷信权威,能对已有的观点提出质疑的精神;提高逻辑分析能力。

(2)伽利略理想斜面实验部分

【教师行为】教师可以在学生展示时抓住学生在操作演绎过程中出现的错误说法或操作,进行灵活的教育,抓住教育契机,学生更能加深对问题的理解和对错误的规避。

【学生活动】由学生演绎伽利略理想实验,三个不同坡度,提前进行预习布置。全程使学生经历猜想假设,观察可靠实验,在此基础上进行合理外推的过程,体验理想实验的科学研究方法。

置身真实的伽利略理想斜面实验,通过本环节培养学生勇于探究和实践创新的科学精神,体会物理模型和理想化在物理研究中的重要性。

(3)伽利略模拟实验室部分

【学生活动】增加气垫光盘实验,进一步感受摩擦力对常规生活现象中的干扰作用,从而避免日后再犯亚里士多德观点的错误。学生进一步亲身体会和感受力不是维持物体的原因,通过小组活动,提高参与度并体会责任与担当。

(4)德育渗透:理想斜面实验里的人生道理

融入人生哲理教育。通过收听歌曲《蜗牛》重温伽利略理想斜面实验的几个坡度,体会要做一颗顽强的小球,克服一切摩擦力,勇敢地往上攀登,同时也体会到一路坦途不会上升,上坡的路走得越辛苦,越是升得快。

(5)笛卡尔部分

通过学生演绎后,重点把握笛卡尔与伽利略的对话,从而让学生理清,笛卡尔思路的进步在哪里?通过对比分析两种观点的不同,提升学生自主学习能力和对比分析的科学思维。

该环节学生剧本部分:

(1)演员1号:亚里士多德

首先,感谢你的出演,请于上课前穿好黑色服装(古代科学家标准服装),从此你的一举一动、一颦一笑将模仿这位伟大的科学家,直到下课与老师一起谢幕为止。头部道具(上课前记得偷偷找老师领取,告诉老师我是亚里士多德,老师会交给你一个神秘包裹),当老师喊到你演的人物名字时临时快速戴好,上场前一定注意对你好朋友保密哦!

【上台时间点】课程开始后第一位登台,约上课3分钟,当听到张老师说"我们有请1号大人物,亚里士多德",此时迅速戴好帽子和白胡子,带着神秘感沉稳地上台。

演出部分,无特殊备注的话,有老师操控幻灯配合你的出演,画线部分的话语会在幻灯上同步出现,如果你台词掌握得不熟练可以结合你自己设计的酷酷帅帅的动作,偷偷参考幻灯片,但建议演员一定要熟悉台词,从而达到最好的舞台效果。演出内容,画线部分必须一字不差,但连接词等根据演员自身需要和理解可以自行调整,要求符合人物身份,可以增添适当的喜剧因素,获得同学一次掌声则演出任务完成,小组加3分;掌声热烈或观众极其兴奋的所在小组加6分。最后老师要感谢你的出演哦!

【具体内容】(绅士般地鞠躬)大家好!我是来自公元前4世纪古希腊的大哲学家,我叫亚里士多德。想必我的名字是家喻户晓的。我的观点是有力才会有运动,力撤去运动也会停止。这是显而易见的,对吗?(最好此处可以

招来非议)

大家看,我不是凭空想象的,我是有事实依据的。请看大屏幕。此次出游天津,我特地来到天津美丽的五大道,在这里我又一次验证了我的观点,请大家观看,(点击大屏幕上的播放键),我们清楚地看到,马停了车立即停止。所以我的观点十分正确,2000年来无人推翻,我的观点就是力是维持物体运动的原因 。谢谢大家一直以来对我的信仰,感谢! (深情谢幕)

下课时,带好道具,四人按顺序列队站在讲台上与同学们挥手告别!

(2)演员 2 号:伽利略

首先,感谢你的出演,请于上课前穿好黑色服装(古代科学家标准服装),从此你的一举一动、一颦一笑将模仿这位伟大的科学家,直到下课与老师一起谢幕为止。头部道具(上课前记得偷偷找老师领取,告诉老师我是伽利略,老师会交给你一个神秘包裹),当老师喊到你演的人物名字时临时快速戴好,上场前一定注意对你好朋友保密哦!

【上台时间点】课程开始后第二位登台,亚里士多德下台后,当听到张老师说"2000年后,我们有请2号大人物,伽利略",此时迅速将黑色胡子戴在脸上,带着年轻人的活力走上台去。阳光,自信!

演出部分,无特殊备注的话,有老师操控幻灯配合你的出演,画线部分的话语会在幻灯上同步出现,如果你台词掌握得不熟练可以结合你自己设计的酷酷帅帅的动作,偷偷参考幻灯片,但建议演员一定要熟悉台词,从而达到最好的舞台效果。演出内容,画线部分必须一字不差,但连接词等根据演员自身需要和理解可以自行调整,要求符合人物身份,可以增添适当的喜剧因素,获得同学一次掌声则演出任务完成,小组加 3 分;掌声热烈或观众极其兴奋的所在小组加 6 分。你的演出份额,是唯一一个包含实验的,所以难度最大,老师相信你通过自己认真地预习一定可以做到最好! 加油! 最后老师要感谢你的出演哦!

【具体内容】(阳光地与大家招手)大家好! 我是来自公元 16 世纪的意大利著名科学家,我叫伽利略。想必我的名字大家早有耳闻,早在自由落体运动中我已经用我的比萨斜塔落体实验成功推翻了亚里士多德的错误观点,今天我又来啦! 我的想法是,将人们引入歧途的是摩擦力,如果没有摩擦,在水平面上运动的物体将保持这个速度,永远运动下去。

我向来是一位实验高手,今天我同样给同学们带来了我的实验,更加著名的理想斜面实验。

下面请允许我在这里给诸位展示我的想法,我们看到这个小球,我由轨道一的高处释放,我们看到它几乎可以到达右侧等高处,从轨道二释放后,它仍然会到达等高处,所以它在轨道二的右侧轨道运动路径加长,若将右侧轨道完全放平,那么小球将永远到达不了等高点,它会在水平轨道一直运动下去,直到掉进这个网兜里。(实验介绍这段语言,参照课本第68页最后一个自然段,根据自己的语言自行调整,注意伽利略是不可以犯科学性错误的哦)

根据我的科学实验,显而易见,我发现摩擦力是干扰我们得出正确理论的关键所在,所以我的观点是,力不是维持物体运动的原因。亚里士多德的观点是错误的! 谢谢大家!

下课时,带好道具,四人按顺序列队站在讲台上与同学们挥手告别!

(3)演员 3 号:笛卡尔

首先,感谢你的出演,请于上课前穿好黑色服装(古代科学家标准服装),从此你的一举一动、一颦一笑将模仿这位伟大的科学家,直到下课与老师一起谢幕为止。头部道具(上课前记得偷偷找老师领取,告诉老师我是笛卡尔,老师会交给你一个神秘包裹),当老师喊到你演的人物名字时临时快速戴好,上场前一定注意对你好朋友保密哦!

上台时间点:课程开始后第三位登台,伽利略下台后,我们先一起观看一个实验做一个实验,当听到张老师说"与伽利略同一年代,我们有幸又迎来了3号大人物,笛卡尔",此时迅速戴上假发,带着科学家的沉稳走上台去。低调从容。

演出部分,无特殊备注的话,有老师操控幻灯配合你的出演,画线部分的话语会在幻灯上同步出现, 如果你台词掌握得不熟练可以结合你自己设计的酷酷帅帅的动作,偷偷参考幻灯片,但建议演员一定要熟悉台词,从而达到最好的舞台效果。演出内容,画线部分必须一字不差,但连接词等根据演员自身需要和理解可以自行调整,要求符合人物身份,可以增添适当的喜剧因素,获得同学一次掌声则演出任务完成,小组加3分;掌声热烈或观众极其兴奋的所在小组加6分。你的台词虽然最少,但是要获得热烈的气氛却也是最困难的! 希望你发挥你的演戏才能,把笛卡尔诠释得活灵活现! (可以用你的语气吸引同学们哦)最后老师要感谢你的出演哦!

【具体内容】(低调地鞠躬)大家好！我是来自公元 16 世纪的法国科学家笛卡尔。虽然我的名气不如前两位的大,但我也为物理学界做出了我应有的贡献,此生无憾！我的观点是如果运动中的物体没有受到力的作用,它将继续以同一速度沿同一直线运动,既不停下来也不偏离原来的方向。希望我们班同学可以记住我的名字,我叫笛卡尔,我是和伽利略同一时代优秀的物理学家。谢谢大家！

下课时,带好道具,四人按顺序列队站在讲台上与同学们挥手告别！

(4)演员 4 号:牛顿

首先,感谢你的出演,请于上课前穿好黑色服装(古代科学家标准服装),从此你的一举一动、一颦一笑将模仿这位伟大的科学家,直到下课与老师一起谢幕为止。头部道具(上课前记得偷偷找老师领取,告诉老师我是牛顿,老师会交给你一个神秘包裹),当老师喊到你演的人物名字时临时快速戴好,上场前一定注意对你好朋友保密哦！

上台时间点:最后一位登台,笛卡尔下台后,当听到张老师说"最后,我们有请我们力学届的头号大人物,牛顿先生出场",此时迅速戴好假发,带着物理学界泰斗的沉稳走上台去。自信但谦恭。

演出部分,无特殊备注的话,有老师操控幻灯配合你的出演,画线部分的话语会在幻灯上同步出现,如果你台词掌握得不熟练可以结合你自己设计的酷酷帅帅的动作,偷偷参考幻灯片,但建议演员一定要熟悉台词,从而达到最好的舞台效果。演出内容,画线部分必须一字不差,但连接词等根据演员自身需要和理解可以自行调整,要求符合人物身份,可以增添适当的喜剧因素,获得同学一次掌声则演出任务完成,小组加 3 分;掌声热烈或观众极其兴奋的所在小组加 6 分。牛顿是大家最熟悉的,也是最喜欢的,希望你可以把牛顿先生完美地呈现出来哦！(虽然牛顿是大科学家,但是你的台词数量不及 1 号和 2 号,所以你可以用你的语言和舞台表现力吸引观众的眼球,最高身份定会获得最高喝彩哦)最后老师要感谢你的出演哦！

【具体内容】(自信大气地鞠躬)大家好！我是来自公元 17 世纪的英国著名科学家牛顿。我是力学的奠基人,我所创设的牛顿运动定律更是整个动力学的核心。很高兴认识同学们,下面请允许我隆重介绍牛顿运动定律的开篇牛顿第一定律,一切物体总保持匀速直线动状态或静止状态,除非作用在它上面的力迫使它改变这种状态,后面同学们还会认识我的第二定律和第三定律,我相信,接触了我,你们一定会爱上这三大定律,陶醉在力学世界的美丽中。谢谢同学们。

(待老师隆重介绍你,并要全体同学一起掌声感谢您的到来时)你要低调谦逊地说:不要这么说,其实我只是站在了巨人的肩膀上。

下课时,带好道具,四人按顺序列队站在讲台上与同学们挥手告别。

★ **环节三:养成"抽象"逻辑思维**

(1)利用牛顿的总结完成整个探索发现的全程

牛顿的理论在笛卡尔的观点基础上有何发展?

同时由牛顿的"我只是站在了巨人的肩膀上"引出四位科学家的递进式的探索之路,了解物理学的研究方法,体会敢于质疑的精神。

学生活动:教师引领,学生参与。

促进学生利用现有的结论,升华概念,得出规律,形成观念,发展学生提出问题、分析问题、解决问题的能力。

【设计意图】抽象逻辑思维和解决问题的能力的培养,给学生创设发现问题并提出问题、分析论证的机会。促进学生利用现有的结论,升华概念,得出规律,形成观念,发展学生提出问题、分析问题、解决问题的能力。

(2)牛顿第一定律的得出

教师引领学生分析,根据分析牛顿与笛卡尔的区别,总结分析出牛顿第一定律的意义,具体内容。

【设计意图】将力与运动的关系在头脑中提炼和升华,具有清晰的、系统的运动观念和相互作用观念。

(3)关于惯性的理解

问题一:一切物体都具有惯性,一切都包括什么呢?

活动一:看:从固体(抽桌布)、液体(狗喝水)、气体(扑灭蜡烛)三个角度看实例证明惯性的存在。

活动二:做:(分组实验)气体的惯性:一个塑料瓶、一张塑料薄膜、一根蜡烛;液体的惯性:雨伞、水壶;固体的惯性:吹乒乓球和装满水的乒乓球,说体会。

问题二:通过所见所闻,对惯性的本质探索:维持原有运动状态的属性。

问题三:探究惯性的影响因素(惯性的量度)。

活动三:思:通过定义探究、高仿"时空对话"(首次尝试)、实验明理(气泡与钢球的实验、生熟鸡蛋实验)三种方法,让学生体会物理研究方法的多元化,和物理抽象思维形成的关键点,更强化了对控制变量法的理解。

【设计意图】提高学生分析问题、总结归纳的能力;学以致用,用科学家的方法进行探究总结归纳,逐渐培养形成正确的科学思维过程。

活动四:比:实验对比检验学习效果。

通过分组实验,在水瓶中装入小钢球,瓶中留有少量气体,在水平桌面上推动水瓶,观察水瓶迅速启动、制动时,气泡与钢球的运动情况,并利用惯性的知识去解释这一现象。

【设计意图】提高学生分析问题、总结归纳的能力;学以致用,用科学家的方法进行探究总结归纳,逐渐培养形成正确的科学思维过程。

★环节四:用"想象"提升总结

惯性现象的应用

讨论分析:看PPT,比较姚明的体重和体操运动员的体重,并分析原因。

活动集体操:被追尾的慢动作模仿,我们同在一辆车,同时发生危险,做出该有的反应(安全教育)。

【设计意图】批判质疑的科学态度;阳光自信的精神;促进学生自觉遵守交通规则。

★环节五:用"现象"反馈巩固

揭秘一:飞行员红视的原因是因为血液的惯性,导致视网膜充血,并提出地球突然"站住"的话题,以及对 v 和 F 的定量影响去学习牛顿第二定律,做到学有所思、学有后劲。

揭秘二:意念螺丝源于手机振动,原来在老师黑色衣服的衣袖里藏着一只处于振动状态的手机,手机的振动引起手臂的轻微振动,从而使得紧握螺丝棒的手指也轻微振动,长螺丝棒的振动带动小螺丝帽移动,说明力才是改变物体运动状态的原因,不可能颠覆牛顿第一定律。

5 教后反思

本节课通过红视视频及兴趣魔术两个现象的引入,充分地调动了学生的积极性和主动性,在课前充分激发了学生的学习兴趣以及热情。然后利用学生全程演绎物理牛顿第一定律的相关物理学史,生动地、全面地呈现发展进程,突破教学目标,完成学习任务。学生通过积极参与,从演员到观众都能积极参与课堂学习,我的实验班级目前已经升入大学,到现在提到牛顿第一定律他们还能想起当时谁扮演哪位科学家,并且他的观点是什么。突破惯性这一教学难点,我设计了看、做、思、比四个环节去突破,学生通过分组活动,实施自主探究,用生活中的例子分析等手段,不断设计一个又一个情景,教师大胆放手让学生自己思考、实验、比较、分析,最终解决问题,把学习知识的舞台交给学生,教师充当"导演"的角色,学生充分感悟到物理与现实生活的紧密联系,提高学习动力。学生全程非常配合,课堂气氛很活跃。课堂上重视利用真实情境设计物理实验实施教学过程,让学生能更好地掌握物理知识和物理规律,通过问题的解决为学生思维的发展和物理核心素养的养成提供广阔的空间。

本节课结合物理学科特点,充分激发学生的学习兴趣。物理学科通过"接地气"的实验贴近生活,利用这个特点,大力渲染了物理学科的有趣和有用,从而让学生从被动学习转为主动求知,更有利于课堂的实施与开展。

本节课以小组为单位,以问题和活动为主线,以小组为基本单位,抓住中学生好强心理,引入奖励机制,这样既锻炼学生多方面能力,比如独立思考能力、语言表达能力,又能激发学生主动性、积极性、集体荣誉感,让好学者更好学,让厌学者也努力好学,充分调动全班同学一起学习物理知识,提高同学们学习物理的兴趣。

基于上述的分析,实验环节的有效铺设是对核心素养目标实施的有效呈现,在实验课程教学中教师应从学生的易错点出发,针对学生的思维漏洞进行相应的教学活动设计,以学生活动为主线,通过实验启发、实验探索、实验对比分析、实验互检等环节的设计,体现学生的主体地位、发挥学生的主动性,除此之外在教学活动中,教师应巧妙创设实验情境,引导学生观察思考,使学生养成质疑创新的意识;关注学生的实验设计思路,培养学生逻辑推理能力;在实验教学过程中重视实验方法的渗透,培养学生的物理模型建构能力;选用合适的实验形式组织教学,从教走向学,推进在课堂上落实核心素养。

第四章

力学(二)部分案例研究

第 1 节　核心素养背景下高中物理实验整合、拓展和创新的个案研究

——探究加速度与力、质量的关系

1 文献述评

《普通高中物理课程标准(2017 年版)》在课程性质中指出:"在高中物理课程中,应注重科学探究,尤其应注重物理实验,这在培养学生的探究能力和科学态度等方面具有重要地位。"通过实验教学能够充分激发学生的物理思维,帮助学生更好的理解物理知识和概念,提高学生学习兴趣和主动性。实验教学贯穿并渗透到物理教学各个环节。

宁夏大学的郭家等在《湖南中学物理》2020 年第 2 期《基于现代信息技术的中学物理实验改进——以"探究加速度与力、质量的关系"为例》一文中说,信息技术与物理实验课程结合,真正实现高效的物理课堂模式,提高学生的学习兴趣,对中学物理教学有着十分重要的意义。

浙江海盐元济高级中学的王建峰,在《物理教师》2011 年第 6 期《"DISLab 数字化信息系统"在物理实验中的应用——"探究加速度与力、质量的关系"的教学设计与赏析》中说,数字化实验进入物理课堂,体现了物理教学的现代化,是物理教学改革的有效途径。

苏州工业园区星海实验中学的马云秀,在《基于认知负荷理论的物理实验教学研究——"探究加速度与力、质量的关系"教学案例分析》中说,"探究加速度与力、质量的关系"实验教学一直是高中实验教学中难懂,难做,难分析的实验课,很多教师采用不同的实验方案进行尝试来降低教学的难度。

山东省邹平市第一中学的李春雨,在《"探究加速度与力、质量的关系"实验的创新与改进》一文中说,"探究加速度与力、质量的关系"是一个探究性实验,教材将其安排在牛顿第二定律之前。经典力学是在牛顿运动定律的基础上构建起来的,而牛顿第二定律又是牛顿运动定律的核心。本节实验采用控制变量法和图像法,这两种方法都是物理学中研究问题的重要方法,对整个力学体系的构建起到了承上启下的作用。

探究"加速度与力、质量关系"实验是高中阶段力学实验中较为复杂、棘手的实验,在实验中如何突破相关难题,创新实验方法,引入现代信息技术是行之有效的手段。

2 教材分析

2.1 知识地位

"探究加速度与力、质量的关系",是学习牛顿第二定律的实验和理论基础,这堂课信息量大,知识点多,教师在处理时颇有难度。本实验所采用方案本身就是高中物理中非常重要的物理模型,是学生必须掌握的基本模型之一。在近年的高考题中,本实验是高考的高频考点,而且学生得分率不高,凸显对本实验的理解和应用亟待加强。

2.2 课标规定

"实验:探究加速度与力、质量的关系"是《普通高中物理课程标准(2017年版)》必修课程必修模块中"相互作用与运动定律"主题下的内容,课程标准的要求为:通过实验,探究物体运动的加速度与物体受力、物体质量的关系。《普通高中物理课程标准(2017年版)解读》对课标的解读为:通过实验,探究物体运动的加速度与物体受力、质量的关系,是指两个关系:一是在物体质量一定的情况下,探究加速度大小与受力大小的关系;二是在物体受力一定的情况下,探究物体运动的加速度大小跟物体质量的关系。本节实验是学生必做分组探究实验。

2.3 教材呈现

"实验:探究加速度与力、质量的关系",选自人教版普通高中教科书《物理 必修 第一册》第四章第2节。"探究小车速度随时间变化的规律"实验已使学生具有一定处理此类实验问题的能力,同时也为本实验搭起了一个台阶。本节教材中给出了实验的基本思路,并提供了两套具体的实验方案。参考案例1(见图4-1)是用阻力补偿法探究加速度与力、质量的关系,参考案例2(见图4-2)是通过位移之比测量加速度之比。

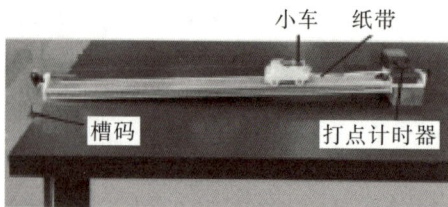

图 4-1 参考案例 1

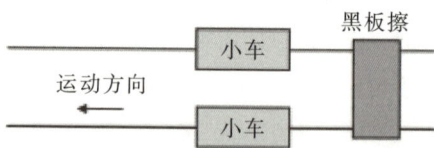

图 4-2 参考案例 2

参考案例一是新老教材中的经典实验方案,同时也是高考等各类考试考查的重点和难点,其难点可以归纳为以下三点:

1.对"阻力补偿"模型的认识。实验中,如果不采用一定的方法平衡小车及纸带所受的摩擦力,小车的合外力就不是细绳的拉力,而是细绳的拉力和摩擦力的合力。因此,若不计摩擦力,实验误差会很大;若计摩擦力,摩擦力测量比较困难。在研究加速度与质量之间的关系时,改变小车质量,摩擦力也会发生变化,小车所受合力发生变化,不符合小车合外力不变的实验条件。实验中要阻力补偿,以及如何补偿是个难点。

2.实验中要保证小车受到一个恒力,这个恒力如何提供,学生根据"研究匀变速直线运动"这个实验不难想到通过悬挂钩码的方法提供恒力。实验中只有在满足钩码的质量远小于小车的质量的时候,可近似认为钩码的重力等于绳子的拉力,这对学生来说也是一个难点。

3.实验中要多次测量小车的加速度,操作要求也很高,尤其是逐差法测量加速度计算时较为烦琐,需要花费一定的时间,学生在计算时容易出错,进而影响实验结果正确、快速的得出。如何有效引导学生规范操作,给学生更多的时间和精力处理数据,寻找物理规律,思考实验中出现的问题,以及进行误差分析,这对学生来说是实验繁杂的一个难点,也是教学组织的一个难点。

这些难点的叠加,增加了学生的认知负荷以及操作的复杂程度,如何优化是关键。

粤教版教材提供的方案(如图 4-3 所示):气垫导轨上的滑块在钩码拉动下做匀加速直线运动,数字计时器测出滑块上的遮光条通过光电门 1 和 2 的时间间隔 Δt_1、Δt_2,根据 $v=\Delta s/\Delta t$,将遮光条通过光电门的平均速度代替滑块运动的瞬时速度,利用匀变速直线运动的推论 $v_2^2-v_1^2=2as$ 测量得到滑块加速度。通过控制变量,探究滑块质量 m 一定时,滑块的加速度 a 与所受拉力 F 的关系;探究滑块所受拉力 F 一定时,滑块的加速度 a 与滑块质量 m 的关系。

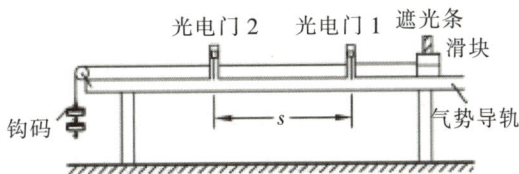

图 4-3 粤教版教材方案

本实验探究方案的设计必须要考虑的两个问题:一是研究对象所受拉力测量问题,另外是研究对象运动过程中所受摩擦力影响"消除"问题,两种版本教材提供的方案都是采用通过滑轮用钩码拉车的方式让小车(滑块)做匀加速运动,近似认为小车(滑块)所受拉力等于钩码重力,实际钩码所受的重力大于细线对小车(滑块)的拉力,只有满足钩码质量比小车(滑块)的质量小得多的条件,才能近似认为两者相等。

粤教版教材方案应用气垫导轨、光电门和数字计时器进行实验设计,反应灵敏、精度高,现代气息浓,凸现科学探究能力的培养与信息技术的应用。气垫导轨是一种现代化的力学实验仪器,是利用小型气源将压缩空气送入导轨内腔,空气从导轨表面小孔喷出,滑块与导轨之间形成很薄的空气膜,使滑块与导轨不直接接触,滑块在导轨上做近似无阻力的直线运动。这样就较好地解决了研究对象在运动中所受摩擦力问题。但此实验方案存在不足,光电门所记录的只是滑块通过光电门的时间信息,无法反映滑块整个运动过程。此实验方案只是实验探究的其中一个环节,学生是带着滑块是否做匀加速直线运动的疑问来完成实验的。教材在下一节推导牛顿第二定律前,先利用位移传感器来弥补与完成对牛顿第二定律的探究过程,即通过位移传感器记录滑块运动中位移随时间的变化情况,由计算机软件得到各点速度,并作出 $v\text{-}t$ 图像;图像是一条倾斜的直线,说明物体做匀加速直线运动,直线斜率代表物体加速度的大小。粤教版教材提供的方案首先反映出来的是探究环节多,探究分散在不同教学课时的问题;其次探究过程中涉及的现代仪器多,气垫导轨、光电门、数字计时器、位移传感器、数据采集器及计算机等,信息量大,学生不能够很好理解仪器的原理,不能够很好地掌握仪器的使用,不符合学生的认知规律,也不符合学生的实际接受能力;最后在利用位移传感器、数据采集器及计算机验证滑块做匀加速直线运动,从数据采集,到数据处理,到图像呈现,都是一个"隐性"的处理过程,教学过程中给人的感受是教师演示讲解一番后,直接告诉学生结论:滑块在做匀加速直线运动。因此在实际教学中,做与不做、教与不教,对学生实验能力的提高,学科素养的提升,都不会起到实质性影响。

人教版教材方案应用打点计时器进行实验设计,承接性好,成本低,配备和使用较普遍,凸现科学探究能力的培养与重要仪器的掌握使用,方案采取平衡法来消除摩擦力对实验产生的影响。即实验前,不要将悬挂小盘的细绳系在小车上,不要给小车任何牵引力,适当垫高远离滑轮一侧,让小车挂着纸带,轻推小车自由运动。若打点计时器打出纸带点迹间隔均匀,则小车做匀速运动,重力分力 $mg\sin\alpha$ 与摩擦力相互平衡抵消,从而认为小车受到的合外力等于小车受到细绳的拉力。实验时,纸带与小车相连,纸带上留下的点迹记录小车运动中的位移和时间信息,通过这些信息,可以知道小车的运动情况,即相邻相等时间间隔位移差相同,判断出小车做匀变速直线运动。同时利用 $\Delta s = at^2$ 可以测得小车加速度值。打点计时器是力学的重要仪器,掌握打点计时器的原理使用与纸带的处理问题是高中物理的一个难点,为突破这个难点,人教版教材没有一步到位,而是采用循序渐进的策略,在第一章第 2 节"时间和位移"介绍了打点计时器,明确打点计时器打出的纸带上记录了物体运动中的位移和时间信息。第二章第 1 节"实验:探究小车速度随时间变化的规律"中涉及打点计时器的使用和利用纸带测量小车的瞬时速度;在第二章"自由落体运动"中利用纸带测量重物下落的加速度。在本节利用打点计时器探究加速度与力、质量的关系,学生对仪器不存在"陌生感",降低了探究实验的难度,有助于学生突破实验难点,有助于学生顺利完成探究任务。当然,此方案在实验前要平衡摩擦力,增加了学生认知和实验操作难度,同时在处理摩擦力问题上存在值得商榷的地方,即能否可以将小车所受的滚动摩擦力当作滑动摩擦力处理。

3 实验改进

引入现代信息技术和更好的实验设备,对实验进行改进以达到更佳的实验效果。

3.1 引入光电计时器等实验器材对实验进行改进

学生在第一章第 4 节的学习中已经接触过光电计时器,但并未熟练掌握其使用方法。本实验是一个巩固练习使用光电计时器做数据分析的良好契机,学生在教师的引导下,设计速度、加速度的计算公式,感受现代科学技术的发展对教学以及研究的推动作用。另一方面,从高考的角度看,光电计时器的实验分析是实验的常考部分,在本实验改进中选择使用光电计时器。

利用光电计时器可以直接测量出速度和加速度,其基本原理如图 4-4 所示,光电计时器是一种研究物体运动情况的常用计时仪器,当有物体从光电门通过时,数字计时器就可以记录物体的挡光时间,1 和 2 是固定在桌面上适当位置的两个光电门,让宽度为 d 的滑块从木板的左端释放,光电门 1、2 各自连接的计时器显示的挡光时间分别为 t_1 和 t_2。

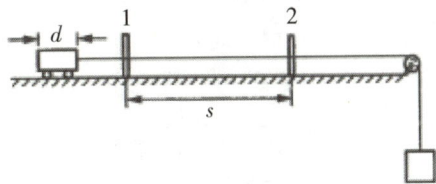

图 4-4 光电计时器基本原理示意图

方法一：

$$\overline{v_1} = \frac{d}{t_1}, \quad \overline{v_2} = \frac{d}{t_2}$$

$$a = \frac{\overline{v_1} - \overline{v_2}}{t}$$

方法二：

$$\overline{v_1} = \frac{d}{t_1}, \quad \overline{v_2} = \frac{d}{t_2}$$

$$a = \frac{\overline{(v_2)^2} - \overline{(v_1)^2}}{2s}$$

在光电计时器中以上各量均可直接读出，也可通过 Excel 等软件计算获得。

3.2 利用 Excel 分析数据并描点作图得出结论

实验教学是培养学生数据分析能力、实践操作能力、创新思维的重要环节，在物理教学中的地位至关重要。数据处理能力包含于科学探究七要素之一，也是学科核心素养中实验探究所要培养的关键能力。结合 Excel 软件，可以使复杂的实验数据处理计算过程简单化，使学生学会利用现代数据拟合软件高效准确地分析实验数据。基于 Excel 的实验数记录与处理克服了传统实验数据处理的烦琐费时，效率不高等弊端，可采用 Excel 软件的数据处理、公式计算功能完成本次实验的数据处理，以达到更加高效、准确的实验数据处理结果。

引入双向力传感器、加速度传感器创新设计更高效的实验。

如图 4-5 所示，为直接引入力传感器和加速度传感器的一个方案。

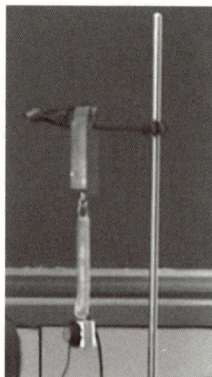

图 4-5　方案示意图

4 教学设计

4.1 学情分析

牛顿第一定律告诉我们:物体的运动状态及其改变是由它受的力来决定;而运动状态改变的难易程度又与其自身的质量有关。我们已经知道加速度是描述物体运动状态改变快慢的物理量,那么物体运动的加速度一定是由物体所受的力和质量决定。因此探究加速度与力及质量的定量关系就十分必要。对本节内容的教学,教师要引导学生把重点放在探究的过程中,即实验方案的提出、实验思路的设计、数据的处理、减小误差等几个关键环节,应该放手让学生进行实验。

4.2 教学目标

4.2.1 物理观念

通过实验探究加深对影响物体加速度因素的认识,能够正确理解加速度与力和质量的关系。

4.2.2 科学思维

(1)能够运用控制变量法,解决相关物理问题。

(2)能进行相关物理模型构建。

4.2.3 科学探究

(1)在实验方案设计中,发现问题,分析问题,提出猜想和假设。

(2)设计实验方案,完成实验,获取数据,分析处理数据,得到实验结果。

4.2.4 科学态度与责任

(1)在实验过程中,坚持实事求是的科学探究态度。

(2)在实验中,体会和感悟团队意识和合作精神。

4.2.5 教学重点

(1)控制变量法的应用。

(2)提出实验方案并制定可行的操作步骤。

4.2.6 教学难点

(1)对实验方案的理解和应用。

(2)实验数据的分析与处理,减小实验误差的方法。

4.3 教学过程设计

4.3.1 假设与猜想:提出问题,并对问题进行猜想,明确探究的方法和探究的方向

【问题1】牛顿第一定律的内容是什么?

生:一切物体总保持匀速直线运动状态或静止状态,直到有外力迫使它改为这种状态为止。

【问题2】速度是描述物体运动状态的物理量,物体运动状态发生了变化即物体的速度发生了变化,物体的运动状态为什么会变化呢?判断的依据是什么?

生:是因为物体受到了外力作用的结果;判断的依据是牛顿第一定律。

【问题3】物体运动状态改变的难易程度由什么决定?判断的依据是什么?

生:由自身的质量决定;质量越大,惯性越大。

【问题4】加速度是描述速度变化快慢的物理量,物体的运动状态发生了变化即物体的速度发生了变化,物体就一定有了加速度。那么加速度的大小与什么因素有关呢?

生:加速度的大小可能跟物体的受力有关,也可能跟物体的质量有关,等等。
师:可以通过具体演示实验使学生理解其中的定性联系。

让两名体重相差较大的学生同时站在滑板上,两名学生同时由一根轻绳连接。某时刻,两个人同时通过绳子拉对方,然后,观察两名学生运动状态的改变情况。可以很明显地观察到两名学生发生的位移是不相同的,进而得出加速度是不相同的,即作用力大小相同的情况下,加速度和质量有关,而且质量越大,加速度越小。

【问题5】加速度的大小跟物体的受力、质量有怎样的关系呢?请同学们说出猜想的依据。

生甲:物体受到的力越大,加速度越大;物体自身的质量越大,加速度越小。

生乙:受力越大,运动状态改变得越快,加速度越大;质量越大,运动状态越不容易改变,加速度越小。

【问题6】下面先假设我们的猜想是否正确。但问题中涉及一个变量随两个变量的变化而变化,应采取什么方法验证自己的猜想是否正确呢?

生:控制变量法。

通过以上的问答、教师的点评,学生对实验的目的及所采用的探究方法有了很好的理解。

4.3.2 制订计划:设计或借鉴能验证猜想的实验方案,准备完成方案所需的器材

下面通过具体实验,定量地研究加速度与力及质量的关系。请同学们参照教材提供的实验装置来选择一种方案。为了实验的简单易行,大多数学生选择了教材中的方案2作为参考。用一辆小车,小车后面连接一纸带,用打点计时器记录小车的运动情况,根据所打的点计算小车的加速度,然后对比分析物体受的力与加速度的关系。

【问题7】如何改变小车所受的拉力?小车所受的摩擦力是无法测定的,为了尽量减小摩擦力的影响,应该采取什么措施?

生:在小车一端所挂的小盘中适当地增减钩码的数量,来改变小车所受的拉力;为了减小摩擦力影响,将木板没有滑轮的一端适当垫高,使小车在不受拉力时做匀速直线运动。

生:$F_合=F-F_f$,用弹簧秤测出摩擦力,或先用钩码牵引小车做匀速运动,然后增加的钩码的重力就是小车的合外力。

师:就这样完成整个实验有没有问题?

生:后来改变小车质量后,摩擦力会发生变化的。

师:那怎么办?你们有没有其他方法,解决摩擦力会变的问题?

生:(思考中)

师:物体受几个力,什么情况下合外力等于绳子拉力?

生:将木板倾斜,当物体的重力沿斜面的分力与摩擦力平衡时,物体的合外力就等于绳子的拉力。

师：如何确定已经平衡摩擦力？一次平衡之后，以后要不要再重新平衡？

生：若已经平衡，物体将做匀速运动。根据 $mg\sin\alpha=\mu mg\cos\alpha$，平衡时的倾角为 α，物体质量为 m。

师：平衡摩擦力后，在满足钩码质量远小于小车质量的前提下，可近似认为绳子的拉力近似等于钩码的重力。具体原因等我们学习了牛顿第二定律后讨论。

（说明：在讨论的过程中也有学生提出用气整垫导轨来做此实验，解决有摩擦力的问题，用光电门计时器计算加速度减少测量的烦琐，为了让学生掌握平衡摩擦力的思想，我们选择了上面的方案。）

讨论问题解决必须讨论问题表征。在认知心理学领域，问题表征是问题解决的关键甚至全部，它是对问题初始条件、目标任务及其构成要素的觉察和理解。上述讨论围绕方案中如何提供恒力且如何简化恒力的测量进行讨论，这也是实验中的一个重要思想，而对于绳子的拉力近似等于钩码的重力的条件，采取了直接说明而非讨论，因为学生不具备讨论的认知基础，这样处理能有效降低学生的认知负荷，也有助于学生汲取实验的重要思想。

【问题8】实验时，应先开电源还是先释放纸带？释放纸带前小车应处在什么位置？

生：先开电源。小车要靠近打点计时器的位置，这样会增加纸带利用率。

4.3.3 进行实验：用控制变量法分步进行实验，对实验中出现的问题及时解决

通过上面八个问题的解答，学生对实验的原理、实验方法、实验的注意事项已经十分明确。教师补充说明，在改变小车受力时，要保持盘和钩码的总质量要远小于小车的质量。下面开始研究本实验中的第一个问题：加速度与力的关系。

组织学生进行实验操作，组装器材，安装打点计时器，连接纸带，先保持小车的质量不变，开始实验并列表记录数据。教师逐组巡视辅导，对实验中出现的问题及时解决。等学生记录好数据后继续提问。

【问题9】小车近似地做匀加速直线运动，每条纸带只能算一个加速度，你是如何计算小车的加速度的？

生：用求平均速度，图像法，等等。

【问题10】研究加速度与质量关系时，如何改变小车的质量？

生:给小车增减重物。为了很快知道小车的质量,我们应该用已知质量的钩码或砝码增减小车的质量。

教师对第一次的操作适当点评后,开始研究第二个问题:加速度与质量的关系。然后组织学生再次进行实验,并记录实验数据。

4.3.4 分析论证:实验数据的处理方法,验证猜想的正确与否

【问题11】请同学们对应小车所受的拉力比较相应的加速度,是不是符合前面的猜想,二者能不能成正比关系呢?如果成正比,用什么方法加以说明。

学生很快想到用图像法解决,引导学生作出 a-F 图像。并引导学生得出结论:当物体的质量一定时,物体的加速度与所受力成正比。

【问题12】让学生观察对比第二次实验的数据,验证自己的猜想是否正确,并尝试得出加速度与质量之间的关系?

要求学生试着作出 a-m 图像、a-m^2 图像、a-$\dfrac{1}{m}$ 图像。既然 a 与 m 成反比,则必有 a 与 $\dfrac{1}{m}$ 成正比。引导学生得出结论:当物体受力一定时,物体的加速度与其质量成反比。

4.3.5 交流,评估:交流实验过程的合理性、实验结论的可靠性

【问题13】结合上面两次实验,排除误差的影响,可得出怎样的结论?

生:物体的加速度与物体所受的力成正比,与物体的质量成反比,所以 a-$\dfrac{1}{m}$ 图像应该是一条过原点的直线。

教师补充:请同学们注意,当物体的质量较大时,为什么 a-$\dfrac{1}{m}$ 图像不再是一条倾斜的直线呢?这个问题待学完本章节后再给解决。

随着问题的解决,探究过程的结束,实验原理、实验数据的处理、实验注意事项、误差来源与分析等重点物理学知识学生都全面掌握,解决实际问题的方法也在潜移默化中形成。

最后,可以展示利用传感器进行本次实验方案。

教师操作,得出实验结论。

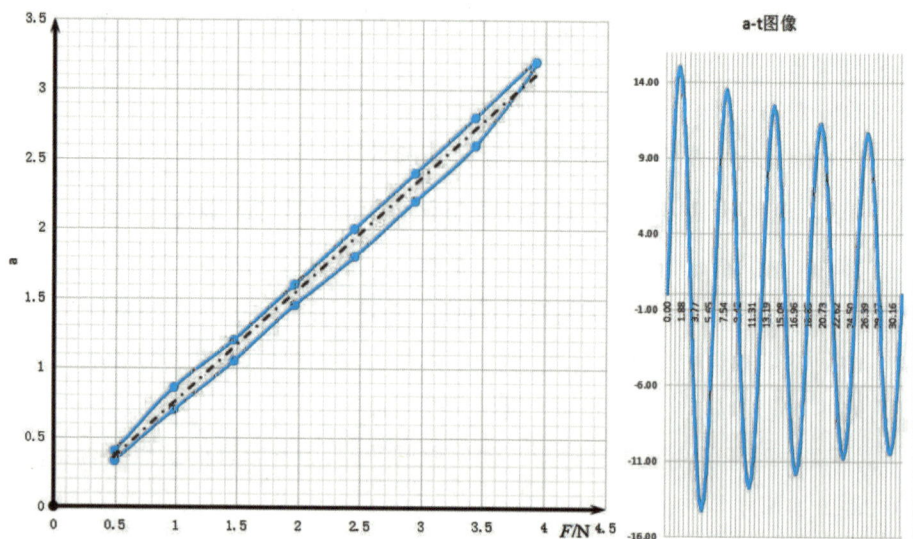

图 4-6　实验结论

用传感器所得实验结论,如图4-6所示,与实验预期还是有一些差距,可引导学生进行课下误差分析。

4.3.6 实验结论

物体加速度的大小跟它受到的作用力成正比、跟它的质量成反比。

本节实验课对于动力学的理解至关重要。因此,学生只有参与实验探究的过程,才能更好地获得从感性到理性、从直观到抽象的发展。在前面的学习中,学生经常在习题中遇见光电门,而在本实验中可以直接使用光电门测算时间、速度、加速度,学生的实验态度更加积极,这是一个将实验与练习、高考相结合的良好契机。当然,本节实验探究课也存在一些不足,比如器材数量不足无法做到两人一组的分组实验,只有少数学生能动手操作;使用电脑制作 Excel 表格并设计公式,再绘制点状图表,这对学生的计算机应用能力要求较高,大部分学生不能独立完成。但笔者相信,这些不足定会引导我们更深层地思考,如何改进实验,如何培养学生?学生的潜力无限,只要我们在今后的教学设计中逐步将现代化科学技术引入,学生的综合素质定会步步提高,从而使我们的课堂变得更加高效。

5 教后反思

5.1 实验数据处理方法及误差分析

1.应用光电计时器可以直接测量得出加速度 a。可以直接利用坐标纸描点作图得出 a–F 图像。

2.提前设计制作好 Excel 表格,如表 4–1 所示(实验数据由某次学生实验获得)。

表 4–1　Excel 表格

序号	1	2	3	4	5	6	7	8
F/N	0.49	0.98	1.47	1.96	2.45	2.94	3.43	3.92
a/(m/s²)	0.368	0.746	1.07	1.48	1.92	2.31	2.72	3.11

根据表 4–1,插入散点图,并增加趋势线完成图像,如图 4–7 所示。

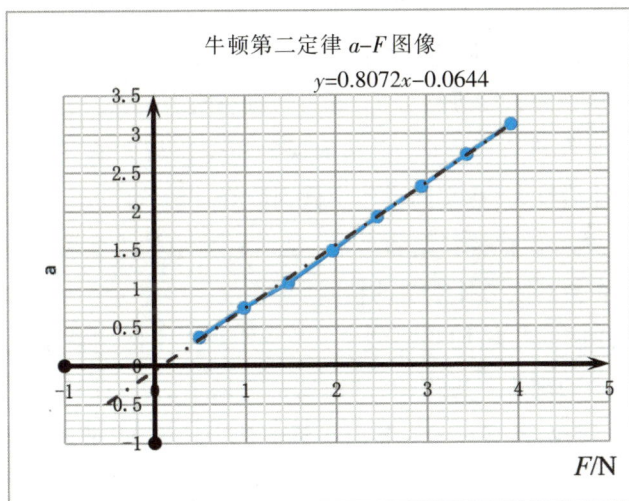

图 4–7　a–F 图像

表 4-2　Excel 表格

序号	1	2	3	4	5	6	7	8
m/kg	1.08	1.13	1.18	1.23	1.28	1.33	1.38	1.43
$1/m$	0.93	0.88	0.85	0.81	0.78	0.75	0.72	0.70
$a/(\text{m/s}^2)$	0.222	0.173	0.142	0.118	0.087	0.06	0.03	0.018

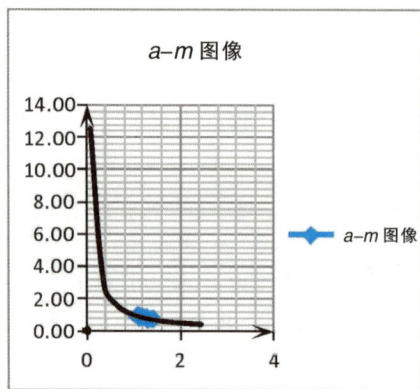

图 4-8　$a-m$ 图像

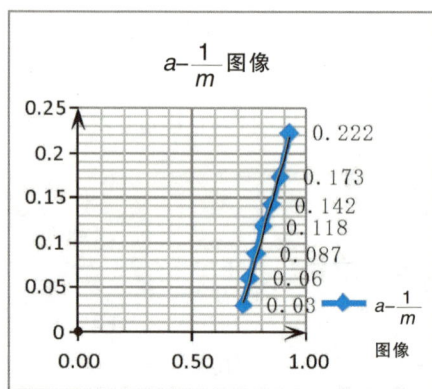

图 4-9　$a-\dfrac{1}{m}$ 图像

由实验数据(见表 4-2、图 4-8、图 4-9)我们可以分析得出以下结论:

(1)在 Excel 图表中添加趋势线以后,所做图像基本不顾原点,这一点可以留给学生去思考。从误差角度进行分析,是由于进行阻力补偿时,未能恰到好处的进行补偿,而且学生在进行操作时,引起的误差还是比较大的,例如上面所得 $a-m$ 图像,明显阻力补偿过大。在实际操作中做到恰好补偿,难度很大。因此,这里有的实验方案是用气垫导轨代替斜面和小车。这样一来有违本实验方案 1 的初衷,而且,学生也没有体会到阻力补偿法的精髓所在。

(2)在 Excel 图表中添加趋势线之后,另外的一个问题就是:当加速度过大时,由实验方案 1 的理论分析可知,加速度都是偏小的,这是因为,我们用钩码的重力代替了绳子的拉力,这在 $m \ll M$ 时可近似认为相等。但是如果加速度较大,则 $m \ll M$ 条件被破坏,导致所测量加速度值偏小,因此本实验方案所得无论是 $a-F$ 图像还是 $a-1/m$ 图像在远端都应向下偏折。这可由散点图,较明显得出。因此,由 Excel 进行直线拟合时,如果所测加速度较大,得出的直线必然不过原点,而且会有较大出入，因此本实验要严格控制加速度的测量值，最好超过 1 m/s²。

5.2 传感器的实验方案

在用双向力传感器和加速度传感器的方案中，所得实验 a–F 图像是两条直线和我们的实验预期有较大差距，这主要是由于加速度传感器是有线型，需要将加速度传感器固定在重物上，重物上下运动的过程中，线也会上下运动，引起质量 m 的改变。想要获得较好的实验结论，可以换成无线传输的加速度传感器。或者，利用位移传感器，直接得到位移 x–t 图像，然后进行二次求导运算得到 a–t 图像，进而合成 a–F 图像。

5.3 实验改进后的优势分析

把计算机、传感器等数字化实验设备应用到物理课堂中不失是一种有效的方法，传感器担负着信息采集的任务，能够将感受到的物理量，如将力、热、声、光信息转换成便于测量的电学量，并能放大、传输、储存、显示或做出必要的控制输出，与传统的实验仪器相比，传感器具有品种多、技术新、功能强、发展快、性能可靠等优势。再运用计算机强大的信息处理功能来处理数据，从而达到传统实验器材无法实现的功效。

数字化实验的有效应用，具有以下优势：

优势 1：运用传感器可以使传统实验器材无法演示的实验成为可能，如为了说明通电线圈内部的磁场分布，在传统物理实验设备中，由于无法测量磁感应强度，从而给学生的学习带来了很大的困难，教学中可以借助磁感应传感器，较方便地测量通电线圈内部的磁感应强度，通过不同位置磁感应强度分布，很直观地了解通电线圈内部的磁场分布，具有很强的说服力。

优势 2：用数字化实验设备做实验可以提高实验数据的正确性并便捷数据处理，如在"探究加速度与力、质量的关系"的教学中，通过光电门快捷而正确地测出小车经过光电门的时间间隔，再把数据传输给计算机，很轻松地得到了三者的关系，这样不但节约了课堂上探究的时间，而且增强了实验的正确性，从而提高了课堂效率。

优势 3：可以使暂态实验现象凝固。物理实验往往在动态过程中完成，实验现象及数据的捕捉也是在动态中进行，这样势必造成观察偏差。而采用数字化实验设备可以把这一过程记录下来,直至把其中各物理量的变化情况很直观显示出读数从而便于课堂讨论,得出结论。如在"牛顿第三定律"教学中,学生对"作用力与反作用力总是大小相等"这句话中的"总是"两个字存在疑惑,采用力传感器可以很直观显示作用力和反作用力产生、变化、消失的相互关系,从而加深对牛顿第三定律的理解。

5.4 应该注意的一些问题

数字化实验设备正逐步进入课堂,如何更好地发挥其教学功能、更好地为教学服务?确实需要我们教师潜心研究。与传统的物理实验相比,数字化实验确有很大的优势。但在实际教学中还存在一些误区与偏见,主要表现为:

1.过多依赖数字化实验,轻视基本实验技能的培养。物理学是以实验为基础的学科,做好实验是学好物理的关键,让学生通过实验观察、动手操作、思考探究来获得知识,是培养学生创新思维和实践能力的重要途径,但在实际教学中,有的教师往往过多依赖数字化实验,课堂中出现为"数字"而"数字"的现象,而忽视实验思想及实验体验过程的探究,从而失去了实验的"过程"意义。

2.夸大数字化实验的教学地位,轻视学生的主体性。首先,我们应对数字化实验有一个正确的定位,数字化实验是一种教学辅助手段,把数字化实验作为获取知识、探索问题、协作讨论、解决问题和构建知识的认知工具。它的应用需建立在传统实验的基础上,为教学过程中遇到的问题(传统实验难以解决)提供技术支持,教学中两者应努力实现优势互补。教师在教学设计时要以学生为中心,从学生实际水平和学生所能接受的方式出发,精心设计数字化实验,通过多层次、多方位的动态活动,揭示知识发生的过程和学生思维展开的层次,最大限度地调动学生的主动性和参与感,以激发学生的学习热情,只有这样才能让数字化实验为物理教学服务。

数字化实验进入物理课堂,体现了物理教学的现代化,是物理教学改革的有效途径,通过教学整合可以展示传统物理实验所不能展示的规律和现象、测量传统测量工具所不能达到的精度,完成传统实验仪器所不能完成的实验;可以从更多的角度、更多的层面向学生提供更多的事实以及丰富的可探究性素材,在培养学生科学素质、创新精神和实践能力的同时提高学生的信息素养,借助"数字化信息系统"可以使我们对物理现象进行多角度的感知和多角度的探究,促进物理教学方式和学习方式的转变。

第2节 核心素养背景下高中物理实验"问题驱动式"教学案例研究

——超重与失重的实验研究

1 文献述评

1.1 研究背景

物理是一门基于实验的学科,本轮新课改提出了对核心素养内容的改革,把高中物理的核心素养定义为物理观念、科学思维、科学探究、科学态度和责任四个方面。科学思维和科学探究两方面对高中物理实验教学来说有了新的发展方向,要加强学生的物理科学核心素养的培养,落实新课程标准的要求,可以从物理实验的教学方式入手进行改革。物理实验教学可以促进教学方式多样化发展,逐步形成适合学生学科发展的学习方法。

1.2 研究意义

我们的研究内容为"问题驱动式"实验教学方法在高中物理实验教学中的应用。在现行的人教版高中物理课本中列出了很多物理实验,这些物理实验是为了让老师和学生学习时可以有实验依据,供老师和学生选择进行实验探究。但是物理教学中,抽象化的知识比较多,学生探究不容易得到结果,学生对于这些实验的认识,大部分来自老师讲、学生背、再练习。采用"问题驱动式"实验教学方法是要改变教学呈现方式,要将教师在实验教学中的主体地位转变为主导角色,学生由被动接受转变为主动探究,既可以充分利用课上时间探究,又可以将抽象、难以理解的知识点通过"问题"对学生进行引领,达到学生理解并掌握的教学目的。同时学生经过思考,很可能会迸发出新的问题,通过自主合作探究也能对实验进行改进,使实验方案、实验效果更加优化。我们的研究侧重在研究实验课的呈现方式上的变化,让学生在课堂上有更好的学习方式,从而达到提高学生核心素养的目的。

1.用"问题驱动式"教学进行演示实验可以突破教学难点。在课堂上各个教学环节中(如课堂引入、突破难点等环节)用问题解释演示实验突破教学难点,培养学生观察能力,逻辑分析能力,获得很好的教学效果。

2.用"问题驱动式"教学进行演示实验可以改善实验教学现状。通过对已有的实验条件进行整合,使实验操作过程"问题化",让学生随着问题的引领进行思考引领,减少课上实验所需时间,促进实验教学的改进。

3.用"问题驱动式"教学进行演示实验可以激发学生学习物理的兴趣。开展实验教学活动,设置"问题驱动式"实验教学方法情境,引领学生思考,学生利用"问题"驱动实验过程,在实验中掌握知识,在知识中学会思考,在思考中有效领悟,促进学习方式的转变,提高学习力。

4.用"问题驱动式"教学进行演示实验可以提升教师的能力。教师通过精心设计问题,优化实验方案,推敲实验过程中设置的问题,在教学中用"问题驱动式"教学方法解决实验教学中的落实问题,从而提升教师自身的创新能力和指导能力。

1.3 理论基础

物理实验在物理学发展过程中起到重要作用,实验方法是物理学研究的重要方法,所以物理实验在教学环节中必不可少。《核心素养导向的高中物理教学设计》一书指出:物理教学设计要"发挥实验在物理教学中的重要作用",离开了物理实验,物理学就会裹足不前,物理实验教学是物理教学的重要内容之一,也是重要的手段。学生通过探究实验、解决问题,能体会到交流合作、预测实验结果、检验信息的科学性、反思和评价实验的过程、总结和分析实验结论的过程,也能体会到克服困难的乐趣。这有利于培养学生正确的物质观、时空观、宇宙观,和崇尚科学、崇尚理性、崇尚实践、追求真理的辩证唯物主义世界观。

在《课堂提问的艺术——发展教师的有效提问》一书中,作者用了一种"Qu: Est 教学策略"的方法对学生进行课堂教学,改变了以前问话的内容("明白了吗?""懂了吗?"),改变了只追求唯一答案的目的,用提问的方式来促进学生理解能力和思维能力的发展,经过长达 24 年的总结梳理,作者找到了课堂提问中如何有效提问来影响课堂效果的方法。注重学生的学习过程,强调学生的概念思考与学生回答在组织教学中的重要价值,目的是帮助学生将学科知识与自身经验合二为一,生成对教学内容的深刻的有意义的理解。在本书中,作者向我们展示了他应用有效提问的详细过程,向我们阐述了提问与学习的具体过程。这给我们的研究提供了坚实的依据,让我们更有信心研究物理实验"问题驱动式"教学方法在物理实验中的应用,并要把这种模式发扬光大。

在教学中,物理实验能激发学生探究的兴趣和热情,揭示物理现象的本质,经历和体验科学探究的过程,发展科学探究的能力,促进学生对物理概念、规律的深刻理解,提高观察和动手能力。诺贝尔物理学奖获得者、著名物理学家、加州理工学院教授理查德·费曼在最后一次住院治疗前,在其办公室的黑板上写下:"我不能创造的,我也无法理解(What I cannot create, I do not understand)。"物理实验教学的现状与它在物理教学中应有的地位仍然是很不相称的。究其原因,是因为我们的老师和实验员还不能适应实验教学的要求,不论在实验素养、动手能力诸方面都有待提高。

但是现在的现状是有的教师在教学过程中,只注重知识和方法规律的总结与归纳、实验的演绎与推理,只在黑板上做实验,口头上讲实验,不能真正地给学生操作实验,甚至有的教师的实验操作水平也很低,不敢给学生演示实验。有的教师虽然能按照课标要求带领学生进行一些实验;有的教师也关注实验教学,在一些课堂上也要进行分组实验,并尝试运用多样化的实验呈现方式,还进行积极的创新实验,然而却不能让学生积极主动探究各个物理实验。另外由于教师要在某些课堂上完美演绎整个教学过程,还要想尽办法设计一些有创意的演示实验,这也给教师带来一些负担。在教师进行演示实验时,教师很认真、很努力做实验,但有的学生并不"领情",他们会像看电影一样看老师的演示实验,冷眼旁观,不能和老师一起思考、探究实验,这种教学严重制约着学生的科学思维、逻辑推理等能力的发展。还有一些演示实验的现象非常微弱,在教室中演示时,座位靠后的学生会观察不到实验现象,只能被动接受教师给出的实验结论。甚至还有学生对演示实验的认识只停留在课本上的内容,教师也不给再讲解或再演示,这样也会阻碍学生学习实验的热情和兴趣。还有一些教师为了应试的需要,在实验过程中只讲授理论知识,让学生做大量的练习,导致学生理论知识丰富,但缺乏相应的动手实验的能力,学生不能真正理解实验过程,实验就成了学生的短板。

在美国的西尔弗写的《科学鬼才》一书中列举了许多动手探索的实验,这些实验不需要在正规的实验室中就能进行,也不需要一个庞大的预算或者多年的经验技术,这里的实验有些只需对身边的事物进行加工改造就能得到很好的效果。像这种物理实验的研究是我们物理教师希望看到的,这些实验可以很轻松地完成,学生容易观察,也容易上手做实验。比如在设计"自由落体运动"实验中,这本书就给出了很多可行性的探究实验和创新实验,如用打点计时器探究自由落体的规律、测量咖啡滤纸和硬币的极限速度、做一把测量反应时间的尺子,高级一些的实验可以用运动传感器研究自由落体运动。书中还给出了很多可行的实验创意,值得我们去借鉴,引用到我们的课堂教学中。

为了改变这些状况,我们提出了"核心素养背景下高中物理'问题驱动式'实验教学的案例研究"的问题,在实验中制定一些关于实验思路和步骤、实验现象、结论的问题,在课堂上进行实验时提出这些问题,让学生逐层思考探究帮助学生理清思路,探究知识。通过课堂教学效果的实践,可以发现我们研究中哪些问题为有效提问,哪些为无效提问,经过我们不懈的努力研究,改进问题的表述方式,使问题更具层次性、启发性,能让学生看着问题就能进行实验探究。也就是说,我们的研究目的是让学生在实验过程中发现问题、分析问题、解决问题,为物理教师更好地进行实验教学提出一些理论和实践的参考。

2 教材分析

老教材中设置了"做一做""演示""实验"等内容,介绍了一些课堂易于操作的小实验,除此之外,课后的"问题与练习""课题研究"等栏目中还设置了一些以实验为背景的习题和研究课题,拓展了实验教学的内容,让老师更容易进行实验教学的展开,易于进行课堂教学模式的多样化研究。在2019年出版的普通高中教科书《物理》中,为了更好地落实物理学科核心素养,让学生能更好地进行科学探究,每一节开始都会创设一个情境问题,用以引发学生的问题意识以及提出问题的能力。这和我们的研究内容是一致的。必修模块部分的实验对学生提出的实验要求是最基本的,书中实验的内容、数量、实验方式有较大的变化,在教材中,除了要求的学生实验(分组实验),还增加了课堂演示实验。

这些实验更具开放性和探究性,并且增加了学生动手操作的实践活动。同时,"思考与讨论"栏目,设置了能引起学生的思考并展开交流的问题。当然新教材还有很多自己的栏目,如"科学方法""拓展学习""STSE""科学漫步"等,都是为了丰富我们的教材内容、充实物理科学思想,使学生开阔视野,以引发学生主动学习。

必修一是由"机械运动与物理模型""相互作用与运动规律"两个主题组成。本模块注重在机械运动情境下培养学生的运动与相互作用观念和模型建构等物理学科核心素养。教师教学中根据本模块所学物理模型的特点,联系生产生活实际,从多个角度创设情境,提出与物理学有关的问题,引导学生讨论,让学生经历建构速度、加速度、力等重要物理概念,并了解测量这些物理量的方法,并能用位移、速度、加速度等物理量描述物体的直线运动,能用匀变速直线运动的规律解释或解决生活中的具体问题。能对物体受力和运动情况进行分析、得出结论。能从物理学的运动与相互作用的视角分析自然与生活中的有关简单问题。

但是在教材设计上也存在一些问题,下面是我们经过研究发现教材中的一些问题。

2.1 理论和实践内容分布不合理

在实际的教学中,教师通常只专注于理论解释。实验班的发展被忽略了。物理实验室课程的实际上课时间通常很少。一些高中甚至没有足够的标准实验室来进行物理实验室课程。这种现象强调理论,却忽略了实验,是物理实验过程发展中的普遍问题。

2.2 物理实验课过于形式化

高中生对所学的物理学有基本的了解,实验课的实验结果可能已经知道了。在这种情况下,如果物理实验课是教科书中原始实验的副本,那么不利于培养高中生的创新思维。

2.3 学生对实验的认识不足

大部分学生喜欢实验,但是由于学生实验能力的欠缺,如果遇到的实验操作比较复杂,学生就会失去耐性中途放弃实验,这也能看出学生对物理实验认识不够,教师在实验教学中也会有意识地加强学生实际操作的练习,但是学生反馈出的效果并不好,实验的学生的参与度不高。

2.4 教师教学方面的局限

在物理实验的教学过程中,由于时间比较紧迫,有的教师还是运用传统的灌输方式进行实验教学,直接给出需要的答案,缺乏具体的指导,这样就会影响学生的独立思考能力、解决问题能力、探究能力的培养,使学生的自信心不能建立。这也说明了教师的教学方式比较陈旧,教师在物理实验的过程中安排不合理。

比如《超重和失重》一节内容,这是必修一中第四章的最后一节新课教学,新教材将"超重与失重"的内容以单独一节的形式呈现出来,它是必修一所有内容的综合应用。超重与失重的规律包含了运动学和力学所有的规律,强化应用牛顿运动定律分析超重和失重过程的方法。学生如要对超重和失重的过程分析得清楚的话,势必要把动力学的知识掌握好。书中通过让学生站在体重计上向下蹲的实验让学生观察体重计示数的变化,引发疑问,然后通过分析下蹲过程受力特点,得到超重和失重的概念。看完这段内容后,学生对超重、失重的概念应该能理解,但是运动规律,尤其是受力的变化特点却不能清楚分析出来,需要进行深入探究。课本中的"思考与讨论"环节中给出了用传感器得到的下蹲过程的体重计的数据变化过程,并又给出下蹲和站起两个过程的体重计示数变化过程,学生看了会更不知所措,所以这样的实验效果不好。我们希望能用一种方式让学生更容易接受物理知识、探究物理规律、运用物理知识解决实际问题。

3 实验改进

　　《普通高中物理课程标准(2017年版)》中规定我们现在的核心素养目标是要培养学生的终身发展和社会发展需要的必备品格和关键能力，突出强调个人修养、社会关爱、家国情怀，更加注重自主发展、合作参与、创新实践。

　　物理学科核心素养是学生在解决真实情境中的物理问题时所表现出来的必备品格和关键能力，具体表现为物理观念、科学思维、科学探究、科学态度与责任四个方面。发展学生的学科核心素养，关键是要走出"知识理解"的教学围栏，由"知识理解"向"知识迁移"过渡，再向"知识创新"提升。针对高中生在学习物理课时，提出了具体的要求的目标，加强科学探究及物理实验能力，通过七个部分展开，分别是提出问题、进行猜想、设置实验、实验过程、解析论证、评估结果、交流合作。要实现这些目标，就要改变只注重知识传授的教学方式，在教学中，要以知识为载体，着眼于提升学生的学科核心素养，引导学生经历学习过程。

　　根据皮亚杰的"建构主义理论"，有机体在发生发展过程中并不是消极被动的，我们应让学生积极主动地从知识的起源、知识的形成、知识构成中获取知识。杜威的"做中学"理论是把教学过程中的"做"当作是学生主动参与学习的过程，包括自己动手做实验、看视频实验、积极主动回答问题等。

　　我们对学生的学习情况进行调查，学生对物理实验能很喜欢，物理实验可以观察现象、验证规律、探究事物等，但是学生不喜欢不容易观察到现象的实验，事先知道实验结果的实验，操作步骤复杂、动作精度要求高的实验，需要大量时间才能完成的实验等。大多数学生自己也不会自己设计实验，到实验室做实验，70%学生是照着书本的步骤做实验，这跟时间紧有关系。以上这些问题都会影响学生的动手能力、探究能力、实践能力，从而影响核心素养的落实。

　　我们对当下高中物理教学中物理实验教学现状进行了调查研究，经过讨论确定了研究方向。我们从实验教学过程的方式入手，选择物理实验"问题驱动式"教学进行研究，目的是帮助学生观察、分析、推理出演示实验的结论及用途，有助于课上教学效果，提升学生学习物理的兴趣。教师根据实验步骤，可以逐层深入提出问题,这是给学生提供了学习的帮手和思考的阶梯,学生可以根据这几个问题逐一解决,这几个问题就可以让学生的思考有了正确的逻辑顺序,而不是对实验无从下手。在实验过程中充分发挥学生的主动性,引导学生自主完成实验操作。针对实验过程中容易出现困难的地方设置问题,并鼓励学生独立思考和分析,同学之间合作交流,找到解决问题的方法。在这个过程中,学生主动思考和学习,提高学生解决问题的能力。

为了落实新课程的物理学科核心素养,我们针对学生在实验过程中容易出现的问题进行细致分析和讨论,把实验步骤按"问题驱动式"教学的要求,对每一步实验过程提出问题,尤其是对重要步骤和结论进行问题设置,并对问题的表述方式进行反复推敲,或用填空的形式给出问题,目的是让学生能根据问题进行思考,突破难点,对实验过程或结论有更深入的理解。

在课堂上讲授实验时,我们对实验先进行介绍,把实验目的介绍给学生后,对实验操作过程的问题一一进行提问,学生可以相互交流结果,并把自己最满意的答案展示给其他同学,得到最终的结论。下面是我们利用物理实验"问题驱动式"教学方法进行授课时的几个教学片段,据此分析我们的理论。

我们在研究超重与失重的定义时,没有用书上采取的"人在体重计上下蹲"的实验,因为这个运动过程稍微复杂了一些,我们采用了电梯加速上升、减速上升、加速下降、减速下降四个运动过程,观察电梯中台秤上的物体对台秤示数的影响,让学生记录台秤示数的变化情况(填表记录),提出几个能帮助学生思考的逻辑问题,让学生带问题探究出结果。学生通过讨论交流,对重物受力情况变化进行观察探究,找到规律,就能得到超重与失重的概念和特点,引起学生对超重和失重的概念规律更深层次的探究兴趣。这里我们用"问题"驱动学生思考过程,在观察实验过程中不但要记录数据,同时还思考各个物理量之间的关系,通过交流、讨论、总结(这里可以是生生间讨论,也可以是师生间交流),就能得到我们想要的结论。

★**教学片段1:**

观看视频、探究交流(电梯上升)

回答问题:秤的示数怎么变化?

物体重力:$G=$＿＿＿＿＿N。

秤的示数:开始时 $F=$＿＿＿＿＿N,中间时 $F=$＿＿＿＿＿N,结束时 $F=$＿＿＿＿＿N。

讨论探究

讨论探究:(学生带问题探究)

(1)电梯上升过程都经历了哪些运动过程?

(2)开始上升和即将结束时的速度方向如何? 加速度大小、方向的情况如何?

(3)台秤的示数和重力的关系如何?

(4)当物体处于超重或失重时本身重力是否变化?

交流成果(上升过程,见表4-3)

表4-3 上升过程

		受力分析	速度方向	加速度 大小、方向	支持力___重力 (填"<"">"或"=")	超重还是 失重
上升 过程	加速					
	减速					

同理让学生再分析下降过程的情况,并讨论交流分析过程,问题如下:

(1)电梯下降过程都经历了哪些运动过程?

(2)开始下降和即将结束时的速度方向如何? 加速度大小、方向的情况如何?

(3)台秤的示数和重力的关系如何?

(4)当物体处于超重或失重时本身重力是否变化?

交流成果(下降过程,见表4-4)

秤的示数:开始时 $F=$_____N,中间时 $F=$_____N,结束时 $F=$_____N。

表4-4 下降过程

		受力分析	速度方向	加速度 大小、方向	支持力___重力 (填"<"">"或"=")	超重还是 失重
下降 过程	加速					
	减速					

这里我们给了学生四个表格,是为了方便学生记录数据,容易总结出规律。

在讲解完失重的概念时,书中直接给出完全失重的两个特点和概念,并没有对学生的思维有过多的培养。我们的教学过程中采用自制实验和"问题驱动"相结合的方式,用了一个自制的实验教具(见图4-10),让学生用手拉着细绳,教师快速拉出纸环,听到硬币调入玻璃杯中,问学生拉着细绳的手的感觉,再问学生"为什么拉绳的手没有感觉到拉力的存在?"这个问题,让学生体会出处于完全失重状态中的物体之间没有相互作用力,第三个问题则是为了总结出完全失重状态的特点而设置的。

★**教学片段2:**

小实验的思考:绳币分离实验(学生讨论探究以下几个问题)

问题1:拉细绳的手是什么感觉的?

问题2:为什么拉绳的手会没有感觉到拉力的存在?

问题3:硬币的运动是什么运动?

图4-10 自制的实验教具

完全失重

完全失重状态的特点:＿＿＿＿＿＿、＿＿＿＿＿＿。

下面我再跟大家介绍一下我们在分组实验中是如何应用物理实验"问题驱动式"教学方法对学生进行引导学习实验的。《探究两个互成角度的力的合成规律》实验是一个学生分组实验,书中给出的实验内容是想把这个实验步骤用更接近学生的口吻叙述出来,让学生更容易理解这些语句,在操作过程中更容易让学生操作。但是实际教学中,学生却不能根据这一段内容完成实验并得到结论,而且经常出现的情况是画出平行四边形后就不知所措了。我们在这个实验中设计了几个问题,明确了实验目的,通过逐层递进的"问题"引导学生一步一步进行实验,还阐述了实验过程中的注意事项,有助于引导学生提出符合实际的合理的实验探究过程,达到实现科学探究的目的,使学生建立起本实验的科学思维。

★教学片段3:

利用仪器研究互成角度的两个力合力如何,学生带着以下几个问题进行实验探究。

(1)实验的目的:探究合力与分力的关系(大小、方向)

(2)根据器材,怎样得到合力与分力?

(3)怎样保证分力的作用效果与合力的作用效果相同?(结点每次到达同一位置)

(4)需要记录每个力的什么数据?(大小与方向)(方向:两点确定一条直线)

(5)如何描述每个力的大小方向?(作出每个力的图示)

(6)怎么看出合力与分力的大小、方向关系?

这几个问题的设计意图是:

1.让学生明白合力与分力的等效代替思想,在操作过程中两次都要把结点拉到同一点 O。

2.在记录数据过程中,要学生注意怎么记录、都记录什么数据。

3.画完平行四边形后还要明确合力的理论值与真实值的关系,平行四边形的对角线是理论值还是真实值。

★教学片段4:

《验证机械能守恒定律》的实验中,我们把实验步骤中重要的内容挖去,用填空的方法让学生做实验,对学生也能起到提示、强调的作用,有助于学生科学思维的建立,对"能量守恒"这个物理观念的建立有很大帮助。

(1)实验操作步骤如下,请将步骤补充完整:

A.按实验要求安装好实验装置;

B.使重物靠近打点计时器,接着先_____,后_____,打点计时器在纸带上打下一系列的点;

C.选出一条符合要求的纸带的要求是:_____。

图 4-11 为一条符合实验要求的纸带，O 点为打点计时器打下的第一点。分别测出若干连续点 A、B、C……与 O 点之间的距离 h_1, h_2, h_3……

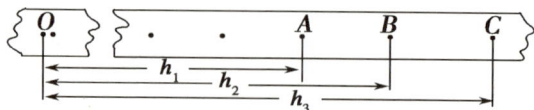

图 4-11　符合实验要求的纸带

（2）已知打点计时器的打点周期为 T，重物质量为 m，重力加速度为 g，结合实验中所测得的 h_1, h_2, h_3，可得重物下落到 B 点时的速度大小为 ＿＿＿＿＿＿＿，纸带从 O 点下落到 B 点的过程中，重物增加的动能为 ＿＿＿＿＿＿＿，减少的重力势能为 ＿＿＿＿＿＿＿。

（3）取打下 O 点时重物的重力势能为零，计算出该重物下落不同高度 h 时所对应的动能 E_k 和重力势能 E_p。实际计算中，我们是找到 ＿＿＿＿＿＿＿ 和 ＿＿＿＿＿＿＿ 的关系判断机械能守恒。

（4）记录实验数据（见表 4-5）。

表 4-5　实验记录与数据处理

点序号	1	2	3	4	5
h/m					
gh					
v/(ms⁻¹)					
$v^2/2$					
误差/%					

实验结论与误差分析

1.通过实验分析，机械能 ＿＿＿＿＿＿＿（填"守恒"或"不守恒"）。

2.分析为什么选用质量大、体积小的重物？分析计算点选用的原则？

通过物理实验"问题驱动式"教学的研究，学生对实验过程的大部分内容能掌握，在操作过程中基本不会出现无从下手的情况，而且对一些关键问题掌握得非常好。在演示实验中能根据老师的问题得到正确的结论，在课后的练习中能看出结论掌握的情况良好。物理实验"问题驱动式"教学方式给我们学生的学习提供了很方便的研究试验的方法。学生根据自己探究的过程,对每个问题进行深入探讨,在课后也能把所学知识灵活运用到解决实际问题中,知道该怎么思考解决问题、得到结论,达到了我们预想的目的。

我们的物理实验"问题驱动式"教学方法在杨柳青第一中学物理教学中得到验证,之后又在河北蒙古族高级中学的高一年级中进行实验推广,在教学中,学生的反应非常好,学生在自己动手做实验的过程中,可以根据问题边讨论边进行实验,能很快得到正确结论,锻炼了学生的动手能力和逻辑分析能力,在演示实验中也可以带着问题观察实验、思考现象背后的本质,真正实现了核心素养的培养目的。

"问题驱动式"物理实验教学方式可以应用在课堂中的任何一个环节,如用在课堂引入、课上的实验探究、学生分组实验等。这种教学方式还可以帮助学生理清实验思路,使实验顺利完成,提升学生的动手能力、手脑并用的能力。但是在应用过程中还存在一些不足如下:

1.在调查研究部分由于时间仓促,资料不充分,被试数量少,造成所获取数据具有一定的局限性。

2.在应用物理实验"问题驱动式"教学方法的过程中,缺少有效的评价体系,评价方式单一,只靠课上反馈和课后作业进行评价。

3.应用该实验教学模式的范围较窄,只对高中物理必修一、必修二中部分实验采用物理实验"问题驱动式"教学方法,而其他内容并未涉及。

4.由于个人的能力有限,对理论的研究深度不够,所提出优化物理实验"问题驱动式"教学方法的应用建议还需要进一步研究与论证。

我们每一位教师要注重对学生基础知识和实验能力发展的培养,在今后的教学中,可以合理安排物理实验教学的内容,开发物理实验"问题驱动式"教学方法的校本课程,让学生能够多动手多动脑做实验,体会到实验的乐趣。还要建立健全物理实验"问题驱动式"教学方法的教学效果评价体系,该评价体系重点关注教师在应用物理实验"问题驱动式"教学方法进行实验教学时,对学生学习效率、学习能力、创新意识的形成方面是否有明显的好转,教学效果是否呈现最优化。同时使用者还要易操作,评价出的结果还要可行度高。

4 教学设计

4.1 教学思路

超重与失重,是高中物理必修一第四章第 6 节的内容。本节内容既是牛顿运动定律的应用,又是日常生活常见的物理现象,它还是当今宇宙开发中面临的重要问题。教材中安排这一节,既能进一步巩固学生学习过的受力分析、牛顿运动定律等知识,又能使学生体验物理知识与日常生活、物理知识与现代技术的联系,同时激发学生学习物理的兴趣,培养学生爱科学、学科学、用科学的思想与热情。

我讲解本节课时注重对牛顿运动定律的应用,以及对一些实验现象的分析,进行以学生为中心的多样化的教学活动。

4.2 学情分析

本节课的学习者是高一的学生,学生大多数年龄在 15~17 岁,属于青年初期阶段,随着年龄的增长和知识的增多,高中学生有明显的独立性和兴趣倾向,学习自觉性和独立性比较强,具有一定的思考能力和自学能力。但是他们刚由初中上来,初中到高中物理学科的知识跨度比较大,学生不适应,在掌握复杂的抽象概念时,他们仍需要具体形象的支持。经过必修一这本教材的学习,学生基本能掌握运动学和牛顿运动定律的理论知识,但缺乏实际运用和灵活处理实际问题的能力,对概念的理解还很抽象。本节课要帮助学生建立一个物理情境,学生在实际的生活情境中思考问题,有利于学生对知识本身的理解和消化,实现学以致用的目的。

在高中物理必修一、必修二两本书的学习中,学生需要掌握矢量的运算以及应用,提升学生的矢量运算能力、空间想象能力、逻辑分析能力、科学探究能力,以及实验能力,但是高一学生习惯于代数运算,容易产生定式思维,所以对矢量运算不习惯,不易接受,就会牵扯到其他知识点也不能很好地接受,就会让物理学起来越来越困难。因此要在教学过程中不断渗透与开发学生各项能力,把他们的知识和能力在教学中不断巩固和提升。核心素养中提出的"科学探究"能力中,对实验的设计符合了新教材突出学科核心素养,重视科学探究培养,让学生从被动地接受知识变成主动地探索新知识,积极参与教学过程的每个环节,引导学生手脑并用,分析与综合相结合,以提高学生的探索研究和创新能力。但在这个过程中学生要真正掌握和灵活运用各个知识也极困难,这就需要教师的引导。通过"问题驱动式"实验教学方法就可以实现这一目标。通过逐层递进的问题,引导学生深入思考,树立学习信心,激发求知欲,明确学习目标,产生主动的学习热情,增强学习的内驱力,使学习兴趣转化为学好物理的志趣,达到并提高学生学好物理的自觉性。

4.3 教学目标

1.学生通过体验实验过程,认识超重和失重的现象。

2.学生通过在电梯里观察体重计示数或其他方式发现超重和失重现象产生的条件,并应用牛顿运动定律分析超重和失重现象发生的动力学原因,理解超重和失重现象的本质,培养学生从实际情境中捕捉信息、发现问题并提出问题的能力。

3.通过查阅资料分享和交流,让学生了解超重和失重现象在各个领域中的应用,解释生活中的超重和失重现象,培养学生用科学知识解释生活现象的能力,激发学生的学习热情和兴趣,形成良好的科学态度与责任。

4.4 教学重难点

教学重点:理解超重与失重现象的特点;应用牛顿运动定律分析超重和失重现象,并能分析出物体的受力情况与加速度的定性、定量关系。

教学难点:对超重与失重的物理内涵有清晰的认识。

4.5 教学策略与教学方法

1.选择多媒体教学。本节课的教学内容是超重与失重,是我们生活中能感受到的一种现象,但是学生对其本质是什么并不清楚。本节课通过学生观察实验视频可以把抽象的问题形象化,简化教学过程。

2.利用多媒体课件,通过图片、视频等手段把超重与失重的问题展示给学生,把抽象的学习过程变得直观、具体、形象。学生易于理解的同时,还可以感受到中国科技发展速度之迅猛,为我们中国的强大而自豪,也能树立学生成才报国的信心和决心。

3.充分利用信息技术的优势,学生成果运用电子展台及时展示,学生间增加了讨论交流的过程,使课堂教学更加高效,同时也提高学生的归纳总结能力和逻辑分析能力。

4.运用问题驱动法,恰当运用信息技术,发挥"整合"的作用,让师生、生生之间互动交流,使更多的学生通过自主、合作、探究的学习方式,加深对牛顿定律的应用的理解和掌握。实现教师由教学向导学转变。

4.6 教学过程设计

★第一环节:复习引入

复习:让学生回答总结牛顿运动定律的解题步骤。

引入:小实验的思考:

(1)绳币分离实验

问题1:这个实验可以用什么原理来解释?

问题2:拉绳子的手感觉到硬币和绳间的力了吗?

(2)用弹簧测力计测量钩码的重力(分组实验)

问题1:测量重力时,为什么要在物体保持静止时读数?

问题2:如果加速上升或下降、减速上升或下降,弹簧秤的示数有什么变化?还和静止时的读数一样吗?

【设计思路】老师给出问题,学生带着问题做实验,观察实验现象,为后面的学习做好准备,提高学生学习兴趣。

★第二环节:新课教学、合作探究

一、名词解释

超重:物体对支持物的压力(或对悬挂物的拉力)大于物体所受重力的情况称为超重现象。

失重:物体对支持物的压力(或对悬挂物的拉力)小于物体所受重力的情况称为失重现象。

提问:物体重力的测量需要什么环境?(学生回答:静止)

现在我们拿着弹簧秤加速减速地上下运动,弹簧秤的示数还等于物体的重力吗?

【设计思路】给出两个概念后,学生有了超重、失重的概念,与重力的测量又有了对比,对超重、失重的理解又会进了一步。

二、观看视频、探究交流(电梯上升)

● 回答问题:秤的示数怎么变化?

物体重力:$G=$_____N。

秤的示数:开始时 $F=$_____N,中间时 $F=$_____N,结束时 $F=$_____N。

● 讨论探究:(学生带问题探究)

(1)电梯上升过程都经历了哪些运动过程?

(2)开始上升和即将结束时的速度方向如何? 加速度大小、方向的情况如何?

(3)弹簧秤的示数和重力的关系如何?

(4)当物体处于超重或失重时本身重力是否变化?

交流成果(上升过程,见表4-6)

表4-6　上升过程

		受力分析	速度方向	加速度 大小、方向	支持力___重力 (填"<""＞"或"=")	超重还是 失重
上升 过程	加速					
	减速					

同理,学生再分析下降过程的情况,并讨论分析过程,最后交流成果,问题如下:

(1)电梯下降过程都经历了哪些运动过程?

(2)开始下降和即将结束时的速度方向如何? 加速度大小、方向的情况如何?

(3)弹簧秤的示数和重力的关系如何?

(4)当物体处于超重或失重时本身重力是否变化?

交流成果(下降过程,见表4-7)

秤的示数:开始时 $F=$_____N,中间时 $F=$_____N,结束时 $F=$_____N。

表4-7　下降过程

		受力分析	速度方向	加速度 大小、方向	支持力___重力 (填"<""">"或"=")	超重还是 失重
下降 过程	加速					
	减速					

学生交流完表格内容后提出关键问题：

物体出现超重和失重状态与哪个物理量有关?

【设计思路】通过精心设置的问题,激发学生运用物理知识解决实际问题的浓厚兴趣。以此设"问",碰出思想的火花,引出学生对超重、失重更深层次的探究兴趣。

三、总结现象、归纳结论(见表4-8)

表4-8　超重和失重

		速度方向	加速度方向	支持力___重力	超重还是失重
上升 过程	加速	↑	↑	>	超重
	减速	↑	↓	<	失重
下降 过程	加速	↓	↓	<	失重
	减速	↓	↑	>	超重

把前两个表总结到一起,让学生观察关系并回答以下问题：

• 当物体具有_____时,物体处于_____状态。

• 当物体具有_____时,物体处于_____状态。

• 与运动方向_____。

思考并回答问题：

什么运动情况下产生超重现象呢?_____ _____

什么运动情况下产生失重现象呢?_____ _____

【设计思路】学生通过实验探究,分析比较,概括归纳出超重和失重的特点,提示学生要抓住"力"这一主线,以加速度为突破点,运用牛顿运动定律,反映的问题

.依然是受力情况和运动状态的关系。

例题：升降机以 2 m/s² 的加速度匀加速上升，站在升降机里的人的质量是 50 kg，人对升降机地板的压力是多大？如果人站在升降机里的测力计上，测力计的示数是多大？

练习：在以 4 m/s² 的加速度匀加速上升的电梯内，分别用天平和弹簧秤称量一个质量 10 kg 的物体(g 取 10 m/s²)，则(　　　)

A.天平的示数为 10 kg　　　　C.弹簧秤的示数为 100 N

B.天平的示数为 14 kg　　　　D.弹簧秤的示数为 140 N

【设计思路】讲练结合，让学生对今天所学知识学以致用，加深巩固。

小实验的思考：绳币分离实验(学生讨论探究以下几个问题)

问题 1：拉细绳的手是什么感觉的？

问题 2：为什么拉绳的手会没有感觉到拉力的存在？

问题 3：硬币的运动是什么运动？

四、完全失重

完全失重状态的特点：＿＿＿＿＿＿＿、＿＿＿＿＿＿＿。

【设计思路】对前面的小实验的再次思考，对前面的学习加以总结，并引出完全失重的概念。起到承上启下的作用。

★ 第三环节：知识拓展，巩固新知

五、知识拓展

1.飞船中的完全失重现象(观看视频)，并介绍现在航天事业发展现状。

2.游乐场中的大型游戏——太空桥。请学生解释人下落过程中经历了什么运动状态。

3.让某学生在体重计上迅速下蹲、快速起立，观察指针变化，进行分析解释。(可以留作作业，下节课交流)

【设计思路】用一个游戏培养学生"学以致用"的能力，激发学生的学习热情。观看太空船中完全失重的视频，介绍我国航天事业的发展现状，培养激励学生科学态度与责任。

六、总结：本节课你知道了什么？(学生总结，可以通过板书提示)

1.超重和失重是一种物理现象。

2.物体是超重还是失重是由 a 的方向来判定的,与 v 方向无关。

3.不论物体处于超重还是失重状态,重力不变。

规律:

(1)a 向上,超重状态。

(2)a 向下,失重状态。

($a=g$ 为完全失重)

【设计思路】设计的问题让学生得到收获,培养学生观察,分析归纳的能力。

七、作业:思考与实践

1.将一个矿泉水瓶下端扎一个孔,用手指堵住孔装满水后,把矿泉水瓶抛向空中并注意观察。问此时你观察到什么现象?

2.分析并交流:蹦极游戏中的超重和失重现象。

【设计思路】以质疑、析疑的方式,渗透"学以致用"的思想,让学生感受运用知识解决生活实际的乐趣与喜悦。

【板书设计】

一、超重现象	一、超重现象	3.完全失重
1.$F_N>G$ F_N	1.$F_N>G$ F_N	$F_N=0$
a G	a G	$a=g$ G
2.向上加速↑v↑a 向下减速↓v↑a	2.向上减速↑v↓a 向下加速↓v↓a	

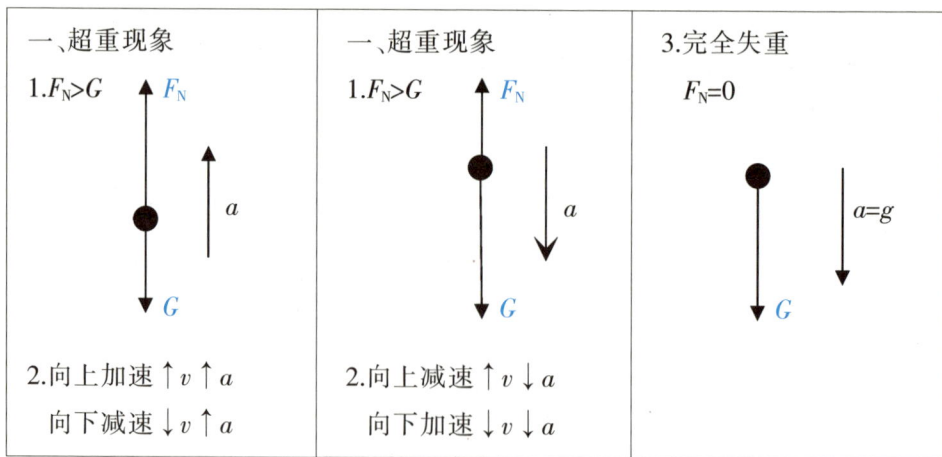

图 4-12 《超重与失重》一课的板书设计

【设计思路】板书用简洁的符号代替长段的文字,让学生很快抓住本节课的重点、掌握重点。这个板书内容是本节课的核心。

5 教后反思

本节课是建立在学生生活经验的基础上学习的一种理想运动模型。在生活中,学生乘坐电梯时、玩过山车等极限运动时的亲身体会,对超重与失重的理解有积极作用。在教学过程中我们先给学生做"玻璃杯接硬币"的小实验,再让学生用弹簧秤提着重物分别加速、减速地上升、下降,让学生体会超重与失重的感觉。在探究超重与失重的规律时,我们利用电梯上升和下降的视频,以"问题"推动学生思考,提高学生的实验观察能力和逻辑分析能力。在处理数据过程,我们提前给学生编制好表格,让学生在观看实验的过程中边观察实验边记录数据,这样可以让学生在讨论探究的过程中有理有据,看着自己手里的数据,讨论探究出超重与失重的特点,对自己得到的结论也很有信心。本节课中设计了一个"玻璃杯接硬币"的实验,在课上做两次,第一次是激发学生的学习兴趣,为后面的探究做铺垫;第二次是解决开始的问题,并用这个实验引出完全失重的概念,起到首尾呼应的作用,使本节课更完整。在上课开始时设计了弹簧秤测量物体重物的实验,目的是让学生能看清物体静止、加速上升、减速上升、加速下降、减速下降、匀速运动等情况时弹簧秤的示数变化。本节课的最后介绍我国航天员在天宫一号空间实验室中做实验的视频,并且介绍我国现在航天技术发展的现状,提出我国的未来航天事业发展的方向和探月工程的进展情况,可以提升学生的学习积极性和爱国热情。本节课并没有选择学生下蹲的实验在课上进行探究,因为这个实验的过程很快,在课堂上学生可能探究不出结果,我们把这个实验在课上展示了一下,让学生课下完成探究,为第二课时的习题课上进行交流做好准备。板书的设计简洁明了,在书写过程中用符号代替长句子,让学生看了很快抓住本节课的重点内容,并容易识记。

第3节　核心素养背景下高中物理实验创新设计的案例研究

——平抛运动实验创新研究

1 文献述评

物理学是自然科学中的一门实验科学,普通高中物理学课程在培养学生的科学素养与科学精神方面发挥着十分重要的作用,新课程改革强调培养学生的核心素养,尤其是注重创新精神与实践能力的培养,在不断强调加强素质教育的进程中,加强实验教学创新的研究意义重大。

自 1985 年,美国开始实施"2061 计划"(Project 2061),美国政府及社会教育机构致力于提升公民科学素养,基础教育首当其冲。目前,美国在《美国国家科学教育标准》《科学素养的衡量基准》等文件推动下的科学普及与科学教育行动中,一直注重并强调学习者在学习过程中的参与性与体验性的学习,注重动手能力;相关课堂教学研究与教学的相关实践研究也证明,动手实践与亲身体验是学习效果最佳的途径。

在英国国家课程中,学生探究的过程大致是:确定研究课题拟定初步计划—查找文献资料修改研究课题—制定研究方案选择实验设备—观察实验现象读取实验数据—分析实验结果—写出实验报告反思研究过程。课程注重学生经历科学研究的过程,进而加深对科学知识的理解,在实验创新研究中建立科学的"认知结构"进而将科学素养的提升落到实处。

在国内,以南京师范大学刘炳升教授为代表的一批学术性科研团队,他们初步总结形成了"关于物理实验在中学物理学习中的地位"的理论认识:①从科学本质和学生发展的视角说明实验的作用是不可替代的;②不仅要做实验,而且要全面开发实验的教学功能,特别关注激发好奇心和求知欲;③关注体现探究的本质,赋予"验证性"实验以探索的思想内涵;④着力追求实验体现"真实美和简单美"的真谛;⑤强调物理实验在继承的基础上不断创新;⑥积极倡导物理实验在信息技术支撑下凸显探究功能。

从中国知网的检索结果看,我国对高中物理实验设计与创新的研究已经取得了若干成果。就平抛运动实验而言,在实验装置改进以及教学策略的研究上都有涉及,但是如何在核心素养理论框架下进行实验设计与开发应用的研究成果还是非常少的,因此在整合现有资源的前提下针对培养学生核心素养为价值取向的实验设计与创新研究意义深远。

姚佳倩在《高中物理课外实验开发和实施策略的研究》中,提供了两个课外实验创新设计与教师课堂教学整合的案例。笔者认为,整个研究过程偏重于课外实验,缺少教师实验设计创新的研究,因此课外实验中蕴藏的提升学生科学探究能力和实践能力的功能没有充分发挥,提升学生核心素养的教育功能大打折扣。

李进在《中学物理演示实验资源的开发利用研究》中,提出了演示实验设计与开发原则、途径、创造技法等建议,同时列举了一些演示实验设计开发与应用的案例。但研究只涉及演示实验,对于学生的分组实验和课外实验没有涉及。

天津市自 2017 年开始实施新一轮课程改革,此次改革的特点在于"新高考"倒逼课程改革,从高考教学评价体系看,高中物理课程注重学生核心素养的培养与提升,对教师的教育理念、教学方式、方法等提出全新的要求,对物理实验教学在培养学生创新与实践能力上的作用发挥上亟待加强。

2 教材分析

2.1 知识地位

实验"探究平抛运动的特点"是人教版高中物理教科书必修 2 第五章(抛体运

动)第 3 节的内容。第五章抛体运动研究曲线运动的特点及规律，是运动学与动力学知识在实际问题中的进一步拓展与延伸，在教材的编排上，按照"曲线运动—运动的合成与分解—平抛运动"的从一般到特殊，从抽象到具体的逐层深入的思路，突显出分析曲线运动的一般思路方法，在此基础上探究平抛运动的特点，进而得出平抛运动的规律，并应用规律解决实际问题。

在知识内容的相互联系上，本章内容综合前四章所学，将运动的描述(时间、位移、速度、加速度、参考系)、运动学(速度—时间关系、位移—时间关系)、平行四边形定则、牛顿第二定律等内容集中综合应用；在学生的认知过程中，体现从定性分析曲线运动方法到定量研究平抛运动规律的认知特点，引导学生经历从一般定性研究到特殊定量分析的认识过程，突出学生科学思维训练与科学探究精神的培养。

本节内容"探究平抛运动的特点"是第 2 节内容"运动的合成与分解"的实际应用，本节以实验的方式开展探究活动，得出其运动的特点，既可以为学好下一节内容"平抛运动的规律"做好铺垫，又可以帮助学生进一步地加强对曲线运动研究方法——运动的合成与分解的理解与应用。教材给出两种平抛运动特点的研究思路，重点在于方案的设计与改进，难点在于实验数据的处理与分析。

2.2 课标规定

课标要求：通过实验，探究并认识平抛运功的规律。会用运动合成与分解的方法分析平抛运动。体会将复杂运动分解为简单运物的物理思想。能分析生产生活中的抛体运动。

本条目明确提出要通过实验探究平抛运动的规律。重点是学会用运动合成与分解的方法分析平抛运动，体会其中蕴含的化繁为简的物理思想。要求学生能理论联系实际分析日常生活中的抛体运动，例如飞机投放救灾物资等，同时，可与后续静电场知识相联系，将平抛运动的规律迁移应用到分析垂直于电场强度方向进入匀强电场中的带电粒子的受力情况及运动轨迹。

2.3 教材呈现

本节教材首先给出抛体运动与平抛运动的概念，引出探究问题，给出实验思路:一是将复杂曲线运动分解为相对简单的直线运动进行研究;二是明确研究两个方向的速度与位移随时间变化的信息。

教材提供两个解决方案供参考。

方案一:利用频闪照相或者录制视频的方法,记录物体在不同时刻的位置,得到如图4-13所示的照片。教材设计四个引导问题:猜想分运动特点;坐标原点选取;频闪周期内水平位移、竖直位移的确定;测量与数据记录。建议学生设计表格记录数据,分析数据得出水平分运动与竖直分运动的特点。

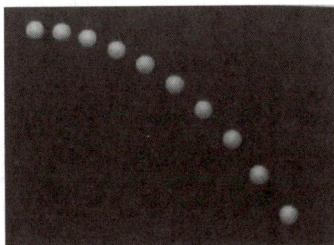

图4-13 物体在不同时刻的位置

方案二:先研究其中一个方向的规律,再设法分析另一个方向的运动规律。

教材给出参考案例,分三个步骤来开展探究:首先研究竖直方向分运动的特点(图4-14),然后设法描绘出平抛运动的轨迹(图4-15),最后根据平抛运动轨迹和某一方向分运动特点分析得到另一方向分运动的特点。参考案例对操作要点给予指导性的说明。

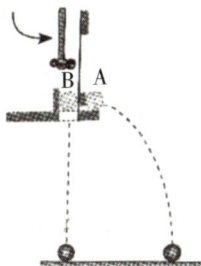

图4-14 研究平抛运动的竖直分运动

图4-15 绘制小球做平抛运动的轨迹

此外,在拓展学习材料中,教材介绍了"用传感器和计算机描绘物体做平抛运动的轨迹"的装置,为信息技术条件下的科学探究提供思路。如图4-16所示。

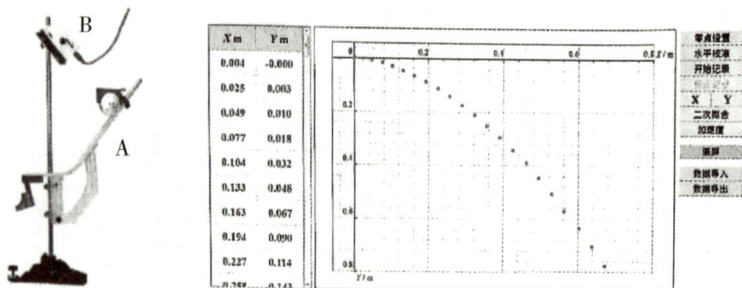

X/m	Y/m
0.004	-0.000
0.025	0.003
0.049	0.010
0.077	0.018
0.104	0.032
0.133	0.048
0.163	0.067
0.194	0.090
0.227	0.114
0.260	0.143

图 4-16　用传感器和计算机描绘物体做平抛运动的轨迹

2.4 分析

方案一：本方案目的是以小球球心作为小球位置,分别将不同位置的小球球心投影到水平方向和竖直方向的坐标轴上。考虑到频闪(截屏)时间间隔相等,根据相邻时间间隔内水平方向的位移相同,可判断水平方向是匀速运动;再根据相邻时间间隔内竖直方向增加的位移相同,可判断竖直方向是匀加速运动。

本方案实验比较容易操作,并且可以直观观察运动轨迹,分析上手容易,便于学生理解运动特点。但对实验仪器有要求,适用于实验条件比较好的学校。

相比方案一而言,从在实验教学中培养学生的核心素养方面来讲,方案二更具有独特的价值。方案二更注重在研究平抛运动过程中的实验设计环节,注重物理学中转化思想的运用,强调实验操作的规范与实验条件的控制,等等。

方案二的实施也可以先研究水平方向的分运动特点。如图 4-17 所示,两相同小球分别从 A、B 处同时滚下,一球做平抛运动,另一球沿光滑的水平轨道运动。改变小球下滑时的高度,观察两球是否始终能够相碰。在此基础上,结合平抛运动的轨迹,获取相同时间间隔的竖直方向位移,就能够确定竖直方向的分运动是匀变速运动。如果再测出小球的水平分速度,就可以确定时间间隔的具体数值,从而得到竖直分运动的加速度值。

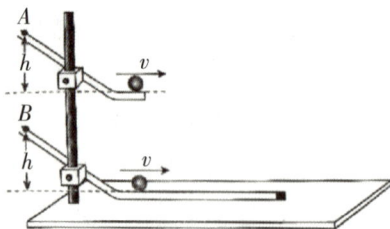

图 4-17　研究平抛运动的水平分运动

不难发现,这两种方案都是通过一系列的问题进行引导,实现对实验关键环节的把控,既考虑到学校已有的器材,又兼顾学生在前面课所学内容与知识的储备。同时,鼓励学生自行设计实验方案,并根据问题进行完善。

比较分析不难看出,各试验装置并不能全面客观地反映平抛运动特点,在描绘轨迹的操作中,平抛轨迹上的点迹描绘不是很方便,仍有很多不足之处需要解决。

3 实验改进

基于核心素养培养,对平抛运动实验设计做如下改进。

3.1 基于动力学与运动学基础的理论分析

考虑到学生已有的知识储备,通过系列问题引导学生进行理论分析,思考并推理平抛运动的运动特点,具体如下:

问题一:请画出小球水平抛出做平抛运动的轨迹。

问题二:请画出抛出点的速度方向与受力方向。

问题三:从运动分解的思路出发,可以将平抛运动如何分解(引导学生讨论,得出水平方向与竖直方向分解的结论)? 这两个运动相互影响吗?

问题四: 请分别从受力与运动的角度对两个方向的运动特点进行理论猜想(小组讨论交流)。

问题五:如何设计实验分别检验水平、竖直运动的理论猜想?

……

【设计意图】理论分析在前,实践检验在后——把实验设计与实施作为对理论假设的检验——本设计基于学生的已有知识储备,注重学生的科学思维训练,本设计的关键在于问题引导思维方向与小组讨论交流的实施。从教学情况来看,在理论指导实践的基础上,设计实验的针对性会十分明显,实验预期将大大提高。

3.2 整合平抛运动分运动实验装置

在分方向研究平抛运动的实验器材中,图 4-14 所示器材注重研究平抛运动竖直方向的分运动的特点,图 4-17 所示装置注重研究平抛运动水平方向分运动的特点,两个装置都基于对其中一个方向运动已经了解后,进行第二个方向运动的研究,在综合考虑两个方向运动的呈现上,可见度不高,可信性不强,因此实验装置还有待进一步完善,能否使它同时探究平抛运动水平与竖直两个方向的运动特点呢?

综合以上两个装置做如图 4-18 所示的改动。图中 P_1、P_2、P_3 是电磁铁,S_1 是电磁铁 P_1 的开关,S_2 是电磁铁 P_1、P_2 的开关。

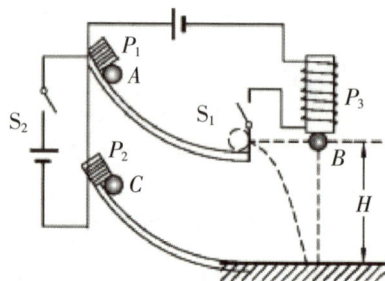

图 4-18　改后装置

操作过程:

1.闭合开关 S_1、S_2,让电磁铁 P_1、P_3 吸住小钢球 A、B,断开开关 S_2,A 球下滑,撞开开关 S_1,使 B 球自由下落,观察 A、B 两小钢球是否同时落地。

2.闭合开关 S_2,断开开关 S_1,让电磁铁 P_1、P_1 吸住小钢球 A、C,断开开关 S_2,A、C 两球同时下滑,观察 A、C 两小钢球是否相碰。

3.闭合开关 S_1、S_2,让电磁铁 P_1、P_2、P_3 吸住小钢球 A、B、C,断开开关 S_2,A、B 球同时下滑,A 撞开开关 S_1,使 B 球自由下落,观察 A、B、C 三小钢球是否相碰。

【设计意图】本装置既可以分别进行平抛运动水平、竖直方向分运动的研究,也可以同时呈现水平与竖直分运动,直观高效。在教学中应注重让学生设计整合试验装置,开拓思路。

3.3 利用水流描绘平抛运动轨迹

用钢珠从斜槽滚下,观察轨迹不易观察确定,描点画轨迹需要多次重复实验,实验控制因素较多,成功率低下。考虑到水流的连续性,利用如图 4-19 所示方式进行平抛运动实验研究。

图 4-19　平抛运动实验

操作步骤：

1.将斜槽固定在铁架台底座上,调节斜槽末端水平。

2.将装满染成红色水的塑料瓶倒置于铁架台上端,瓶口处插入输液用的胶管,胶管另一端沿斜槽固定,保证胶管末端水平作为喷嘴。

3.打开开关,水从喷嘴射出,在空中形成弯曲的细水流,它就显示了平抛物体运动的轨迹。

4.双手捏着细管让附有坐标纸的塑料板竖直靠近水流,使其在坐标纸上留下痕迹或用细铅笔描绘痕迹。

5.在轨迹上选取几个不同的点,测量横坐标 X 和纵坐标 Y,进行相关研究。

【设计意图】水从细管中射出,可以在空中形成弯曲连续的水流,可以直观明显的显示平抛运动的轨迹。

为了保证水流出的初速度不变,可以在瓶中插入另外一根细管,该管瓶内的一段与空气和水相通,此处压强始终等于瓶子外面的大气压强,因此不会受到瓶内水面高度降低的影响,从而保证在一段时间内得到稳定的细水流,方便描绘平抛运动的轨迹。

3.4 利用手机(数码相机)的连拍功能

考虑到学校不一定有频闪摄影设备的问题,可利用手机(数码相机)连拍功能实现频闪摄影效果,具体操作如下:

1.安装调试斜槽轨道,用电磁铁将钢球固定在斜槽斜面上。

2.斜槽末端竖直放置深色背景屏,上端固定标尺。

3.三脚架固定手机(具备连拍功能,能设置时间间隔更好)调整好画面。

4.释放小球,启动连拍。

5.用电脑设置图片为透明,将连拍的相片进行叠加,显示轨迹。

6.描绘轨迹,可根据标尺进行分析。

3.5 利用平移挡板法进行研究

实验操作步骤(见图4-20):

1.调整安装斜面轨道。

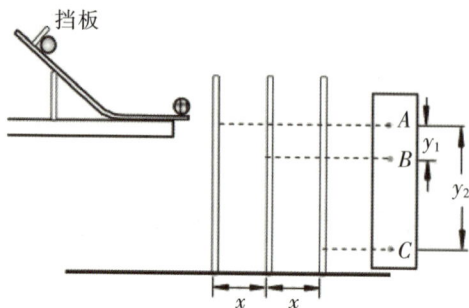

图 4-20　平移挡板法

2. 在竖直挡板上依次固定白纸和复写纸。

3. 在水平方向上等距离 x 做出标记。

4. 小球从斜槽轨道滑下，撞击木板并留下痕迹。

5. 将木板依次后移 x 距离，每次小球从同一位置静止释放，依次在木板上得到撞击点 A、B、C、D……

6. 依次测量 y_1、y_2、y_3……

7. 在坐标纸上根据 x、y 值描点画轨迹。

【设计意图】利用控制变量的方法分别得到不同位置的竖直方向信息点，再整合水平与竖直方向的信息数据，在坐标纸上描点绘制轨迹。该设计重在解决轨迹上的点不好确定的问题。

4　教学设计

4.1 学情分析

进入高一第二学期，学生在认知水平上处于从感性认识到理性分析的过渡时期，对直接观察的直观现象敏感，理性思考需要教师的进一步引导与提示，但此时期学生的好奇心与求知欲仍处于较高水平，为实验探究教学与学习提供有力的保障。

从知识储备与方法能力情况看，学生对运动的物理量描述、运动学基本规律有清楚认识，对力与运动关系已有掌握，并具备解决动力学问题的基本知识储备，在本章前两节的学习中，对曲线运动分析思路——运动的合成与分解有所了解，为本节学习提供良好的知识储备。但面对新问题需要实现从一般到特殊的思维转变，对思维品质要求较高，应注重方法引导与思路的提示。

学生的实验素养与实验能力较初中有了较大的提升,注意力水平与思维品质等均有较大的发展,相当部分同学对自然科学实验具有浓厚的兴趣,这为教学提供了良好的能力积累与非智力因素准备。但学生的实验习惯与规范操作等实验素养还有待进一步加强,对演示实验以及他人实验的观察记录等还需加强。

4.2 教学目标

本节是学生动手实验,通过学生实验描绘平抛物体运动的轨迹,在此基础上研究平抛运动的特点。由于有很多的实验方案可以选择,这为学生探究提供条件。同时本节涉及很多的物理思想和物理方法,是运动学和动力学知识在平抛运动中的具体应用,可以多方面培养学生能力,提高学生科学素养。具体目标如下:

1.能描绘出平抛运动的轨迹;知道平抛运动是一条抛物线;掌握平抛运动的运动规律。

2.经历平抛运动的实验,明确条件及相应的控制方法,学会轨迹绘制方法,提升实验操作能力。

3.体会实验过程的科学性和严谨性,养成实事求是、严谨的科学态度;在实验中形成合作意识。

重点内容:平抛运动的规律,描绘平抛运动的轨迹。

难点内容:平抛运动轨迹的描绘方法。

4.3 教学过程设计

【新课引入】视频引出平抛运动概念。

教师:播放轰炸机投弹视频(见图 4-21),提醒学生注意观看,引出本课要学习的内容——平抛运动。

学生:观看视频,建立平抛运动的感性认识。

教师:板书平抛运动定义,提问平抛运动要素——初速度水平、只受重力。并说明生活中忽略空气阻力的情况。

学生:根据视频观看内容,提炼平抛运动两个要素信息, 建立抓住主要因素的物理学分析问题的思想。

图 4-21 轰炸机投弹

★环节1:平抛运动的动力学分析与猜想

1.提出问题,交流讨论

教师:提出交流讨论问题,引导学生思考讨论。

问题一:请大致画出小球水平抛做平抛运动的轨迹。

问题二:请画出抛出点的速度方向与受力方向。

问题三:从运动分解的思路出发,可以将平抛运动如何分解(引导学生讨论,得出水平方向与竖直方向分解的结论)? 这两个运动相互影响吗?

问题四: 请分别从受力与运动的角度对两个方向的运动特点进行理论猜想(小组讨论交流)。

学生:在独立思考教师提出的问题基础上,小组内交流讨论。

2.各组发言,达成共识

教师:组织各组代表展示讨论结果,引导各组间进行交流探讨。

学生:各组代表发言,相互倾听,互相补充,达成共识。

猜想共识:平抛运动可分解为水平方向和竖直方向两个运动,其中水平方向做匀速直线运动,竖直方向做自由落体运动。

★环节2:实验方案设计

本环节以小组为单位,根据提供的实验器材,设计平抛运动探究实验方案。

1.实验思路的确立

教师:提出问题,引导学生将探究问题转化为实验测量问题。

问题一:如何判断匀速直线运动,需要对哪些量进行测量? 采取何种仪器、何种方法?

问题二:如何判定匀加速直线运动(自由落体运动)?需要对哪些量进行测量?采取何种仪器、何种方法?

问题三:如何通过实验进行变量控制?

学生:思考讨论,将问题转化为测量思路与测量方法的思考,在教师的指导下,深入思考。

共识:通过讨论位移与时间关系确定运动性质,关键在于运动轨迹的描绘。

2.描绘平抛运动轨迹实验方案的讨论与制定

教师:请根据大屏幕中投影的器材,选取所需,设计平抛运动实验方案。

提示一:哪些器材可以实现做平抛运动?

提示二:哪些方法可以做到"雁过留痕"描绘轨迹?

提示三:具体操作需注意的主要问题有哪些?

教师巡视各组,做积极引导并及时解决学生的困惑。

学生:根据大屏幕中投影的器材,和老师提出的问题,选取所需器材,制定实验的方案,组间进行讨论。

共识:学生大致可以形成如下思路:

思路一:频闪摄影方法,分析频闪摄影的相片,须注意比例问题。

思路二:斜面轨道平抛,需注意控制下落高度相同并采用多次描点法。

思路三:水流"平抛"显示轨迹,需注意控制出水速度不变。

……

教师:补充演示实验装置,并简介。

该实验巧妙地利用相同时间位移相同来比较运动性质,并充分利用视觉、听觉等器官,手、脑、眼、耳多器官共同参与。

3.完善方案

教师指导学生完善实验步骤,并就实验注意的问题提出具体的指导意见,学生根据教师的意见,小组完善实验方案,明确操作步骤。

★环节3:平抛运动实验

1.教师演示实验

教师:介绍实验装置,演示实验,并提示学生认真观察,请小组代表叙述实验操作及现象。

学生:仔细观察教师操作,观察实验现象,并试着总结叙述实验现象;小组讨论实验现象。

2.学生实验

教师指导各组按照所选方案进行实验,描绘平抛运动轨迹。重点指导完成斜面小球的平移挡板法实验操作,其他方案可以留作课下探究实验进行。

教师:指导学生实验,结合实验环境,具体步骤为:安装斜槽;调整木板;确定坐标原点;描绘运动轨迹。

要点一:斜槽末端水平。

要点二：挡板等间距平移。

要点三：小球每次要从同一位置静止释放。

……

学生：小组合作开展实验，并描绘平抛运动轨迹。

★环节 4：平抛运动轨迹分析与问题解决

1.描绘平抛运动轨迹

学生根据确定的实验方案，按照实验步骤进行实验，绘制出小球平抛运动的轨迹。在学生实验过程中教师对学生给予实验指导。

2.分析论证

指导学生根据所描绘出的轨迹，利用刻度尺，研究在课前确定的需探究的平抛运动规律，找出位移与时间的关系规律，组内合作，形成简单的口头报告，并由小组代表分享各小组找到的规律。

3.最后由教师总结实验规律

规律 1：平抛运动的轨迹是一条抛物线。

规律 2：平抛运动的物体在水平方向上做匀速直线运动，在竖直方向上做自由落体运动。

5 教后反思

5.1 教学过程

我校高一年级 14 个平行教学班按照物理教学成绩进行综合排序，成绩临近两班记做 A、B 班，两两结组，共 7 组。在研究过程中，每组由一位教师进行授课，A 班采用传统实验教学模式，B 班采用实验创新模式，注意学生思维品质与探究精神培养。

5.2 效果

B 班学生学习物理的兴趣与学习动力明显增强，学习品质明显提升，非智力因素的决定影响体现明显。任课教师普遍反映 B 班学生在课堂主动学习，主动参与，合作交流等方面的表现优于 A 班。

B 班学生思维品质良好，求知欲旺盛，遇见问题寻求解决思路的习惯与能力明显得到提升，在实验考察中，动手操作能力与解决问题能力均有大幅提高。

该研究带动教师教学研究的兴起，在实验开发、教具制作、试题研究等方面具有不同程度的提升，年轻教师进步尤为明显，促进了学科组建设，丰富了学科教学资源尤其是实验教学资源的积累。

在学生调查访谈中了解，B 班学生对教师授课满意度普遍高于 A 班，学生对学习成绩发展充满信心。

5.3 反思

1.本节课设计主要采用的启发式教学方式和问题探究的教学模式，逐步引导学生认识事物的本质。

本节课主要分为四大部分：

一是通过理论分析，初步认识平抛运动并提出运动假设。本部分旨在复习已有运动学知识、运动分解的思想与方法及动力学知识的基础上，加强学生科学思维能力的培养，提高应用动力学观点分析处理实际问题的能力。

二是引导学生设计一些实验方案，通过交流，分析比较各实验方案的优点和不足，并据此和实验资源选择恰当的实验方案；本部分旨在培养学生的科学探究与交流素养，在针对已有的实验器材和生活实际的基础上，锻炼学生的综合、迁移、分析与判断等科学思维素养与创新能力，并提高通过交流获取信息的能力。

三是根据选择的实验方案，学生动手实验，描绘平抛运动的轨迹；本部分注重学生实验素养的养成与实验技能的提升，体会实验设计的思想并加强科学精神的培养，同时注重平抛运动轨迹描绘的方法与技巧积累。

四是利用得到的平抛运动的轨迹，研究平抛运动的特点。本部分旨在通过轨迹分析论证观点，并指导学生应用规律解决物理问题。

2.本设计重点在探究，规律次之，因此注重学生思路的开阔与合理化的设计。

在描绘平抛运动的轨迹，研究平抛运动的特点的过程中，求初速度是利用物理理论知识，但如何准确描绘出轨迹则是关键。学习中，老师引导学生多设计一些实验方案,鼓励学生创造新的、简易可行的实验方法,可以是成品仪器,也可以用常见的日常用品组成实验器材,从实验方法上可能既有简单、原始的实验方法,也可能有应用现代科技手段数码相机的方法,并且引导学生对不同方法进行比较,分析不同实验的优缺点,同学们通过分析比较,选出本次实验描绘平抛运动物体轨迹的方法。再在此基础上学生动手实验,描绘平抛运动的轨迹,并利用得到的平抛轨迹,研究平抛运动的特点。

3.在教学过程中还应注重以下的几个问题:

实验要鼓励学生去创新和实践,提倡多动脑、动手的创新精神,激发学生创新意识,对学生进行创新意识和创新品德的培养;

教学中在探讨实验方案时,不同学生可能有不同的想法,学生的特长和爱好可以充分发挥,让学生体验到提出问题和分析问题的愉悦;

加强培养学生合作与交流的精神,有将自己的见解与他人交流的愿望,养成在合作中既坚持原则又尊重他人的习惯;

在上一节对平抛运动规律的学习的基础上,通过这一节学生的动手实验,将感性认识和理性思维相结合,使学生获得成功的体验;

引导学生体会自然科学的物理实验之美,培养学科学、爱科学、用科学的习惯。

4.在信息化 2.0 行动计划实施的当下,如何进一步发挥信息技术的优势,整合信息化资源,从而开辟高中物理教学和实验创新设计的信息化,还需要进一步的进行研究。

第4节 核心素养背景下高中物理自制教具的开发与应用

——探究向心力与质量、角速度、半径的关系

1 文献述评

在《普通高中物理课程标准(2017年版)》中提出:"物理学的学科特色就是以实验为基础的,通过实验探究来培养每位学生的创新精神和实践能力,从而提高学生的科学素养,因此实验教学仍然是高中物理教学中的一个重要环节。"随着我国基础教育改革的推进,物理实验教学越来越受到关注。而国内对于物理教学中自制教具的研究也逐步受到学校、一线教师以及专家的重视。不少专家学者出版了中学物理自制教具的相关著作,刘炳升、冯容士主编的《中学物理实验教学与自制教具》从五部分对中学物理的自制教具和实验教学的开发进行了系统性的研究和阐述。刘炎松在张伟教授的理念基础上著成《物理实验创新研究——"非常规"物理实验设计制作能力培养》,这本书从物理新课改对未来教师的要求,提出非常规实验的开创方法,"非常规"物理实验的方案与器材的开发设计和制作技巧等。通过整理相关的国内研究,发现中学物理自制教具的研究主要体现在以下几个方面。

1.1 自制教具在中学物理教学中的作用研究

张安、袁小春指出高中物理是以实验为基础的学科,很多物理概念、原理或者规律都只有通过实验才能有效地揭示,而通过自己动手制作教具,能够最大限度地发挥高中物理实验的教学效果与教育功能。但是,在现在的教学中,仅仅依靠现有的教学器材是不够的,尚校通过《实验教学与仪器》发表文章,提出在高中物理

教学中,教师要加强自制教具的研究,从而通过自制教具解决教学中的难点,从而提高物理课堂的教学效率。

1.2 中学物理自制教具开发的研究

开发者经过详细地对案例教具进行研究,从教具的设计选材、制作步骤、实验原理等几方面阐述,以供各一线教师开发教具时借鉴。范亚颖针对自制教具的开发过程进行了研究,对优秀的自制教具开发过程进行剖析,对一线教师开发教具具有启发意义。

1.3 自制教具在物理教学中的实践应用的研究

研究者对自制教具在物理教学中的实践应用进行了研究。陈芳从巧用自制教具去导入新课、讲解抽象知识、消除学生认知盲点、解决知识点过渡问题以及物理知识在实际生活的应用等方面举例研究了如何在中学物理教学中巧妙使用自制教具,充分发挥它的教育功能。

1.4 研究者自制的教学仪器的介绍

为了解决一些中学物理实验室缺少的仪器和装置,吴龙忠利用相应的器材制作出演示仪,以该演示仪为基础,可以改进初、高中物理教材中八个热学和电磁学的实验点,还可以利用该仪器开发创新实验。

2 教材分析

高中物理必修第二册第六章《圆周运动》第 2 节《向心力》中的探究实验:探究向心力大小的表达式,即探究向心力与质量、角速度、半径的关系。在这节课的教学中,通过自制教具的开发和使用,培养了学生认识科学本质的能力,形成探索自然内在的动力,形成严谨认真、实事求是的科学态度。在本节课的课堂教学中,为了突破教学难点、培养学生高阶思维,引导学生利用自制教具进行定量研究,使学生在实验操作的过程中,能够基于已有的观察和物理问题,结合猜想、假设,设计实验并制定方案,获取并处理实验数据,基于数据得到结论并能做出合理解释。培养学生在科学探究过程中对结果的交流、评估和反思的能力。学生高度参与实验,深度思考,通过小组制定科学探究方案,获得实验数据、分析数据,发现其中的规律,形成合理的结论。

2.1 知识地位

学生在本章的上一节已经初步了解了什么是圆周运动,并学习了描述圆周运动的几个基本物理量。在前一节知识内容的基础上,本节将从力的角度分析圆周运动的特点及运动规律。本节教学的重点与难点是建立与理解向心力的概念,以及对向心力来源的分析。本章后面的学习都将围绕向心力的概念展开,它也是分析天体的圆周运动、带电粒子在磁场中运动的知识基础。本节内容可以看作牛顿运动定律在曲线运动中的应用,进一步深化了运动和相互作用的观念。在教学过程中要加强新旧知识的对比与联系,帮助学生再次体会力是改变运动状态的原因,促进对知识的同化,完善知识结构。

2.2 课标规定

通过实验,探究并了解匀速圆周运动向心力大小与半径、角速度、质量的关系。能用牛顿第二定律分析匀速圆周运动的向心力。了解生产生活中的离心现象及其产生的原因。

2.3 教材呈现

本节包括向心力、向心力的大小、变速圆周运动和一般曲线运动的受力特点三部分内容。教材先从力与运动关系的角度说明做匀速圆周运动的物体一定受力,再结合具体实例进行受力分析,进而归纳出做匀速圆周运动的物体所受合力指向圆心这一规律,并把这个力命名为向心力,最后以"问题"中的空中飞椅为例分析了实际问题中的向心力来源。

在定量研究之前,教材安排了"感受向心力"的沙袋实验,让学生通过体验获得直接的感性认识。研究拉力与半径的关系时,要保持转速一定。研究拉力与转速的关系时,慢慢增大或减小转速就可以体验到拉力的变化。通过"感受向心力"这个活动,让学生体验影响向心力的因素,为接下来探究"向心力大小与半径、角速度、质量的关系"实验设计提供了方向。

2.4 教学内容分析

本节课的设计主旨是,以实验为载体,通过情景创设来引出问题,在学生已有的经验性常识的基础上建构物理概念,通过对所观察的现象重新加工,结合问题进行逐步探究,进一步得到结论,完成从经验性常识到物理概念的转变。即通过本节课向心力的学习,让学生通过实验认识圆周运动,并能提炼出向心力的概念以及影响因素。即能够根据已有感受、经验和事实,认识圆周运动中的向心力的来源,达到让学生自己能够建构物理模型的能力,并在此过程中,能够对其他同学的不同观点和结论提出自己的质疑,并能够基于自己的逻辑和论证发表自己的见解,根据自己的需求,设计并完成实验,获取数据,通过分析发现其中的特点,得到可以支撑自我观点的结论,来培养学生创造性见解的能力与品格。最后促使学生能够认识科学的本质,形成探究自然的内在能力和良好的科学态度,并能结合具体的生活情景,运用物理知识解决具体问题,提高学生的社会责任感。

2.5 教材设计的问题

教师在教授本节知识时,通常是按照教材上的设计,列举生活中的圆周运动之后,对物体进行受力分析,从而引出向心力的概念。在研究向心力大小与哪些因素有关时,通常是利用"向心力演示器"通过控制变量,定性地研究向心力与物体的质量、角速度和轨道半径的关系。通过这种方法研究向心力大小的决定因素,并得出向心力大小的表达式,学生往往感觉研究过程比较粗略,误差较大。为了更加准确地探究向心力大小的决定因素,在教材原有实验器材的基础上,通过改进自制"圆周运动研究仪",将教材上的定性研究转变为定量研究,使研究过程和研究结果更加直观,从而有效地培养学生学科核心素养和高阶思维。

3 实验改进

3.1 从定性到定量,突出创新性

在研究向心力大小决定因素时,教材中是利用"向心力演示器",研究向心力大小与质量、角速度和半径的关系,由于受到实验仪器的限制,不能从实验数据中直接得出几个物理量之间的关系。通过实验改进,利用"圆周运动研究仪",采取控制变量法,分别研究向心力大小与质量、角速度和半径的关系,对实验数据进行列表归纳总结,从而得出向心力大小的表达式。为了更加直观地对实验数据进行对比分析,利用计算机分别绘制向心力大小与质量、角速度和半径的图像,分别得出各物理量之间的线性关系。通过实验创新,可以使原有实验更加直观、可靠,提高学生科学探究的兴趣。

3.2 从设计到制作,突出原创性

为有效培养学生科学探究能力,教学中加强学生在动手操作、实验探究等方面的引导,培养学生积极的科学探索精神和严谨的科学态度,体悟科学家们的辛苦历程。根据教材中原有的实验器材,引导学生大胆创新和设计,对已有实验进行改进。学生利用业余时间到实验室进行仪器制作,并根据需要实时进行设计方案的修改和完善,突出了实验从设计到制作的原创性。

3.3 从测量到对比,突出科学性

为了探究向心力的大小与哪些因素有关,教材中利用如图 4-22 所示的"向心力演示器",通过控制变量法进行探究,研究向心力与物体的质量、角速度和轨道半径的关系。利用"向心力演示器"探究向心力的大小时,得出的数据不够精确,并且操作起来不够简便,容易使实验结果造成较大的误差。

为了使实验结果更加精确、操作方便,通过实验技术改造,设计制作了如图 4-23 所示的"圆周运动研究仪"。利用电机的转动带动物体做圆周运动,通过改变电机两端的电压,控制物体转动的快慢;将物体与弹簧秤链接,物体水平转动时,弹簧秤的示数表示物体所需向心力的大小;在水平杆上固定刻度尺,可以直接读出物体做圆周运动时的半径。利用自制的"圆周运动研究仪",实验时可以直接读出向心力、半径和角速度的大小,再使用计算机软件绘制各个量之间的函数图像,寻找物理量之间的关系,从而得出向心力大小的表达式。

图 4-22　向心力演示器

图 4-23　圆周运动研究仪

4　教学设计

4.1 学情分析

《向心力》是《普通高中物理课程标准(2017 年版)》必修 2 模块中的"曲线运动与万有引力定律"主题下的内容,内容要求为:通过实验,探究并了解匀速圆周运动向心力大小与半径、角速度、质量的关系。《普通高中物理课程标准(2017 年版)解读》中要求学生要通过观察、实验建构匀速圆周运动模型,知道什么是向心力,通过向心力概念的学习,深化力与运动关系的认识。

通过前面的学习,学生对圆周运动和相应描述圆周运动的线速度、角速度、周期、频率和转速等物理量有了一定的认识,基本会用相关物理量来描述匀速圆周运动。但受已有前概念的影响,对做圆周运动物体的受力情况还存在一定的认识误区,对效果力不能准确地认识。通过本堂课的实验教学,结合学生的亲身感受,让学生走出这些误区。并让学生在新的情境和学习任务中学会学习。

在日常生活中,圆周运动比较常见,学生较为熟悉。但是没有对圆周运动进行过理论分析,不清楚其中的力和运动关系。因此在分析向心力时,需要借助自制教具,进行定理分析、总结规律,使抽象问题具体化。学生对未知事物的探索存在着广阔的空间和诸多的不确定性,在不知道向心力的大小由哪些物理量决定时,会有很多的猜想,如果要将每个猜想进行逐一探究,一节课将会很难完成教学任务。因此,在教学过程中,教师对学生要进行实时、准确的引导,使学生的探究聚焦到关键的物理量上,提高学生小组合作、科学探究的准确性和积极性。同时要注意引导学生利用正确的科学方法,研究物理问题,最终得出正确的物理规律。

课堂教学中,引导学生在不同情境下抡动小球做圆周运动,感受向心力的大小。使用自制教具进行分组实验,激发学生的主动求知欲望,让学生积极参与到探究的过程当中,把观察、实验和科学思维相结合,利用控制变量的方法,并分析相关的实验现象和数据,结合图像分析,达到准确找到向心力的来源并能得到向心力的大小与半径、角速度和质量的具体定量关系。结合实验进行科学探究,既让学生获得了知识,又逐步培养学生收集处理科学信息的能力、获取新知识的能力、分析问题和解决问题的能力及交流合作的能力等,形成尊重事实、善于质疑的科学态度。

4.2 教学目标

1.通过观察、实验、构建匀速圆周运动模型,理解角速度、半径、周期等描述匀速圆周运动的物理量,知道什么是向心力,深化对力与运动关系的认识。

2.通过体验猜想、假设、设计实验探究方案的科学探究过程,从定性和定量两个方面对向心力进行科学推理、找出规律、形成结论,获得影响向心力大小的因素。

3.通过使用自制教具,测定向心力与质量、角速度、半径的关系,并对实验结果进行分析、归纳、总结,从而得到向心力大小的表达式,养成认真严谨、敢于质疑的科学态度。

4.通过观察生活中的日常现象,利用所学分析实际情况下物体做圆周运动的向心力,发展分析和解决实际问题的能力。

4.3 教学重难点

教学重点:

1.理解向心力的概念,知道向心力是一种效果力;

2.探究做圆周运动物体所需向心力大小的影响因素及定量关系。

教学难点:

1.向心力的来源,知道向心力是按效果命名的一种力;

2.通过实验探究,验证猜想,并能得到向心力大小的表达式。

教学方法:课前汽车转弯情境引入、演示并分组感受实验法、启发式提问教学法、分组实验探究法、讲授归纳法。

教具:拴有细线、轻重不同的小球若干,计算机,自制教具——圆周运动研究仪,铁架台,学生电源等。

4.4 教学过程

★ 环节 1:激趣入境

【教师活动】

1.当你随汽车转弯做圆周运动时,你感觉作用力方向是怎样的呢?

2.指导学生抡动准备好的小球,在桌面上圆周运动。给大家准备了拴有绳子的小球,同学们拿起来,抡动小球在水平桌面上做圆周运动。

【学生活动】

1.学生分别回答自己的感受。

2.同学们拿起拴有细线的小球,抡动小球在水平桌面上做圆周运动。

学生回答:觉得是受到一个指向圆心的力。

【设计意图】

1.通过播放视频进行引入,创造课堂情境,让学生说出自己的真实感受,进而激发学生学习本节课内容的兴趣和热情。

2.让学生通过实际的操作,加强感受实验在课堂中的灵活应用。通过实验,调动学生积极性,让学生主动参与,感受向心力的方向。

【学生发展】

1.通过视频的播放,让学生联系生活实际,通过亲身体会并结合思考、观察,达到能够从物理学的视角描述自然现象,实现初步运用物理知识解释实际问题的能力。

2.利用直接感知的实验,提高学生学习的兴趣和求知欲。让学生能够逐步通过实验事实建构物理模型并能感知物体的受力。

★环节2:引导体验

【教师活动】

1.做圆周运动的物体需要向心力,有需要就得有提供,那由什么力提供的呢?就要看物体受的什么力了。当然就要进行受力分析了。如果桌面光滑,我们分析一下小球的受力。

2.指导学生转动小球做圆周运动的物体,受到指向圆心的合力,这个合力叫作向心力。向心力是效果力。

3.教师演示小球在水平桌面上做圆周运动(见图4-24),并提问。

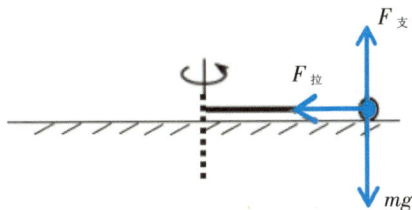

图4-24 小球在水平桌面上做圆周运动

【学生活动】

1.学生抡动小球,让小球在水平桌面上做圆周运动,回答问题并分析小球的受力。学生开始在空中抡动小球,使小球做圆锥摆运动,回答问题并进行受力分析。

2.学生抡动小球进行实验,实验后回答:与质量、抡动快慢、半径有关。

3.学生回答:存在摩擦力,不能保证是匀速圆周运动。

【设计意图】

1.通过分析小球受力情况及受力的特点,设置问题,让学生在逐步分析的过程中总结出向心力的来源,达到培养学生操作、观察、思考和归纳分析的能力。

2.让学生在前两个实验的基础上,抽出主要的、本质的因素进行分析,把一类实物共同的、本质的属性联合起来,建立一个轮廓清晰、主题突出、易于研究的新概念。

3.通过情境的创设,在实验的操作过程中,让学生学会科学合理地设计严谨实验的能力。

【学生发展】

1.通过本环节,使学生能够从物理学的角度准确地构建物理模型并能描述和解释,达到能够对常见的物理现象进行分析和推理,获得结论并做出合理解释的能力。

2.培养学生基于事实建构理想模型,并能抽象概括、分析的科学思维。结合物理情境中隐含的问题,让学生进行合理的猜想,进而对物理问题做出初步的判断,再制定相关的科学探究方案,能用已有的知识进行解释,并能对过程和结果进行交流、评估。

3.提高学生发现、分析问题的能力,具有实事求是的科学态度,从细节处提高自身的质疑创新的思维能力。

★环节 3:能力提升

【教师活动】

1.电动机带动圆盘,可以使得小球在圆盘的水平面的槽中做稳定的匀速圆周运动。水平槽非常光滑,摩擦力很小,可忽略。可认为绳子的拉力就是小球转动的向心力,拉力的大小通过秤可以得到。在学生操作的过程中,指点各小组成员。

2.结合学生的实验数据,引导学生利用图像来直观表达两个物理量之间的关系(见图 4-25)。

3.进行"小组互评"和教师点评。分析向心力的大小与运动半径、质量的关系。并引导学生提出相应建议。

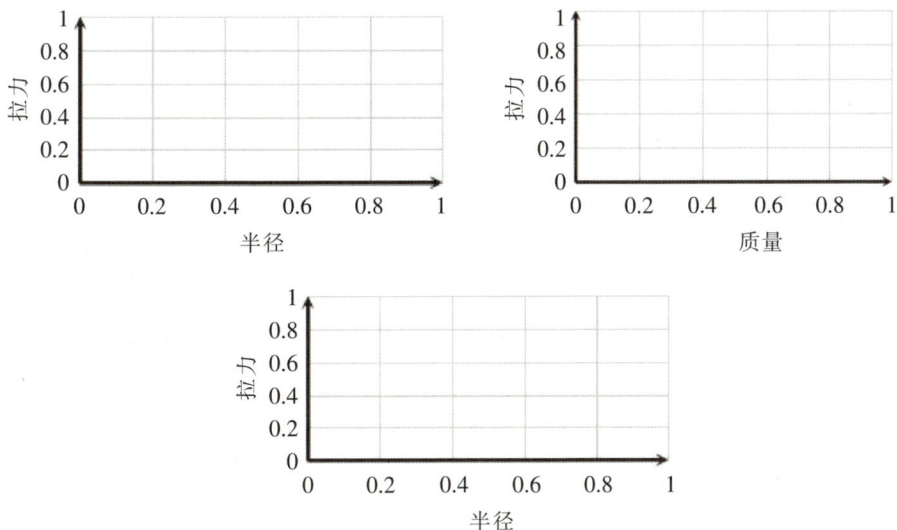

图 4-25 向心力的大小与运动半径、质量的关系

【学生活动】

1.学生观看实验仪器使用的视频,结合刚才小组的猜想,初步设计实验探究的方法。学生回答:不能同时验证应采用控制变量法,让半径和角速度不变,只更换小球,记录小球质量和相应的绳子拉力,设计一个表格,记录相应质量下的拉力。学生分组实验,在表格中记录数据,验证自己的猜想。学生完成实验数据记录,上传数据到群当中。讨论得到的猜想。

2.学生回答:我们从数据发现,小球运动的半径越大,拉力就越大。可以做出拉力与半径关系的图像,看是否满足正比关系。

3.学生回答:我们验证与半径的关系,记录不同半径情况下绳子的拉力大小,做出拉力与半径的图像,发现在误差允许的范围内,数据点和原点大致在一条直线上,就说明拉力与半径成正比。

【设计意图】

1.通过实验仪器的介绍,让学生仔细观察实验器材的工作原理和使用方法。通过创设的不同情境,让学生带着问题通过实验进行论证,并能对结果进行合理的解释以及评估和反思。利用创新实验仪器,通过实验仪器,让学生提高自身的实际动手操作能力。让学生通过实验讲解,亲自设计并进行实验讨论、探究,并对结果进行交流。

2.通过本环节,给学生提供分析和探究学习的机会,逐步培养学生利用收集的数据进行科学处理的能力。

3.通过本环节的设置,让学生分析所得的数据并画出图像,进行科学推理找出规律,形成结论。

【学生发展】

1.让学生基于观察和已有的感知,利用教具,进行分组实验,制定科学探究方案、获取数据、发现规律、形成结论,达到具备一定的科学合理的探究能力。

2.学生通过本组的实验数据,可以用图像来直观表达两个物理量之间的关系。达到培养学生分析数据,发现规律,形成合理结论,并能彼此交流、反思科学探究的能力。

3.学生结合实验数据,进行科学分析,并发现其中的规律,形成合理的结论,并能用已有的物理知识进行解释,对科学探究的过程与结果进行交流和反思。

★ **环节 4:训练达标**

【教师活动】

1.学生结合所画图像,说明向心力大小与角速度的关系结论。引导学生仔细观察他们描出的数据点情况,发现为一条曲线。再根据学生的猜想,进行数据拟合,看拉力与角速度平方的关系图像。

2.结合学生的回答和计算验证,得到了向心力大小与质量、半径和角速度平方成正比的关系。最后得到向心力大小的表达式。

3.向心力在生活中有很多地方都有涉及,例如投掷链球、限速标识(见图4-26)。

图4-26 限速标识

【学生活动】

1.学生阐述并回答:做出拉力与角速度的关系图像,通过拟合数据点,发现为一条倾斜直线,可以说明向心力与角速度是成正比的。

2.学生用待定系数法测定并计算:学生通过计算,得出绳子拉力近似和相等,比例系数应该是1。

3.学生讨论汽车转弯的情况,结合所学的向心力知识,得到相应的结论——汽车在高速公路匝道拐弯时要减速。

【设计意图】

1.通过小组之间认识的矛盾,引起全体学生的的注意,并能够提出自己科学合理的观点,进而推进探究、交流,更进一步猜想得到向心力大小可能与角速度平方成正比的关系。

2.通过带入数据定比例系数,得到绳子拉力近似和相等,让学生用收集到的数据进行合理的科学论证,引导学生把数学运用到科学探究当中来。

3.结合现实生活中的实例,把所学知识应用到生活当中,应用物理知识解决实际问题。

【学生发展】

1.让学生通过自己的观察,结合所学过的知识,发现其中的规律,形成自己的合理猜想和假设,并能够自己论证结论,给出合理的解释。并能对探究的结果进行交流、反思。

2.通过本节课的学习,结合生活实例,培养了认识科学本质的能力,形成探索自然内在的动力,形成严谨认真、实事求是的科学态度。

★环节5:拓展延伸

【教师活动】

请同学们自己阅读课本下一部分,看一看非匀速圆周运动的物体的受力情况是怎样的。

【学生活动】

学生分析问题、解决问题。

【设计意图】

布置课下任务,让学生带着任务阅读教材,结合教材中具体实例,用所学过的知识解决实际问题,进而发展学生提出问题、分析问题、解决问题的能力。

【学生发展】

在课下自学的过程中,通过教材的阅读,实现利用所学的向心力的相关知识,分析一般曲线运动中的物体受力情况,将复杂问题拆分成简单的物理情形进行分析、推理并获得结论,能够应用所学物理知识解决实际问题,最终指导工作和生活实践。

5 教后反思

本节课总体的设计意图是,适当调整章节顺序,在讲解圆周运动后,使学生通过"感受—猜想—探究(实验)—分析数据—处理数据"的科学研究方法,感受向心力的方向,探究影响向心力大小的因素,通过推理论证,培养学生的科学精神和科学思维。即通过情景的创设,来引出问题,对问题的探究进一步得到结论。让学生在学习学科知识的同时,通过学科内的活动,重现知识的发现过程,达到培养学生严谨的科学态度、科学探究方法和数据处理的能力,并能应用物理知识解决实际生活问题,从而实现对学生物理核心素养的培养。

5.1 利用自制教具,改变学习环境

教学过程中选择高一年级的两个平行班进行对照研究,一个班采用传统教学方式进行教学,一个班使用自制教具进行教学。采用传统教学方式进行教学的班级学生,通过体验和观察小球做圆周运动,感受向心力的大小,猜想其决定因素。之后再利用"向心力演示器",通过控制变量法,定性研究物体的向心力与物体的质量、角速度和轨道半径的关系。通过这样的实验方法,学生并不能准确地找到各个物理量的确定关系,学生没有通过实验的方法得出规律,而是教材中直接给出了 $F_{向}=mw^2r$ 这个表达式,导致学生对知识的掌握不够牢固,给学生深入地学习圆周运动知识带来很大的困难。从课堂氛围来看,在课堂应用自制教具前,学生的学习兴趣和热情都不是很高,课堂教学以"老师讲、学生听"为主,课堂中的互动和交流也较少。

5.2 通过定量研究，提高学习品质

学生在感受和体验到向心力的存在之后，利用自制教具，通过控制变量法，定量研究物体的向心力与物体的质量、角速度和轨道半径的关系，在得出相关数据之后，利用计算机软件，分别做出拉力与角速度的平方、拉力与半径、拉力与小球质量的关系图像，通过拟合数据点，发现均为一条倾斜直线，说明向心力与角速度的平方成正比、与半径成正比、与质量成正比，从而准确得出向心力的表达式$F_{向}=mw^2r$。在利用自制教具进行实验教学后，学生的注意力和学习兴趣有了明显的提高，课堂氛围也逐渐地热闹了起来。通过以上教学方式，引导学生在做中学，有效地培养学生学科核心素养。

5.3 挖掘教材资源，实现自主创新

通过以上教学方式的改变，将教材中原有的实验进行改进设计，引导学生利用实验器材进行科学探究，将定性研究改为定量研究，注重学生的学习过程和学习体验，有助于学生对知识的理解和掌握。物理是一门以实验为基础的学科，通过实验可以培养学生的实践能力和科学精神，从而提高学生的科学素养。从具体的层面看，如果在物理教学中渗透演示实验，不仅可以增强物理课堂的趣味性和学生学习物理的兴趣，还可以将枯燥、乏味的理论知识变得更加具体和生动。

5.4 开发实验器材，培养核心素养

新课程理念倡导在课堂教学中要以学生为主体，通过教师的引领，使学生在参与和体验的过程中获取知识，注重知识的生成过程。物理自制教具的开发与应用，恰好为学生在学习物理知识的过程中提供了体验的平台和空间，它不仅可以弥补教学中实验器材的不足，还可以提升学生解决实际问题的能力，培养学生的创造能力和创新精神。利用物理自制教具进行课堂教学，虽然可以提高学生学习兴趣，培养学生科学探究精神，提升学生学科核心素养，但是在进行开发和使用时，还存在着诸多矛盾和不足。首先是需要教师对实验教学有着浓厚的兴趣，利用大量的业余时间进行自制教具的开发和制作，同时还要具有一定的创造能力和创新的精神；其次是部分自制教具并没有像教材中的实验器材那样已经得到了充分的理论与实践验证，开发和使用自制教具时要注意其中的科学性。

第5节 核心素养背景下经典物理实验中传感器应用的案例研究

——利用光电门传感器探究机械能守恒定律

1 文献述评

1.1 对自变量既往典型研究的述评

吉林省通化市通钢一中黄悦,在《科学咨询(教育科研)》上发表的《基于核心素养的高中物理实验教学的创新与实践》一文中说,为了发挥实验教学的作用,提升学生的核心素养,物理教师应该秉承新课程理念的教学原则,运用创新实验、生活实验、趣味实验,以及对实验室进行创新的方法,对物理实验进行创新,运用灵活多样的教学方法激发学生学习的积极性。

江苏省盐城市大丰区西团初级中学束成在《中学课程资源》上发表的《物理创新实验教学的多元探索》一文中认为,可通过创新探究实验和优化分组实验的方法转变实验形式,提高学生实验学习的实效性,用开发自制教具和整合实验资源的方法为学生实验学习创设更多的参与机会,加强实验过程中的思维引导。

甘肃省古浪县第二中学侯建华在《学周刊》上发表文章认为,通过多媒体视频、多媒体的动画技术、仿真实验,可以对物理实验的具体操作方法与演练细节进行指导,并注重对实验条件的有效控制,了解实验的注意事项,引导学生进行实验分析,从而使物理实验的效率得到有效提高。把多媒体技术和常规的教学手段相结合,不仅有效弥补实验操作中的不足,而且能有效强化物理实验的效果,从而使学生的创新思维得到有效发展。

新疆维吾尔自治区阿勒泰地区哈巴河县高级中学耿玉琴在《天天爱学科》上发表的文章《探究高中物理实验教学的设计方案》提及学生学习物理的目标是要解决问题,而实验正好突出了这一目的性。开展高中物理实验课程非常有利于增加学生的求知欲。从以小组为单位开展探讨式教学的教学模式、在教学中体现学生的主体地位的教学理念以及在教学实际中鼓励学生实验创新的教学方法三个方面优化物理实验教学的有效性。

1.2 对因变量既往典型研究的述评

甘肃省临洮中学李文渊在《高中物理传统实验与 DIS 实验的比较研究》中认为,DIS 实验与传统实验相比较有诸多方面的优势,其实验器材、实验操作、实验时间、实验精确程度、实验数据处理等方面都普遍要比传统实验要优越,实验效果更好。但也要注意到,使用 DIS 实验会大量减少实验操作过程,这对学生的动手实验能力的提高有着不小的冲击,并且由于大量使用传感器测量物理量,对于测量工具的使用就会大量减少,这也会对学生正确使用测量工具的技能造成一定程度的影响。

张帅在《DIS 实验系统在高中物理实验教学中的应用》一文中,从数据的采集、处理更为方便、快捷;实验效果更加直观,可视性强;实验精度高,系统误差小;填补了测量空白;培养学生自主学习的能力,有利于激发学生的学习兴趣 5 个方面列举了 DIS 实验系统实现了现代信息技术与高中物理教学的有机整合的优势。

江苏省海门市海南中学张凌英在《启迪与智慧》上发表文章《传感器与中学物理实验的整合》,认为传感器与中学物理实验的整合不仅能提高教学效率,而且有利于培养学生的科学素养和创新能力。该文较系统地介绍了朗威 DISLab 计算机辅助物理实验系统,以及传感器与中学物理实验整合的路径与作用。

1.3 因变量对自变量依赖关系研究的述评

田海霞在《中国现代教育装备》2011 年第 14 期《传感器在物理教学中的应用案例研究》一文中,以竖直面内圆周运动问题为案例,由学生使用传感器亲自测量临界速度、竖直圆平面内最高点和最低点绳上拉力的大小及验证机械能守恒,展示传感器如何应用于物理教学中。

上海市风华中学许琼在《物理教学》2020 年 42 卷第 10 期发表的《"验证机械能守恒定律实验"——从传统到 DIS 的变革》一文中,通过展示传统物理教学之"验证机械能守恒定律实验"的不足之处,对比两种机械能守恒实验器配合光电门传感器验证机械能守恒定律实验的优势。随时代发展而不断更新的 DIS 实验系统能带领着学生在物理实验课堂中体会科学性,体验社会性,能在物理课堂中拉近学生与当今物理科学研究的距离。

宁夏大学物理与电子电气工程学院陈德康、郝睿、李林森在《中学物理教学参考》2020 年第 49 卷第 1 期发表文章《基于现代信息技术的中学物理实验改进——以"验证向心力表达式"为例》,该文章利用光电门、电脑式数字毫秒计、数字计时器、电动机等器材对教材中物理实验"用圆锥摆粗略验证向心力的表达式"进行改进,以优化实验过程和结果。利用 Origin 处理数据,有助于直观呈现变量间的定性关系。在此基础上,借助无线向心力演示仪,探究向心力与各个物理量之间的定量关系。两者相互结合,借助信息手段,既可以为学生形成物理观念、理解物理规律提供帮助,也可以加强学生科学素养的培养,同时,为实验教学提供新的优化组合方案。

传感器进入中学物理实验室,不仅成为信息技术与物理课程整合、教育手段现代化的一个新的突破口,而且还能突出物理学科重实际、重应用的特点,对培养学生实践能力,激发学生学习科技的兴趣,提高综合素质和发展创新思维有着重要的作用。与传统的实验仪器相比,传感器具有品种多、技术新、功能强、发展快、性能可靠等优势。过去实验测量器材有电流表、电压表、弹簧秤、水银温度计等,现在则可用电流传感器、电压传感器、力传感器、温度传感器等来测量物理量,根据测得的实验数据,再运用计算机强大的信息处理功能探索物理规律。学生在这种环境下体验"科学的探究过程",从而实现科学能力和科技素质的培养。

2 教材分析

2.1 知识地位

物理学科核心素养的培养主要体现在物理观念、科学思维、科学探究、科学态度与责任四个方面。《普通高中物理课程标准(2017年版 2020年修订)》关于科学探究的界定,虽然将原来2003年版的7要素简化为4要素,但整体的表述上与2003年版变化并不大。关于科学探究,在教学实践中,科学探究的落实应该从两个方面来考虑。一是从探究的角度来学习物理,无论是实验内容的学习还是非实验内容的学习,也就是要使学习者积极地参与到学习中来,使学生掌握科学探究的大致方法,也就是问题—猜想—求证—解决问题的科学方法。而教材中的科学探究更为主要的就是以实验为主,可见实验教学在新教材新课改中的重要地位。

2.2 课标规定

《普通高中物理课程标准(2017年版 2020年修订)》强调:"高中物理课程应该培养学生的自主学习能力,让学生勇于实验、勤于思考,帮助学生掌握物理基础知识和技能,使其形成科学探究的能力。"实验是高中物理的重要组成部分,在高中物理教学中处于基础性地位,也是培养学生科学研究能力的有效方式。

新课程标准中,多次提到这样的字眼,如"通过实验,探究……关系""通过实验,认识……规律""通过实验,了解……",基本每一章都会涉及一至两次。

2.3 教材呈现

为避免对探究产生歧义,教材没有专门设置"探究"栏目,但是对于一些较大的、需要通过实验来探究的内容,则用"实验:探究……"这样的写法来加以标识,如"实验:探究小车速度随时间变化的规律",这是一类以实验为手段来引导学生探究的内容。而对于有些不是以实验探究为主的演示实验、验证性实验和测定性实验等，则不出现"探究"的字样，例如，"演示：观察做曲线运动物体的速度方向""实验：验证机械能守恒定律""实验：导体电阻率的测量"。为了突出上面提到的探究性实验的探究性，教材不是平铺直叙讲如何来实现这些研究，而是引导学生思考如何才能完成实验所要求的任务，特别强调对探究思路的思考。在引导学生对思路讨论清楚后，为了充分体现探究的思想，教材并不是给出一个确定的操作方案，而是给出 2~3 个参考案例，以体现完成同样的探究任务，可以有不同的方法。

2.4 教材设计

人教版 2019 新教材中，对于实验的呈现方式与之前的教材相比，改动比较大，新教材中实验通常是分为实验思路、物理量的测量、数据分析三个板块来呈现。遵循学生的探究方式，探究思路。而且数据分析中提供了多种方法。另外，值得注意的是，对于实验方案，教材中也是提供了多种方案，如在必修 3 第十二章第 3 节《实验：电池电动势和内阻的测量》，教材中提供了两个参考案例，分别是测量干电池的电动势和内阻、测量水果电池的电动势和内阻。不同案例，原理也会有所不同，为学生提供不同的探究思路。再如，在必修 1 第三章第 3 节《牛顿第三定律》，教参中建议进行随堂分组实验，并建议有条件的学校利用传感器探究作用力与反作用力的大小、方向关系。

3 实验改进

经典物理实验中传感器应用，涉及力、电、磁三个方面的实验，这些实验是基于物理教材且优于传统实验，可以完成传统实验无法完成的一些创新实验，亦可将传统实验现象不明显的情况通过放大的方法展现在学生面前。经典实验和案例研究是体现在要选择典型实验，且要结合传感器自带软件进行改进或开发，而不是面面俱到，也不是将传统实验用传感器再重新做一遍。

在高中物理实验教学中，通过对学生创新思维的培养，不仅能调动学生对实验操作的兴趣,而且能使学生更加主动地参与到教学实践中,以确保实验教学的效果。培养学生创新思维时,教师还需要注重学生在课堂上的主体作用,并通过相应的教学方法促使学生积极学习、思考、探究,从而使物理实验教学效率与教学质量得到有效提高,并促使学生实现全面发展。物理是一门以实验为基础的学科,一切概念、规律都是建立在实验的基础之上,而有些实验在中学传统实验室中无法演示或分组实验。借助探究实验室提供的先进技术手段则突破了传统实验手段的限制,大幅度改进原来做不出、做不好的实验。例如本文所研究的内容是摆球在下落过程中,探究其动能和重力势能转化中遵循的规律,从而得出摆球摆动过程中机械能守恒的实验结论,是在学习了机械能守恒定律,并且该规律在自由落体运动中已得到验证之后,展示给学生的一个探究实验内容。这是在传统实验室中无法完成的。

关于重物自由下落模型满足机械能守恒定律,学生已通过传统实验进行了验证。除此之外,另一个重要的模型也满足机械能守恒定律,即摆球摆动模型,一般是由教师在理论推导后直接给出,学生只是被动接受,没有主动探索的过程体验,也没有进行实验数据的定量分析。笔者通过创新设计,在实验中借助光电门传感器技术定量测量了该模型的机械能变化情况,通过描点法描绘机械能随高度的变化曲线,得出结论。

本文利用光电门传感器可以获得摆球下摆过程中的瞬时速度的优点将传统的验证机械能守恒的实验进行了改进。通过随机的多次数据采集,并利用计算机将数据描点作图直观观察得出:重力势能与物体的高度成正比;动能与下落高度呈线性关系;机械能守恒等,比传统实验更有说服力,更科学,更直观。

以高一物理必修第二册第八章《5.实验:验证机械能守恒定律》为例进行实验设计与改进。机械能守恒的前提是"只有重力或弹簧弹力做功",因此创设的情景一定要满足这个条件。学生可以提出自由落体运动、竖直上抛运动、平抛运动、物体沿光滑斜面的运动、单摆等符合机械能守恒的情景。在充分讨论后确定合适可行的方案。教材提供的案例一个是自由落体运动,一个是滑块沿斜面下滑的运动。教师在教学中结合传统实验室器材,主要以自由落体运动为探究案例。学生实际操作时,有三个困扰:纸带与打点计时器之间的摩擦,导致实验数据存在误差;学生由于手抖,导致重锤从静止释放有一定难度;实验数据处理烦琐,占用大量课上时间。

我们的创新实验设计是探究摆球下摆过程机械能是否守恒。这个实验,由于小球的运动轨迹是曲线,所以在传统实验室里无法完成。摆球,在一个固定的悬点下,用一根不可伸长的细绳,系住一个一定质量的质点,在竖直平面内摆动。如在水平位置释放摆球,摆球的重力势能逐渐减少,动能逐渐增加,当摆球运动到最低点时,其动能最大,重力势能最小。本实验通过探究摆球在摆动过程中任意时刻(位置)的动能和重力势能的值,研究动能和重力势能转化中遵循的规律,从而探究摆球摆动过程中机械能是否守恒。

实验平台主要由机械能守恒演示仪(J-23)、光电门传感器、DAS-5104数据采集器、计算机、铁架台等构成。

机械能守恒演示仪的主要部件由实验板、光电门固定夹、磁性释放器、摆球(摆球质量0.0274 kg,摆球挡光直径0.018 m)、测平器、实验仪固定螺栓构成。实验前,将机械能守恒实验板利用专用的螺栓固定到普通铁架台上,上下两点固定。将磁性释放器固定在实验板的右上角,同时将光电门传感器也固定在实验板上,组装摆球部件,并将摆球吸附在磁性释放器上,将摆绳拉紧并固定在实验板后的螺丝上, 如图4-27所示为该仪器的实物照片。

用测平器准确确定光电门的位置,使测平器的上沿边缘通过光电门探头

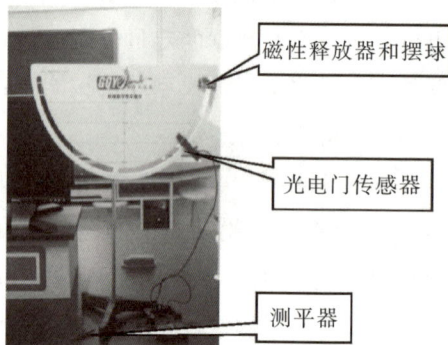

图4-27 机械能守恒实验仪器实物照片

的检测孔中心,测平器底部的红线对齐的刻度线读数就是光电门的高度。在实时数据页内,输入光电门的高度。点按光电门传感器的按钮,选用遮光(I)计时功能。长按光电门传感器的按钮,使3个指示灯都亮后再放手,对光电门进行清零。点击"开始实验",向外移开磁铁,释放摆球,让摆球无初速释放,通过光电门一次,点击"结束"按钮结束实验。完成第一组数据采集。重新调整光电门高度,但磁性释放器和摆球的位置不变,重复上述实验得到多组数据。

4 教学设计

4.1 学情分析

学生对高中物理实验的理解大多数还是停留在听老师讲授原理,然后按照老师说的实验步骤完成实验,之后按照要求处理实验数据。当然,不是全部学生都能准确分析出数据的。整体来讲,学生动手能力较差,没有探究过程的思考,分析实验原理、设计实验方案的能力较弱。这对于新课改背景下学生学科核心素养的培养是一个严峻的考验。

4.2 教学目标

1.通过实验来研究物体运动过程中动能与重力势能的变化,经历实验设计及探究的过程,理解机械能守恒定律的实验原理,从而验证机械能守恒定律。

2.在理解实验原理的基础上,能完成利用单摆模型探究机械能守恒定律的实验操作。

3.学会利用图像法处理数据并验证机械能守恒定律,进一步体会利用图像进行数据处理的方法。

4.尝试分析实验中的测量误差,了解实验中减小误差的方法。

4.3 教学过程设计

将传感器技术融入该实验,课堂模式主要以学生为主体,教师为辅助。下面以探究多种情况下的机械能守恒情况来举个例子。完成这个内容需要以下几步:

第一步:让学生先找到教材上的关于探究机械能守恒情况的分组实验和演示实验,并分析其原理和操作过程以及数据分析。

第二步:在学生已经掌握了已有应会的知识后,向学生介绍光电门传感器的原理及使用方法,并向学生展示会用到的实验器材,最后提出实验目的。

第三步:学生分组讨论:如何结合教师所给的器材探究摆球下摆过程机械能是否守恒,并提出方案。各组进行交流。

第四步:学生结合每组的讨论结果进行实验。

第五步:学生分享实验过程,并在教师的引导下,利用软件对实验数据进行作图分析,得出物理规律。

第六步:结合光电门传感器的功能,让学生提出还可以探究哪些运动过程机械能守恒情况,教师准备器材,学生分组体验。

1.连接好传感器与数据采集器和 PC 机。将光电门传感器插入到采集器。(此实验只需用到双光电门探头中的一个,但两个探头必须与光电门传感器相连接,否则光电门传感器不能正常使用)。

2.点按光电门传感器的按钮,选用遮光(I)计时功能。

3.用测平器准确定位把光电门分别固定在 15 cm 高度处,测平器的上沿边缘通过光电门探头的检测孔的检测孔中心器的上沿边缘通过光电门探头的检测孔的检测孔中心,测平器的底部的红线对齐的刻度线读数就是光电门的高度。在实时数据页内,输入光电门的高度。

4.长按光电门传感器的按钮,使 3 个指示灯都亮后再放手,对光电门清零。

5.点击"开始实验",释放摆锤,让摆球通过光电门一次,用手拿住摆球。点击"结束"按钮,结束实验。完成第一组数据采集。

6.调整光电门高度,重新执行步骤 3~5,得到各次数据。

7.在实验数据图形页面和数据页中,分析比较摆锤下落中,在不同的位置动能和重力势能值得变化情况,比较总机械能的值;得到动能和重力势能转化时遵循的规律。

依据上述实验方案,用测平器准确测量光电门的探头所在位置,如 11.6 cm,并将数据输入到实时数据的"高度"一栏,如图 4–28 所示。开始实验后,移开磁铁,摆球无初速释放,经过一次光电门后结束实验,实时数据同时显示了摆球在该位置过光电门的时间、摆球的速度大小以及动能、重力

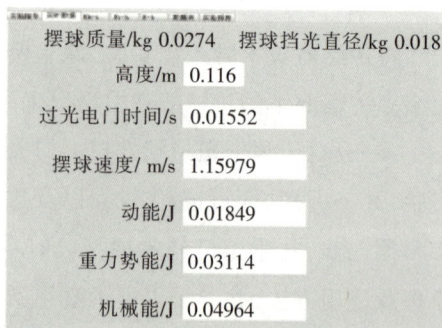

摆球质量/kg 0.0274 摆球挡光直径/kg 0.018
高度/m 0.116
过光电门时间/s 0.01552
摆球速度/ m/s 1.15979
动能/J 0.01849
重力势能/J 0.03114
机械能/J 0.04964

图 4–28　摆球在高度为 11.6 cm 时的实时数据

势能(系统默认机械能守恒演示仪上 0 刻度所在水平面为参考平面)和机械能。

保持磁性释放器和摆球的初始位置不变,并无初速度释放摆球,重新调整光电门高度,采集多组数据,即将同一过程的摆球下落分解为多步进行数据采集,最终得到摆球下落过程中重力势能和动能与高度的关系,如图 4-29 所示。图 4-29 中横坐标表示摆球所处高度,纵坐标表示摆球在此高度时的重力势能。当摆球高度增大时,其重力势能也增大,将实验所得数据进行拟合,得到一条过原点的倾斜直线,且该直线方程为

$Y=0.2685X+0$

而摆球质量 m 与重力加速度 g 的乘积

$mg=0.0274 \text{ kg}\times 9.8 \text{ m/s}^2=0.2685 \text{ N}$

所以该图线中数学表达式表示的物理量之间的关系为

$E_p=mgh$

此结论与所学内容正好吻合。

同理,图 4-30 中横坐标表示摆球所处高度,纵坐标表示摆球在此高度时的动能。当摆球高度增大时,其动能在减小,将实验所得数据进行拟合,得到一条倾斜直线,表示摆球的动能随高度做线性变化。

图 4-31 中,横坐标仍然表示摆球所处高度,纵坐标表示摆球在此高度时的机械能(机械能是动能与势能的总和,本实验中的涉及的势能为重力势能)。从图像中可以看到摆球下落过程中其机械能不随高度变化,是一条水平直线。从数据表的具体数据显示,当摆球在不同的高度时,其速度大小不同,摆球越接近摆动过程

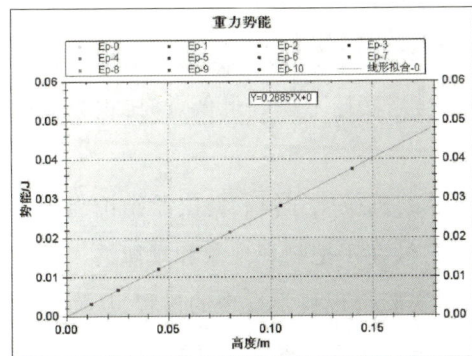

图 4-29 重力势能随高度的变化

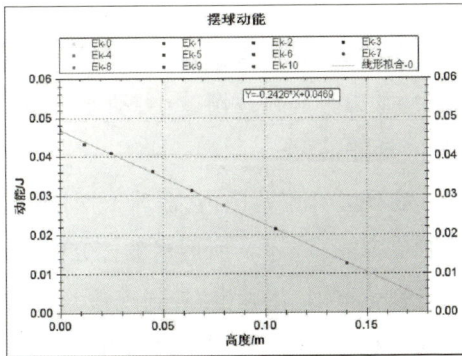

图 4-30 动能随高度的变化

图 4-31　机械能随高度的数据采集

的最低点时,其速度越大,动能越大,而重力势能反而越小,但是总的机械能基本保持不变,即摆球下摆过程中摆球的机械能守恒,如图 4-32 所示。

误差分析:从图 4-32 中最后一栏的机械能数据统计中可以看到,光电门传感器的位置越接近参考平面,摆球下落时间增大,机械能数值越小,即损失的机械能越多,笔者认为这和空气阻力的影响有关联。摆球有大小,且本实验在探究实验室完成,下落过程中摆球一定会受到空气阻力的影响,导致能量有所损失,但是机械能损失低于 5%,在允许的误差范围内。

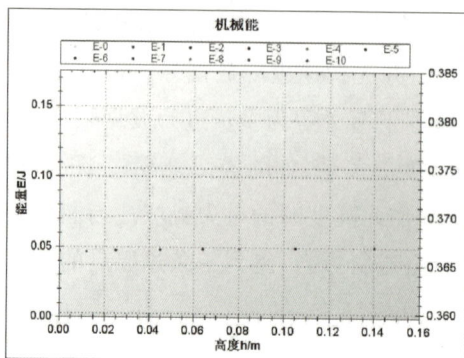

编号	ζ	高度H	过光门时间	v	Ek	Ep	E
1		0.14	0.01678	0.958466453	0.012631546	0.0375928	0.050224346
1		0.105	0.0144	1.25	0.021484375	0.028194599	0.049678975
1		0.08	0.01272	1.415094339	0.027534264	0.0214816	0.049015864
1		0.064	0.0119	1.512605042	0.031459642	0.01718528	0.048644922
1		0.045	0.01109	1.823083859	0.036223016	0.0120834	0.048306416
1		0.025	0.01043	1.725790987	0.040952374	0.006713	0.047665374
1		0.012	0.01014	1.775147928	0.043328314	0.00322224	0.046550554
1		0	0.00974	1.848049281	0.046960184	0	0.046960184

图 4-32　数据统计表

实验结论:摆球下摆过程中,重力势能与高度的关系为 $E_p=mgh$;摆球下摆过程中,重力势能在逐渐减小,动能在逐渐增大,当摆球下摆到最低点时,重力势能最小,动能最大。

在误差允许范围内,摆球下摆过程中摆球的机械能守恒。此实验结论与理论推理完全吻合。本文所展示的探究内容成功之处在于把物理现象和规律纳入学生的可视化范围,让学生"看到现象"。注重通过实验再现科学发现的过程,从而让学生体验到"猜想—验证—归纳"的科学探究过程,初步掌握科学研究的方法,而传感器的应用大大提高了这种探究过程的实效。

通过这样一节课,信息技术助力课堂实验教学,既有助于学生巩固原有的应知应会的实验知识,又有助于学生开阔视野,在多种情境下完成同一实验原理的探究,且数据直观可靠、迅速可见,有说服力,同时可以培养学生对物理学习的兴趣,一举多得。

5 教后反思

5.1 结论

1.传感器在经典物理实验中应用,其特点是能准确、动态地采集实验信息,并能够利用函数图像处理功能,由计算机及实验软件辅助实现数字化显示,快速、直观、形象地展示出实验结果。

2.传感器在经典物理实验中应用,其灵敏度高,采集的实验数据精度较高,实验误差较小,学生更易得出结论。

3.传感器在经典物理实验中应用,能弥补传统实验室做不了的实验,针对典型例题中的某些模型,可以进行探究。

4.学生自主参与进课堂,参与进实验,探究的兴趣更浓,学生会在实验方案的设计有分歧时据理力争,然后在实验中见真招,最后再分析不恰当方案的不足之处。学生在这个过程中形成物理观念、理解物理规律,物理科学素养得到提高。

5.传统实验不可替代,不能抛弃。用传感器进行实验改进或创新,二者有机结合,充分发挥各自优势,提高学生实验能力,培养学生科学探究素养。

5.2 不足

通过课堂实践,传感器在经典物理实验中应用主要有两点不足之处。

1.使用传感器进行实验,由于传感器可以直接测量物理量,这会使学生在正确使用基本测量工具的技能上造成一定程度的影响,另外,传感器数据直观可视,也会冲击学生处理数据的能力。

2.传感器在经典实验中的应用会受到配套软件的束缚,如何在现有基础上最大限度地开发更多实验,是后期我们要努力的目标。

5.3 建议

1.经典物理实验中传感器应用实验前后,教师只能起引导作用,个别指导,纠正实验过程中存在的问题,应充分发挥学生的主观能动性。

2.成立物理实验兴趣小组,让学生自己探索物理规律。为学生提供自主、探究、合作的学习条件,在已有物理理论知识和实验基本技能的基础上,经过思考、探索,从而创造性地解决物理问题、分析物理现象、掌握物理知识,使学生的创造思维得到训练,让学生的创新意识、实践能力得到增强。

3.经典物理实验中传感器应用案例较多,不可能都在课堂上完成,建议开展校本课程或社团,辅助教学。

4.传感器应用,需要和计算机连接,建议隔一定的时间,对软件和硬件设备更新一次。

5.4 展望

物理实验是物理学发展的源泉,很多理论的出发点以及最终理论的形成及验证,都要依靠实验,所以在教育教学中我们应该重视实验,一方面,充分利用已有的实验设备。传统实验不可取代,要开设完备,辅以探究实验。探究实验室中,充分利用各种传感器设备,可实现将抽象的、微观的教学内容具体化、放大化。如在电磁学实验教学中,实验现象抽象,再加上受限于传统的实验手段和方法,使一些物理现象不能够清晰展现,影响了学生对物理规律的认识,甚至因为电磁学的"抽象、枯燥"而失去了学习物理的信心,形成了教学中的一个难点。如果将电流传感器引入自感实验中,就可使这种状况大大改观。先将实验进行改进,然后教师引导学生对电流的变化过程进行分析研究,学生直接看到了实验现象,并将电流随时间的变化记录为图像。这样既可实现学生分组进行探究式学习,培养动手能力和合作精神,也可以将教学难点攻破。

第五章

电磁学(一)部分案例研究

第1节 "小游戏大科学"类物理实验在培养学生核心素养中的作用

——导体电阻率的测量

1 文献述评

《普通高中物理课程标准(2017年版2020年修订)》强调:"高中物理课程应该培养学生的自主学习能力,让学生勇于实验、勤于思考,帮助学生掌握物理基础知识和技能,使其形成科学探究的能力。"实验是高中物理的重要组成部分,在高中物理教学中处于基础性地位,也是培养学生科学研究能力的有效方式,是培育学生核心素养的有力武器。

物理学科核心素养的培养主要体现在物理概念、科学思维、科学探究、科学态度与责任四个方面。科学探究更为主要的就是以实验为主,可见实验教学在新教材新课改中的重要地位。实验教学是物理学习的重要环节,是培养学生物理学科素养的重要途径和方式,包括"提出问题""设计实验并收集获取证据""解释研究结果""交流合作与评估"。

江西师范大学徐秋实的论文《基于学生核心素养发展的高中物理"电学部分"教材比较研究——以新旧人教版为例》对2004年人教版和2019年人教版教材"电路部分"做了比较,如表5-1所示。

表 5-1　新旧教材比较

2004 年版人教版电学部分			2019 版人教版电学部分	
电路部分	第二章 恒定电流	1.电源与电流 2.电动势 3.欧姆定律 4.串联电路与并联电路 5.焦耳定律 6.导体的电阻 7.闭合电路欧姆定律 8.多用电表的原理 9.实验：练习使用多用电表 10.实验：测量电池的电动势和内阻 11.简单的逻辑电路	第十一章 电路及其应用	1.电源和电流 2.导体的电阻 3.实验：导体电阻率的测量 4.串联电路和并联电路 5.实验：练习使用多用电表
			第十二章 电能 能量守恒定律	1.电路中能量的转化 2.闭合电路欧姆定律 3.实验：电池电动势和内阻的测量 4.能源与可持续发展

通过对比发现课程结构不同,旧人教版电路部分出自选修 3-1 第二章;而新人教版在必修 3 划分两个模块,第十一章和第十二章(见图 5-1)。旧人教版第二章,分为 11 节进行介绍。其中第 1、3、4、6、9 节是从第一个角度进行切入;而第 2、5、7、10 节是从第二个角度进行切入。旧版排序不仅显得整章内容过于繁重,不利于阶段性课程目标的落实与评价反馈,而且从整个电学部分逻辑主线、前后节的衔接对应来看也不够恰当。因此新教材将这一章分为两章,从编排结构看,从两个方面进行切入。一是第十一章是基本电路组成部分中关于电源、电流、电阻等重要参量的学习,结合串并联电路的特点学习电压表和电流表的工作原理。二是在此基础上学习闭合电路中的基本规律(包括欧姆定律和焦耳定律),并学会测量电源的电动势与内阻。这种编排方式层次分明,逻辑清晰,有利于阶段性的评价与反馈,更好地服务于教师的教学目标,从而提升学生的核心素养。

图 5-1　新旧教材比较

　　尤其是将测量电阻率的实验单独分为一节内容，体现了新教材对实验探究的重视程度，培养了学生的科学探究能力；引入能源与可持续发展，紧密联系生活实际学以致用，培养了学生的科学态度和责任。新版教材以全面培养学生核心素养为出发点，充分贯彻了"电学"在高中物理的核心地位，做到更有广度的通识教育。

2 教材分析

2.1 知识地位

　　《导体电阻率的测量》是人教版高中教科书《物理 必修 第三册》第十一章第 3 节的内容（见图 5-2），它是第 2 节导体的电阻学完之后的实验应用，本节实验分实验 1 长度的测量及测量工具的选用，实验 2 金属丝电阻率的测量。《普通高中物理课程标准(2017 年版 2020 年修

③ 实验：导体电阻率的测量

　　电阻率是反映材料导电性能的物理量，这一节我们来测量导体的电阻率。如果根据导体的电阻、长度和截面积来求出电阻率，就需要测量电阻和长度等。下面我们分别来进行相关的实验。

实验 1　长度的测量及测量工具的选用

　　长度是物理学中基本的物理量，长度的测量是最基本的测量。常用的测量工具是刻度尺，初中我们已经学习了用刻度尺测量长度的方法和读数规则。现在我们进一步学习使用另外两种测量精度更高的工具。根据测量要求的不同，可以选用不同的测量工具。

▌游标卡尺

　　图 11.3-1 是游标卡尺的结构图。游标卡尺的主要部分是主尺 A 和一条可以沿着主尺滑动的游标尺 B。

图 5-2　教材展示

订)》要求学生通过本实验的学习,理解电阻率的实验原理及实验方法,通过分组实验学会测量导体的电阻率,并能进行误差分析。通过实验培养学生的科学探究意识,在观察和实验中发现问题、解决问题。

在旧教材中,第二章第 6 节是《导体的电阻》概念学习,而新教材里则是在第 2 节《导体的电阻》概念学习之后新加第 3 节《实验:导体电阻率的测量》。该部分内容在对前一节电阻概念知识理解和巩固的基础上,通过学生自己动手培养他们的物理思维与能力。

新教材不仅对于电阻率测量的思路与方法进行了引导与分析,更重要的是在进行"金属丝电阻率的测量"之前,先进行了"长度的测量及测量工具的选用"实验。在该实验中,对于游标卡尺和螺旋测微器的结构、原理与使用方法进行细致的讲解。游标卡尺和螺旋测微器的使用在高中物理一直是重点和难点,也是高考的重要考点。旧教材中,设置在附录之中,部分教师和学生重视程度不够,对游标卡尺和螺旋测微器的结构与原理理解得不是很清楚,导致学生不会保留有效数字和进行准确的误差分析。新教材的改动,符合学生的认知规律。在教学中提供了电阻测量的电路,为后面串并联电路、闭合欧姆定律等的教学做了铺垫,使知识的学习过程更加连贯。

2.2 课标规定

在新课程标准中,更加突出科学思维和科学探究的引导,注重学生学科素养的生成。新课程标准中,多次提到这样的字眼,如"通过实验探究……关系""通过实验认识……规律""通过实验了解……问题",基本每一章都会涉及一至两次。

电路及其应用

【内容要求】

(1)观察并能识别常见的电路元器件,了解它们在电路中的作用。会使用多用电表。

(2)通过实验,探究并了解金属导体的电阻与材料、长度和横截面积的定量关系。会测量金属丝的电阻率。

例 1 知道滑动变阻器的工作原理。

例 2 通过 I–U 图像了解材料的电阻特性。

（3）了解串、并联电路电阻的特点。

（4）理解闭合电路欧姆定律。会测量电源的电动势和内阻。

例3　通过探究电源两端电压与电流的关系，体会图像法在研究物理问题中的作用。

（5）理解电功、电功率及焦耳定律，能用焦耳定律解释生产生活中的电热现象。

（6）能分析和解决家庭电路中的简单问题，能将安全用电和节约用电的知识应用于生活实际。

例4　根据某家庭的电器设施，估算该家庭电路中所需导线的规格。

【活动建议】

（1）分别描绘电炉丝、小灯泡、半导体二极管的 I–U 特性曲线，对比它们导电性能的特点。

（2）收集新型电热器的资料，了解其发热原理。

（3）观察家庭用电器的工作状况，检查是否存在安全隐患，知道安全用电的基本方法。

（4）调查近年来家庭用电的情况，讨论节约用电如何从自己做起，养成节约用电的习惯。

在《实验：导体电阻率的测量》一节中，在旧课标中，对这一内容的要求是"通过实验，探究决定导线电阻的因素，知道电阻定律。"在新课标中，要求是"通过实验，探究并了解金属导体的电阻与材料、长度和横截面积的定量关系。会测量金属丝的电阻率。"相比较，新课标不仅对于影响电阻的因素从定性判断提高到了定量研究，而且新加了对金属丝电阻率的测量要求。

2.3 学情分析

通过初中物理的学习，学生已经具备了一定的电学实验能力。高二年级的学生，已经具备了一定的电学知识，对于导体的电阻、电阻率已经有了一定的认识。通过《长度的测量及测量工具的选用》一节的学习，学生学会了用螺旋测微器和游标卡尺测量微小尺寸的方法，符合学生的认知规律。

3 实验改进

实验 2　金属丝电阻率的测量

实验思路

　　设计实验电路。图 11.3-7 是本实验提供的实验电路图。取一段金属电阻丝连接到实验电路中，只要测出电阻丝的电阻 R、长度 l 和直径 $d(S=\dfrac{\pi d^2}{4})$，就可以计算出该电阻丝所用材料的电阻率，即

$$\rho=\frac{SR}{l}=\frac{\pi d^2 R}{4l}$$

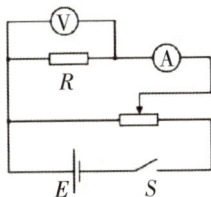

测电阻的电路图

图 5-3　新版教材展示

《实验：导体电阻率》的实验课在新教材版本中作为第 3 节单独出现(见图 5-3)。对于旧版教材是在选修 3-1 第二章第 6 节《导体的电阻》中作为实验出现的(见图 5-4)。

> **实验**
>
> 探究导体电阻与材料的关系
>
> 　　1.根据以上分析，以等式的形式写出用导体长度 l，导体横截面积 S 表示导体电阻 R 的关系式，用一个与 l、S 无关的常量表示比例系数。
> 　　2.选择至少两种不同材料的导体(例如镍铬合金丝和康铜丝)，测出它们的长度、横截面积和电阻，分别计算出上述等式中的比例系数。
> 　　3.分析上述比例系数的物理意义。

图 5-4　旧版教材展示

　　新版教材在必修 3 第十一章第 3 节作为单独的一节进行，并且分为两个实验来进行，实验 1 长度的测量及测量工具的选用，实验 2 金属丝电阻率的测量。在第 2 节《导体的电阻》安排了拓展学习中的伏安特性曲线，删掉了欧姆定律。因为金属丝比较细，对于直径的测量给提供了不同的设计方案。针对实验，以前旧版教材，多为串联限流电路，新版教材给出了测电阻的并联分压电路图。

4 教学设计

实验 1 长度的测量及测量工具的选用

1.教学目标

(1)理解游标卡尺的原理,学会使用游标卡尺测量长度。

(2)理解螺旋测微器的原理,学会使用螺旋测微器测量长度。

2.教学重点

(1)理解游标卡尺的结构、原理和学会游标卡尺的读数方法。

(2)理解螺旋测微器的结构、原理和学会螺旋测微器的读数方法。

3.教学难点

(1)游标卡尺原理的理解。

(2)螺旋测微器原理的理解。

4.教学过程

★教学环节1:课堂引入,长度测量

长度是物理学中基本的物理量,长度的测量是最基本的测量。常用的测量工具是刻度尺,初中我们已经学习了用刻度尺测量长度的方法和读数规则。

【问题1】想一想:能否测量一根金属丝的直径?

【学生】可能会猜想到:

将金属丝紧密缠绕在物体上,测出总宽度,再除以圈数,通过累积法测量电阻丝的直径。

【老师】可以,将金属丝紧密缠绕在铅笔上绕10圈,用刻度尺测出总宽度,再除以10,就能够测出直径,这是累积法。

如果用刻度尺直接测量金属丝的直径行不行呢?

误差过大,今天我们来介绍两种能直接测量金属丝直径的测量工具:游标卡尺和螺旋测微器。

★ **教学环节 2:游标卡尺,结构原理**

游标卡尺

(1)游标卡尺的结构

如图 5–5 所示,学生使用的游标卡尺是由主尺、游标尺、深度尺、外测量爪、内测量爪、尺身、紧固螺钉等组成。

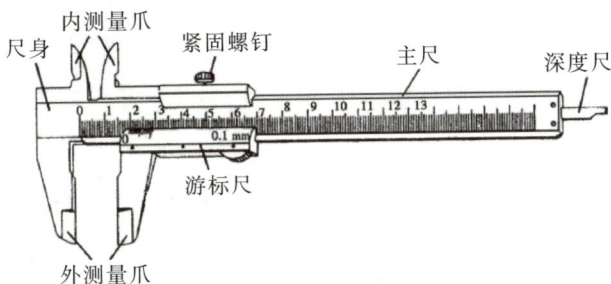

图 5–5 游标卡尺的结构

【问题 2】请同学们仔细观察游标卡尺的结构思考:游标尺的零刻度线与主尺零刻度线对齐时,内测量爪、外测量爪和深度尺处于什么位置。

【学生】通过观察,游标尺的零刻度线与主尺零刻度线对齐时,内、外测量爪并拢,处于一条直线上,深度尺与主尺的端面对齐。

【问题 3】向右移动游标尺,观察内测量爪、外测量爪和深度尺移动的距离满足什么关系?

游标尺的内测量爪、外测量爪、深度尺与游标尺是连在一起的同步移动的,游标尺的零刻度线向右移动多少距离,各量爪之间就分开多少距离。游标尺上的零刻度线就像在主尺上移动的"指针"一样,指示各量爪张开的距离。

(2)游标卡尺的原理

【问题 4】请同学们观察游标卡尺的主尺和游标尺,思考如下问题:

主尺的最小分度是多少?

游标尺刻度的总长是多少? 最小分度是多少?

游标尺与主尺上的最小分度相差多少?

【师生】游标卡尺的主尺是毫米刻度尺,分度值为 1 mm,当游标尺的零刻度线与主尺的零刻度线对齐时,游标尺的最后一根刻度线与主尺的 9 mm 对齐,也就是说游标尺总长为 9 mm,游标尺一共有 10 个小格,则游标尺最小分度为 0.9 mm,与主尺上的最小分度相差 0.1 mm,因此精确度为 0.1 mm。此时,游标尺与主尺的第一条刻度线相差 0.1 mm,第二条刻度线相差 0.2 mm。

移动游标尺,当游标尺向右移动 0.1 mm 时,它的第一条刻度线恰好与主尺的 1 mm 刻度线对齐;

移动游标尺,当游标尺向右移动 0.2 mm 时,它的第二条刻度线恰好与主尺的 2 mm 刻度线对齐;

移动游标尺,当游标尺向右移动 0.3 mm 时,它的第三条刻度线恰好与主尺的 3 mm 刻度线对齐。

以此类推,游标尺向右移动不足 1 mm 的距离,虽不能直接从主尺读出,但可以由游标尺的某一根刻度线与主尺刻度线对齐从而准确推算出来。

★教学环节 3:游标卡尺,读数使用

(3)游标卡尺的读数方法

【教师】先读主尺上的刻度:根据游标尺上零刻度线与主尺刻度线的相对位置读出整毫米数,用 l_0 表示。

再读游标尺上的刻度:从游标尺上读出与主尺上某一刻度线对齐的刻度线对应的格数,用 K 表示。结合主尺及游标尺的读数得到被测长度为

$l=l_0+K \times$ 精确度 mm

如图 5-6 所示为 l_0 分度的游标卡尺,被测物体的长度为 23.7 mm。

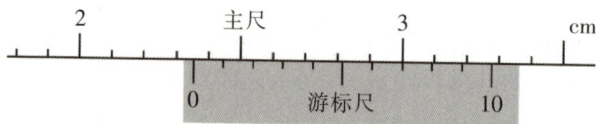

图 5-6 游标尺

演示动画:游标卡尺的读数练习读数时,先读主尺上的刻度,根据游标尺上零刻度与主尺刻度线的相对位置,可知主尺读数时 23 mm,再读游标尺上的刻度,游标尺上第七条刻度线与主尺上的刻度线对齐,其读数为 0.7 mm,那么游标卡尺的读数为主尺读数与游标尺读数相加,即 23.7 mm。

读数=主尺读数+游标尺读数

游标尺读数=$K \times 0.1$ mm

【学以致用】某同学用游标卡尺分别测量金属圆管的内、外壁直径,游标卡尺的示数分别如图 5-7(a)和(b)所示。由图可读出,圆管内壁的直径为_____cm,圆管外壁的直径为_____cm;由此可计算出金属圆管横截面的面积。

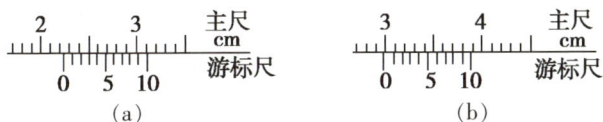

图 5-7 游标尺

解析:图 5-7(a)中游标卡尺的主尺读数为 22 mm,游标尺读数为 3×0.1 mm=0.3 mm,所以最终读数为 22 mm+0.3 mm=22.3 mm=2.23 cm。图 5-7(b)中游标卡尺的主尺读数为 29 mm, 游标尺读数为 9×0.1 mm=0.9 mm, 所以最终读数为 29 mm+0.9 mm=29.9 cm。

(4)游标卡尺的使用

【问题5】游标卡尺有哪些用途呢？如何使用游标卡尺进行测量呢？

【教师】游标卡尺可以于测量被测物体的外径、内径和深度。

【学生】观看游标卡尺的使用演示视频。

①测量外径:测量时应右手握住尺身,大拇指移动游标,左手拿住待测物体,使待测物体位于外测量爪之间,当待测物体与外测量爪紧紧相贴时,即可读数。

②测量内径:测量内径时,应先将内测量爪放入待测物体内部,将游标卡尺的内测量爪缓慢张开,直至内测量爪与待测物体的内壁贴合,即可读数。

③测量深度:测量深度时,先把深度尺放到工件孔径内,在确保深度尺已经伸到孔径最深处,然后主尺的尺身与工件的外壁保持平行,即可读数。

【活动探究】练习使用游标卡尺测量塑料管的外径、内径和深度。

测量一段钢管不同位置的内径、外径和深度,测量 3 次,将数据记录在表 5-2 中,并取平均值。

表 5-2 测量钢管的内径、外径和深度

	1	2	3	平均值
内径/mm				
外径/mm				
深度/mm				

★教学环节4:卡尺分类,注意事项

根据游标尺刻度的不同,游标卡尺可以分为三类,分别是10分度游标卡尺,20分度游标卡尺和50分度游标卡尺,如表5-3所示。

【问题6】请同学们观察20分度游标卡尺,按照10分度游标卡尺读数原理的分析思路,归纳总结出20分度游标卡尺的读数方法?

表5-3 游标尺分类

游标尺	刻度总长度	每小格与1 mm的差值	精确度
10分度	9 mm	**0.1 mm**	0.1 mm
20分度	19 mm	**0.05 mm**	0.05 mm
50分度	49 mm	**0.02 mm**	0.02 mm

注意事项:

①校零位:当外(内)测量爪一侧的两个刃接触时,游标尺上的零刻度线与主尺上的零刻度线正好对齐。

②测量:将被测物体夹(套)在这两个刃之间,把主尺读数和游标尺读数综合起来,就是被测物体的长度。

③游标卡尺不估读。

读数时,先将游标尺固定,取下被测物体后再进行读数。

★教学环节5:螺旋测微器,结构原理

(5)螺旋测微器的结构

螺旋测微器的基本结构:由测砧、尺架、测微螺杆、固定刻度、可动刻度、旋钮、微调旋钮和锁紧装置等组成。如图5-8所示。

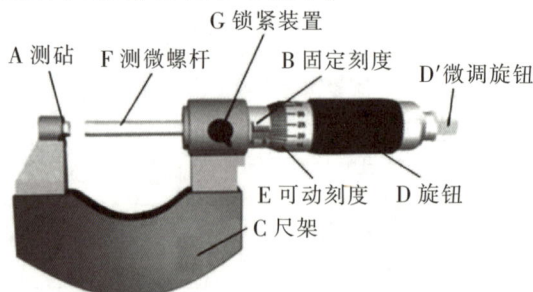

图5-8 螺旋测微器的基本结构

将螺旋测微器拆开来看，测砧和固定刻度是固定在尺架上的，可动刻度、旋钮、微调旋钮与测微螺杆连在一起。测微螺杆上有螺纹，它的示意图如图 5-9 所示，相邻两条螺纹间的距离称之为螺距。测微螺杆的螺距为 0.5 mm。

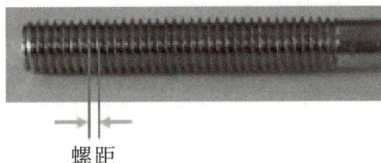

图 5-9　测微螺杆

(6)螺旋测微器的原理

【学生】观察螺旋测微器原理演示，思考如下问题：(视频)

旋钮旋转一周，螺杆沿着旋转轴线方向前进或后退多少？

可动刻度有多少个等分刻度？

可动刻度每旋转一格，测微螺杆前进或后退多少？

【师生】旋钮旋转一周，旋钮移动一个螺距的距离为 0.5 mm。

可动刻度有 50 个等分刻度。

可动刻度每旋转一格，测微螺杆前进或后退 0.01 mm，显然，用螺旋测微器测量可以准确到 0.01 mm。

★ **教学环节 6：螺旋测微器，读数使用**

【读数】先读固定刻度 B 上的整毫米刻度，并观察 B 上的半毫米刻度线是否露出；再读可动刻度 E 上的刻度，需要估读一位；综合 B 及 E 的读数得到被测长度为

l=固定刻度示数+可动刻度示数(估读一位)×0.01 mm

如图 5-10 所示，被测物体的长度为 6.725 (6.724~6.729 均可)mm。

【使用】用螺旋测微器测量物体时，用左手的拇指和食指捏住小物体，其余手指勾住尺架，右手旋转套筒使测杆向被测物体移动，当测杆接近被测物体时改用微调旋钮，测杆

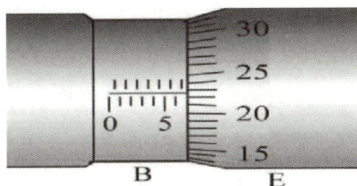

图 5-10　读数

压住被测物体后，微调螺丝和可动套筒间的棘轮会发出咔咔的响声，一般连续响 3 次就可以测量了。

注意事项：

①校零位：先使F与A接触，E的左边缘与B的零刻度线对正。

②测量：将被测物体夹在F与A之间，旋转D，当F快靠近物体时，停止使用D，改用D′，听到"喀喀"声时停止。

③读数时应特别小心半刻度是否露出，因螺旋测微器的精确度为0.01 mm，可动刻度上对齐的格数需要估读，以毫米为单位，最后一位应出现在小数点后的第三位上。

【学以致用】用螺旋测微器测量合金丝的直径。为防止读数时测微螺杆发生转动，读数前应先旋紧如图5-11所示的部件_____（选填"A""B""C"或"D"）。从图中的示数可读出合金丝的直径为_____mm。

解析：读数前应先旋紧B，使读数固定不变；螺旋测微器的固定刻度为0 mm，可动刻度为41.0×0.01 mm=0.410 mm，所以最终读数为0 mm+0.410 mm=0.410 mm。

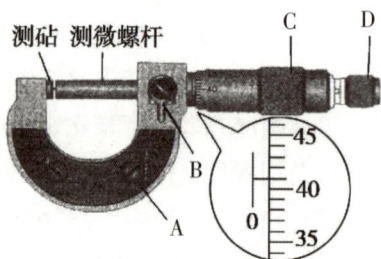
图5-11 用螺旋测微器测合金丝的直经

【活动探究】练习使用螺旋测微器测量头发丝的直径。

实验2 金属丝电阻率的测量

1.教学目标

(1)理解测量电阻率的实验原理及实验方法。

(2)通过分组实验，学会测量导体的电阻率，树立学生的物质观念。

(3)通过互助合作探究学习，培养学生科学探究的意识和能力。

(4)通过数据处理和误差分析的过程，树立学生实事求是的科学态度。

2.教学重难点

教学重点：导体电阻率的测量的实验原理和实验方法。

教学难点：待测金属丝的直径测量、金属丝的电阻测量电路选取。

教学方法：问题探究法、实验法。

教具：PPT、待测金属丝、螺旋测微器、游标卡尺、毫米刻度尺、学生电源、电压表、电流表、滑动变阻器、开关以及导线若干。

3.教学流程(见图5-12)

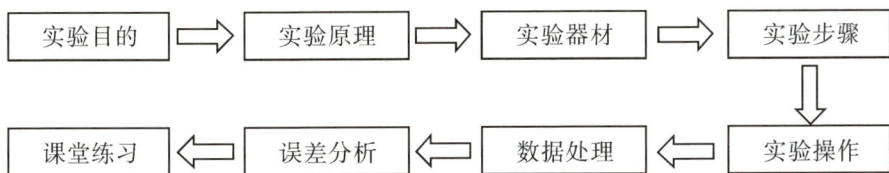

图 5-12 教学流程

4.教学过程

★**教学环节 1：引入新课,明确原理**

【问题 1】要想测量导体的电阻率,思考如下两个问题：

①测量金属丝的电阻率依据的物理规律是什么？

②需要测定哪些物理量？

根据上述两个问题,学生们结合第 2 节所学的《导体的电阻》共同探究明确实验原理。

学习导体的电阻 R 与它的长度 l 成正比,与它的横截面积 S 成反比,导体电阻还与电阻率有关,导体的横截面积不能直接测量,可以通过测量直径 d 得到,从而可以得到导体的电阻率。

$$R=\rho\frac{l}{S} \implies \rho=\frac{SR}{l}$$

$$S=\frac{\pi d^2}{4} \implies \rho=\frac{\pi d^2 R}{4l}$$

根据表达式可知,需要测量电阻丝的电阻 R、直径 d 和电阻丝有效长度 l,就可测出金属丝的电阻率。

设计意图：启发引导,让学生思考明确实验原理,有的放矢。

★**教学环节 2：选取器材,确定方案**

给同学们提供如下实验器材,请同学们从中选择合适的器材,分组合作探究,设计实验方案,进行实验。

电流表 A_1：0~0.6 A 量程,内阻约为 0.125 Ω；

电流表 A_2：0~3 A 量程,内阻约为 0.025 Ω；

电压表 V_1：0~3 V 量程,内阻约为 3 kΩ；

电压表 V₂:0~15 V 量程,内阻约为 15 kΩ;

电源电压约为 3 V,滑动变阻器最大值 5 Ω;

待测金属丝的总电阻约为 10 Ω;

一个开关和若干导线;

测量长度的工具:毫米刻度尺、游标卡尺和螺旋测微器。

(1)长度的测量

实验需要测量接入电路中金属丝的有效长度 l 和金属丝的直径 d,实验提供了毫米刻度尺、游标卡尺和螺旋测微器三种测量工具。测量工具的选择既要考虑使用的方便,也要考虑测量误差的大小,让学生进行选择。

【问题 2】测量电阻丝的有效长度 l,要选用哪种测量工具,实验时需要注意什么问题?

【学生】电阻丝总长度为几十厘米,所以应选用毫米刻度尺。

注意事项:

①刻度尺的分度值为 1 mm,读数时可读到 0.1 mm。

②要测量金属丝的有效长度,也就是金属丝被接入电路中的长度。

③为测量准确,利用多次测量求平均值的方法,提高实验精确度。如表 5-4 所示。

表 5-4 测量电阻丝的有效长度

次数	1	2	3	平均值
l/mm				

(2)金属丝的直径 d 的测量

【问题 3】测量电阻丝的直径 d 可以选用哪种测量工具,可以选取哪些方案,有哪些注意事项?

【学生】因为电阻丝比较细,所以直接用刻度尺测量就会产生比较大的误差,可以有如下几种方案可选。

方案①:用刻度尺测量电阻丝的直径

如图 5-13 所示,取一段电阻丝,在圆柱形物体上紧密缠绕,用刻度尺测量出总宽度,

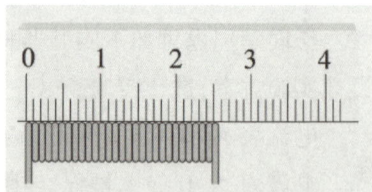

图 5-13 用刻度尺测量电阻丝的直径

再除以圈数,通过累积法提高测量的准确度。

方案②:用螺旋测微器测量电阻丝的直径。如图 5-14 所示。

方案③:用游标卡尺测量电阻丝的直径。如图 5-15 所示。

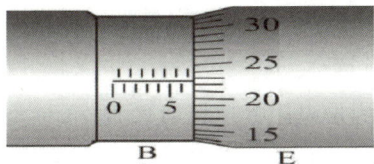

图 5-14 用螺旋测微器测量电阻丝的直径

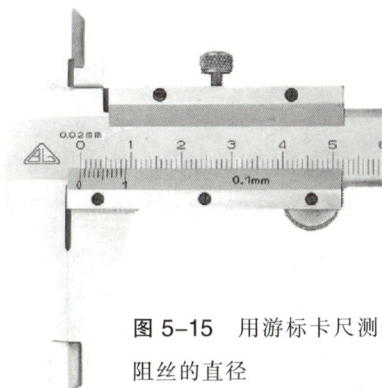

图 5-15 用游标卡尺测量电阻丝的直径

【学生】分组尝试不同方案,进行比较,选用螺旋测微器进行测量,其分度值为 0.01 mm,可读到 0.001 mm,可以减小误差。

注意事项:

①缠绕法注意要紧密缠绕,均匀细致。

②游标卡尺使用时首先要校零,金属丝应该置于外测量爪的平面处;游标尺上的零刻度线与主尺上的零刻度线要正好对齐,读数时视线应垂直尺面,以减小误差,不估读。

③用螺旋测微器测量时,当接近金属丝时,须转动微调旋钮。读数时要注意固定刻度上的半毫米刻度线是否露出。

④游标卡尺和螺旋测微器在金属丝的不同位置测量 3 次,求出平均值,提高实验精确度。如表 5-5 所示。

表 5-5 测量电阻丝的直径

次数	1	2	3	平均值
d/mm				

(3)电阻 R 的测量

初中我们就学过使用伏安法测量导体的电阻,需要测量电压和电流两个物理量,那么就要选择合适量程的电压表和电流表,第一步,选择电表量程。

【问题 4】为了尽可能准确地测量电流和电压,电流表和电压表应该选择什么量程?

【学生】电源电压约 3 V,因此电压表选择 0~3 V 量程,由于待测电阻丝阻值大约为 10 Ω,电路中最大电流约为 3 除以 10,大约为 0.3 A,因此电流表选择 0~0.6 A 量程。

【问题 5】本实验电流表采用内接法还是外接法?请教师引导学生根据实验器材中的数据分别计算两种接法的误差,并进行选择。

【师生】第二步设计测量电路,用伏安法测量电阻的电路有两种,一种是电流表内接法,另一种是电流表外接法(见图 5-16)。通过之前的学习我们知道,电压表和电流表都不是理想电表,由于电压表和电流表内阻的影响,两种测量电路都存在系统误差。我们分别对其进行分析,待测电阻 R_x 阻值越小,相对误差越小,电流表外接法适合测量阻值较小的电阻。

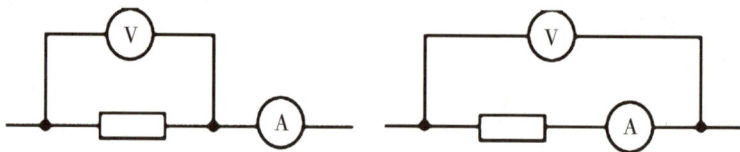

图 5-16 用伏安法测量电阻的电路

【问题 6】为调节方便,尽可能测量多组数据,滑动变阻器采用分压式接法还是限流式接法?

【师生】第三步是控制电路的选择。实验中要测量多组电压和电流值,通过 U-I 图像求得电阻 R,那么就需要滑动变阻器来控制电路中电压和电流的变化,滑动变阻器在电路中的连接方式有两种:分压式和限流式。

【学生】滑动变阻器最大阻值跟待测电阻相差不多,如果选用限流式接法,滑动变阻器和电阻丝串联,提供的电压可调节范围 $\frac{R_x}{D \perp D}U$~U;如果选用分压式接法,可提供电压调节范围为 0~U,都可以满足实验采集 6~8 组数据,考虑到分压式接法调节范围大,数据点可以更分散一些,本实验选用分压式接法。

【问题7】在纸上画出实验电路图(见图5-17),并指出电流表和电压表的正负接线柱,说明滑动变阻器的滑片应该放在哪端。

设计意图:三个物理量都涉及用什么测—怎么测—为什么这样测的问题。

以问题组形式,层层递进,鼓励学生积极思考,大胆设想,明确实验步骤,注意实验规范,培养知识迁移能力和自主学习能力,培养学生科学探究的意识和能力。内外接法可以引导学生尝试进行比较,分析误差来源,进行选取,有利于学生求知欲望激,进行深度思考。

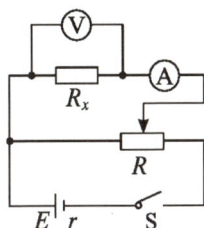

图 5-17　实验电路图

★ 教学环节 3:进行实验,收集数据

第一步:根据原理连接实物图。

先连接下面的控制电路,导线从电源正极出发,通过开关,再通过滑动变阻器,滑动变阻器连接下面两脚,最后回到电源的负极。再连接上面的测量电路,让电流从电流表的正接线柱流入,从负接线柱流出,流过电阻丝回到负极,最后将电压表并联在电阻丝上。注意将滑动变阻器的滑片放在最左端。

第二步:测量电阻丝有效长度 l:用毫米刻度尺测量接入电路中被测电阻丝的有效长度,测量 3 次,将数据记录在表格中,并求得有效长度的平均值。

第三步:测量电阻丝直径 d。

用螺旋测微器在被测电阻丝不同位置测量 3 次,将数据记录在表格中,求得直径的平均值。

第四步:测量电阻丝的电阻 R。闭合开关,改变滑片位置,测量 6 组电压和电流,将数据记录在表 5-6 中。

表 5-6　电压和电流

次数	1	2	3	4	5	6	平均
U/V							
I/A							

设计意图:实验操作过程中关注注意事项,学生出现的问题,注重学生的讨论过程,合作探究的过程,给学生成功的喜悦。

★ 教学环节 4：数据处理，误差分析

（1）电阻 R 的测量值的确定

方法一、平均值法：可以将每次测量的 U、I 分别计算出电阻，再求出电阻的平均值，作为测量结果。

方法二、图像法：可建立 U-I 坐标系，将测量的对应 U-I 值描点作出图像，利用图像斜率来求出电阻值 R。如图 5-18 所示。

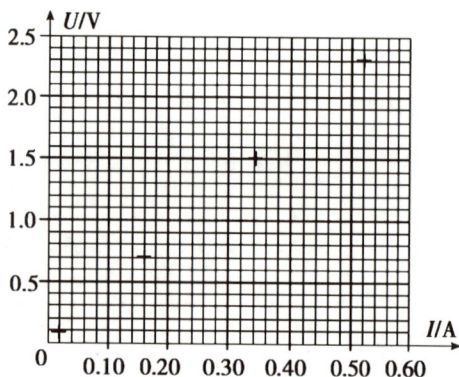

图 5-18　图像法

（2）计算电阻率

将记录的数据 R、l、d 的值代入电阻率计算式 $\rho = R\dfrac{S}{l} = \dfrac{\pi d^2 U}{4Il}$。

（3）误差分析

金属丝的横截面积是利用直径计算而得，直径的测量是产生误差的主要来源之一。

采用伏安法测量金属丝的电阻时，由于采用的是电流表外接法，测量值小于真实值，使电阻率的测量值偏小。

金属丝的长度测量、电流表和电压表的读数等会带来偶然误差。

由于金属丝通电后发热升温，会使金属丝的电阻率变大，造成测量误差。

设计意图：体会利用 U-I 图像法进行数据处理的优越性。分析误差来源，培养学生分析问题的能力。通过数据处理和误差分析的过程，培养学生的实验分析和评估能力，树立学生实事求是的科学态度。

★ **教学环节 5：课堂练习，巩固强化**

(1)小明同学测量一均匀新材料制成的圆柱体的长度和直径：

用游标为 20 分度的卡尺测量其长度，如图 5-19(a)所示，由图可知其长度为_____mm；

用螺旋测微器测量其直径，如图 5-19(b)所示，由图可知其直径为_____mm。

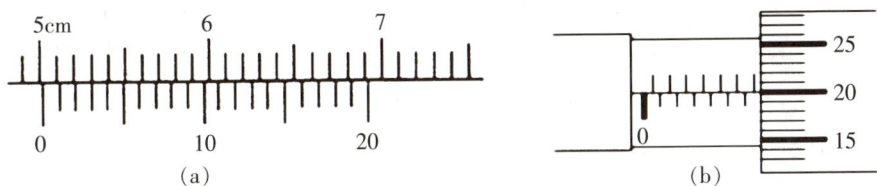

图 5-19 测量圆柱体的长度和直径

(2)在用电压表和电流表测量某种金属丝的电阻率时，用刻度尺测得金属丝的长度为 60 cm，用螺旋测微器测得金属丝的直径为 0.635 mm，两电表的示数分别如图 5-20 所示(电压表量程 0~3 V，电流表量程 0~0.6 A)。请计算，该金属丝的电阻率是多少？

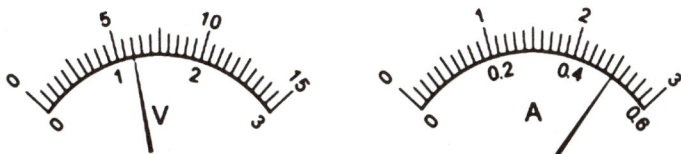

图 5-20 电表示数

设计意图：运用所学知识解决问题，提高学生解决问题的能力。

★ **教学环节 6：回顾反思，温故知新(见图 5-21)**

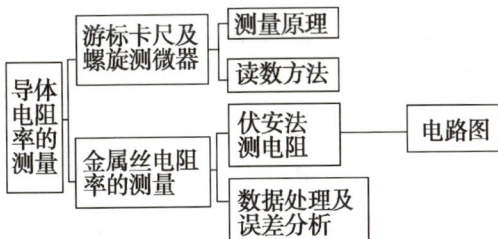

图 5-21 知识归纳

设计意图：强化理解，延伸课后。

5 教后反思

1.2004年版旧教材中导体电阻率的测量没有单独实验成节,对于测量长度的仪器的游标卡尺、螺旋测微计的学习编排在附录中。但是"导体电阻率的测量"也属于必做实验,是高考实验的热点。2019年新版教材将"导体电阻率的测量"增设为实验课,从实验的设计与计划制定到最后的实验数据分析,层次清晰、要求明确、环环相扣,引导学生分组实验,动手实践,培养学生实验设计、分析论证、反思评估等能力,提高物理学科核心素养,培养正确的物理观念、科学思维、科学探究能力、科学态度与责任。

2."要让学生对学习趣味较浓,需要教师采用一些外在于学科知识的方法,为外包装与广告效应。"在实验教学过程中,把控教材,凸显探究要素,采用启发式的问题组教学方法,开展问题探究的过程,层层设问,层层递进,以"问题"为中心,变"教师的讲解"为"学生的亲身探究",促使学生成为研究者,体会合作学习的重要性,通过思考、讨论、交流、评价等互动环节,理解并掌握金属丝直径测量方法、伏安法测电阻的基本原则和设计思路,有效完成意义上的建构,在不断解决问题的过程中逐步发展了物理学科核心素养。

3.在实验过程中,对于电压表、电流表内接还是外接,电路是限流还是分压问题,之前旧版教材在此采用串联限流电路,新版教材强调读取多组数据,通过U-I图像获取电阻,教材中直接给出电路图。这里在教学过程中考虑仅仅是高中电路的第3节,学生对内、外接、串联限流还是并联分压理解还不够,所以在教学设计中也提出对内外接、串联限流还是并联分压的初步分析,这里更多的是教师引导分析,让学生初步来体会,不做过深、过多的讲解。在以后的电学实验中再逐步加深理解,透彻学习。

4.在直径的测量上,新版教材给出了两种不同的参考案例,用刻度尺测量采用紧密缠绕法,用游标卡尺或螺旋测微器直接进行测量。这也正是科学实验的魅力所在,让学生在多种方式探究过程中学会学习、学会分析,引导学生使用实验仪器既要考虑方便,也要考虑测量的误差。同时注意不同实验仪器精确程度的不同,规范操作的注意事项不同。教材也明确了考查学生对于游标卡尺和螺旋测微计的使用和理解,引导学生对测量结果进行评估和分析。

5.由于学生探究过程需要留出较多的时间进行问题探究、实验的具体操作、数据处理、数据分析、误差分析等,时间较为紧张,有些学生事先没有做充分的准备,探究速度比较慢,有些学生课堂效率低,在教学过程中要让学生课前充分预习、清楚分组实验的流程、数据处理方法,课堂上要积极参与,提高效率。在设计引导学生思维的问题方面还需要斟酌,语言还不够简洁明了,问题的针对性还要提高。另外对于重难点的突破也是把握课堂的关键。

6.立足于学科课堂教学实际,落实立德树人根本任务。践行新课程理念,问题解决以实验探究形式来进行,让学生保持思维高度活跃并深度参与整个实验过程,充分培养学生的科学思维和科学探究能力,将培养学生核心素养贯穿于整个实验教学过程当中。力争整个课堂有思想、有生命、有思考、有收获,充满感情、感染的一节课。

第 2 节 核心素养背景下高中物理电学实验资源开发案例研究

——动态电路实验教学资源研究

1 文献述评

国内外中学物理教学中关于实验资源的应用和研究早已有之,除了在中学物理课本以外,相应的读物杂志中也介绍了一些简单有趣的课外实验和一些实验的改进方法,在有关实验的论著中也有实验资源利用和开发的相关论述。

现代美国中学的物理教学中，更是将实验与网络资源、文字材料、影像资料等并重。美国中学物理实验教学中也提倡用低成本的、随手可取的材料来做实验，如一只笔，一张纸，一枚硬币，一个可乐罐，一支蜡烛等。用日常生活用品做实验不受实验室的限制，在家里也可以做实验，这些方式都会使学生感到亲切。另外，美国物理教师常常鼓励学生根据自己的兴趣和知识基础来设计实验，自由地研究、提问、采集和分析数据，验证假设，写实验报告。注重学生体验做实验的过程，注重学生创造性的培养，而对学生的实验结果并不要求必须准确。

我国早在 20 世纪五六十年代，针对当时中学物理实验器材奇缺的情况，著名物理教育家朱正元教授就曾亲自动手，利用日常物品制作了大量实验器材、设计了数以百计的效果良好的物理实验，他提出的"坛坛罐罐当仪器，拼拼凑凑做实验"至今仍为广大中学物理教师所称道。

安忠、刘炳升教授在《中学物理实验教学研究》一书中，给出的中学物理课堂演示实验实例当中，有许多都提供了用小实验替代（或部分替代）原有演示实验的方案，并介绍了一些自制教具的制作和使用方法。

《国家基础教育课程改革纲要（试行）》对课程资源利用和开发的途径提出了明确的指导性意见。要求："积极开发并合理利用校内外各种课程资源。学校应充分发挥图书馆、实验室、专用教室及各类教学设施和实践基地的作用；广泛利用校外的图书馆、博物馆、展览馆、科技馆、工厂、农村、部队和科研院所等各种社会资源以及丰富的自然资源；积极利用并开发各种信息化课程资源。"

现在虽然关于课程资源的利用和开发的研究较多，但是关于高中物理实验教学资源的利用和开发的研究还不够丰富。笔者在中国知网以"高中物理实验教学资源的开发"作为检索词进行搜索，检索到相关文献 46 篇；涉及"核心素养背景下""基于核心素养"或"促进学生核心素养发展"的为 0 篇；在现有的涉及"高中物理实验教学资源的开发"的文献中涉及电学实验资源的仅有 1 篇，涉及动态电路实验教学资源的 0 篇。以"高中物理自制教具"作为检索词进行搜索，检索到相关文献 27 篇；涉及"核心素养背景下""基于核心素养"或"促进学生核心素养发展"的 0 篇；涉及动态电路自制教具的 0 篇。

曹会在《高中物理电学实验资源开发与能力培养的初步研究》(2010)中以高中电学实验为研究对象，研究现行高考对实验内容及实验能力考查的情况，分析高考考查的积极引导作用及不足、学生在考查中存在的问题,得出电学实验在高考考查、课程资源及教学环节三个层面存在的问题并提出解决的策略。在电学实验资源开发策略及案例研究部分,根据高中实验教学的现状,笔者对现行教材中电学实验内容进行了分析,指出了现行教材中电学实验资源不足、与生产生活脱节、实验资源之间关联不够等问题,提出了相应的实验资源开发策略,提供了一些可操作的教学案例,如电学传统仪器与现代传感器的结合、电学实验室理想模型与实际生产生活模型的衔接、电学实验学科间的综合以及电学实验网络课程资源的开发等。因研究时间较早,研究中应试教育的痕迹明显,未涉及学生核心素养的培养内容,未涉及《教育部关于加强和改进中小学实验教学的意见》要求的"注重实效,强化学生实践操作、情境体验、探索求知、亲身感悟和创新创造,着力提升学生的观察能力、动手实践能力、创造性思维能力和团队合作能力,培育学生的兴趣爱好、创新精神、科学素养和意志品质。"和《普通高中物理课程标准(2017 年版)》提出的"利用日常用品改进实验和开发新实验""使实验现象更明显、直观""使学生有更多动手做实验的机会,更多亲历实验演示的机会,更好地培养和发展学生的实验技能、创新实践能力"等内容。

综合搜集到的文献资料看来,我国高中物理教育界的专家、学者、一线教师们对高中物理实验资源的开发与应用的研究已经取得了一些成果,特别是新课程改革以来,研究的过程更加规范,研究的内容更加宽泛,得到的研究成果更加丰富;从具体案例资源上看,无论从数量上还是质量上都有了长足的进步。但是如何在核心素养理论框架下进行实验资源的开发与应用的研究成果还是非常少的。其中,涉及动态电路的研究多为理论研究或理论推导,尚无实验资源开发或实验视角的研究。因此,核心素养背景下高中物理动态电路实验教学资源开发研究大有可为。

2 教材分析

动态电路是高中物理电路学习的重要组成部门,也是生产生活中经常会接触、运用的物理知识。由于学生认知需要逐步递进的特点,原来对直流、交流电路的学习认知过程分散在 2004 年初审通过的人教版《普通高中课程标准实验教科书 物理》选修 3-1、3-2 的第二、五章等章节中，目前分散在 2019 年人教版《普通高中教科书 物理》必修 3 第十一、十二章和选择性必修 2 第三章等章节。2019 版新教材较 2004 版教材电路部分更注重凸显情境真实性，更注重学生在实验教学中的主体地位，更注重让学生经历科学探究的过程，体会科学探究的方法，培养学生的科学思维和科学探究的能力。

《普通高中物理课程标准（2017 年版）》中提出"利用日常用品改进实验和开发新实验""使实验现象更明显、直观""使学生有更多动手做实验的机会，更多亲历实验演示的机会，更好地培养和发展学生的实验技能、创新实践能力"。

因此，本课题研究旨在基于新课标，基于新教材，基于教师和学生实际，进行高中物理动态电路实验教学资源的开发，将开发的实验资源应用于教学实践，以期促进学生物理学科核心素养发展。

3 实验改进

3.1 设计理念及教学价值

依据本课题概念界定，此处的实验教学资源开发主要指与动态电路相关的自制教具的开发。旨在开发一套既能进行演示实验，又可进行分组实验的动态电路实验装置（以下称动态电路综合实验套组）。该装置借助学生喜闻乐见的电子积木和实验室常用的电压表、电流表，通过不同电学元件的选用和组合，能直观清楚地将电路中的动态变化运用可视化的手段展现出来，激发学生兴趣，建立感性认识。该装置材料简单易得，自组性和可变性强，易于学生开展自主探究，通过分析归纳建立理性认识，促进学生物理学科核心素养形成与发展。

3.2 动态电路综合实验套组开发设计及实验效果

★ 功能1:直流电路外电路负载变化的动态分析

1.设计理念:目前学生涉及的电路动态分析基本出自于习题中,学生对电路的动态变化多处于理论分析层面,缺少感性认识,甚至由于学生对初中电源电压不变的假设根深蒂固,对闭合电路和内电路概念没有形成,导致对高中所学知识产生错误理解。通过本实验套组将习题文字转化为真实动态电路,向学生展示明显的可视化的实验现象,通过灯泡亮度变化和电压表示数变化可以帮助学生突破惯性思维。该实验组装简单易行,材料常见,学生有兴趣的话,类似问题可以自己组装进行探究。

2.准备材料:5号电池4节,小灯泡4个,开关2个,电流表1个,电压表1个。

3.制作过程:(1)依据物理必修第三册第83页"问题"中两对比电路图进行电路改造(见图5-22)。(2)可使外电路中电阻串联增加,观察小灯泡的亮暗变化及电流表电压表的读数变化并进行动态分析。(3)可使外电路中电阻并联增加支路个数时,观察小灯泡的亮暗变化及电流表电压表的读数变化并进行动态分析。

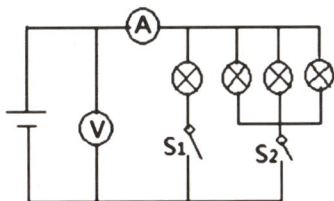

图5-22 电路图

4.实验效果

如图5-23所示连接电路,闭合S_1,观察小灯泡量度及两表示数。

再闭合S_2,原来的小灯泡亮度明显变暗,同时两表示数明显变化。

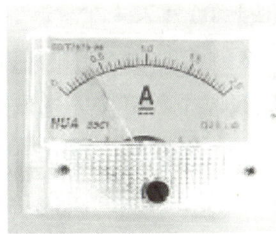

图 5-23 电路图

如此进行可视化改造之后,教学过程中学生对于直流电路外电路负载变化主观感知在前,理论分析在后,从感性认知到理性分析,从表象到本质,学生如同探案一般抽丝剥茧由表及里,基于事实、分析推理、找出规律、形成结论,经历了这样的科学探究过程易于学生理解内电阻的存在以及内电阻对于外电压的影响。

★ 功能 2:变压器原副线圈两端电压与匝数关系

1.设计理念:变压器,特别是副线圈电压与哪些因素有关为高中教学的难点。教材中演示器材将匝数变化都封装在仪器内部,学生对匝数的变化没有直观的感受,而分组实验中的小型变压器又不能改变匝数,不利于学生对变压器动态变化的分析和理解。在本实验教具设计过程中,为使实验现象明显,原副线圈的"匝数"并不是以实际匝数计算,而是借助放大的思想,打包好实际的 100 匝线圈计为"1匝"整组线圈,通过增减这样的整组线圈个数实现原副线圈匝数比变化,引领学生通过电压表观察原副线圈匝数比不同带来的电压变化。

2.准备材料:去掉自带原副线圈的小型变压器骨架 1 个,整组线圈 4~6 个,学生交流电源 1 个,交流电压表 1 个,交流电流表 1 个,小灯泡 1 个,开关 1 个。

3.制作过程:如图 5-24 所示组装变压器,原副线圈个数可按需选取。

4.实验效果

按图 5-25(a)组装电路,为使数据直观,选取原线圈为两个整组线圈组成,副线圈为一个整组线圈组成。闭合开关 S_1 后,当原线圈两

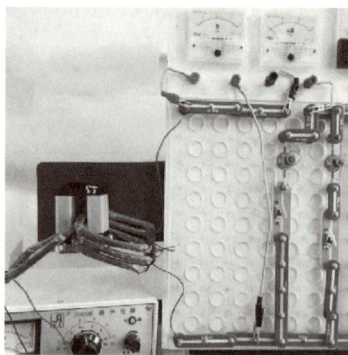

图 5-24 组装变压器

端电压为 1.2 V 时，副线圈两端电压为 0.6 V，明显与匝数比成正比。

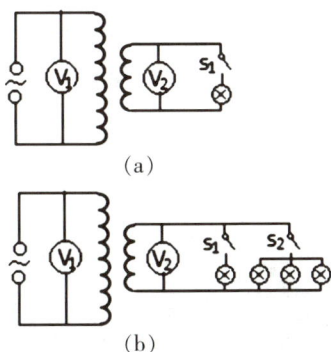

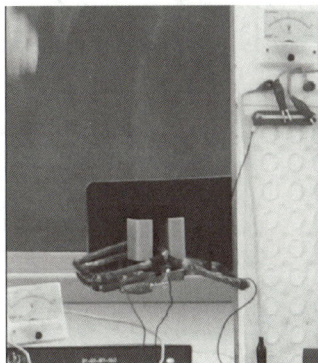

图 5-25　电路图

拓展：在刚才实验基础上，如图 5-25(b)增装电路，闭合开关 S_1 后，当原线圈两端电压为 1.2 V 时，副线圈两端电压为 0.6 V；在此基础上闭合 S_2 后，发现交流电表 V_2 示数没变，仍是 0.6 V。改变原线圈输入电压，重复上述操作。学生很容易借助实验数据直观感受到理想变压器原、副线圈的电压之比，等于原、副线圈的匝数之比；副线圈两端的电压是由原线圈两端的电压和原副线圈匝数比决定，与负载多少无关。

★ 功能 3：直流电路中电容器充、放电动态电路

1.设计理念：电容器是高中阶段重要的电学元件，观察电容器充、放电现象在老版教材为演示实验，2017 版新课标将该实验设定为学生必做实验。但学生对其缺乏直观体验和认识，且电容器充、放电过程在电路中变化较快，不易观察。该教具意图采用改造后的电路将变化的过程适当放缓，通过运用二极管为学生提供可视化的场景，易于激发学生兴趣，建立感性认识。

2.准备材料：5 号电池 4 节，发光二极管 2 个，22 Ω 电阻，220 Ω 电阻，开关 2 个，4700 μF 电容器，电流表 2 个，电压表 1 个。

3.制作过程：依据《物理 必修 第三册》第 38 页图 10.4-1 电容器的充、放电路图进行改进，形成如图 5-26 所示电路。然后在操作板上进行拼插即可。

4.实验效果：本教具中电容器采用 4700 μF 的

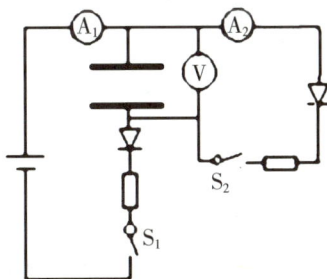

图 5-26　电路图

大电容,同时用适当的电阻调节,可以使回路中充、放电过程中的电流、电压变化适当放缓,加入电流表、电压表将这种变化展示出来,同时通过二极管的亮暗变化,可以使观察者直观地感受到电路中充、放电过程中电流变化情况。

充电过程[图 5-27(a)]:闭合 S_1,可以观察到电流表 A_1(左数第二)从零瞬间到最大值又回零,同时可以观察到左侧发光二极管瞬间亮起又熄灭,之后,电压表稳定于某一值,电容器充电结束。

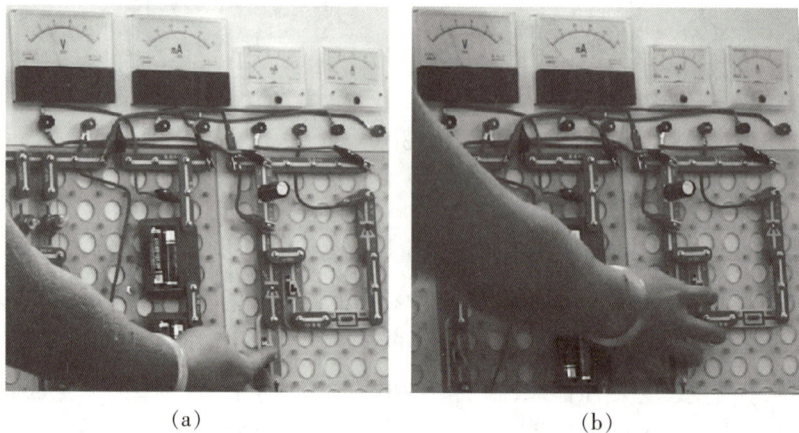

| (a) | (b) |

图 5-27 充、放电过程中的电流变化情况

放电过程(图 5-27(b)):断开 S_1,闭合 S_2,观察到电流表 A_2(右数第二)示数从零瞬间到最大值然后逐渐减小,同时可以观察到右侧发光二极管瞬间亮起又缓慢熄灭,电压表示数缓慢减小,电容器放电。

4 教学设计

4.1 学情分析

学生在初中已经学习了串并联电路、欧姆定律等知识,对外电路的研究比较全面。高中又学习了电动势,知道电源是通过非静电力做功把其他形式的能转化为电能的装置,知道电动势的大小由非静电力做功决定,而非静电力多做功的多少又是由电源的具体结构、物理参数决定的,即电动势是由电源本身决定,与外电路无关。但是,由于学生对初中电源电压不变的假设根深蒂固,多数学生头脑中有"电源两端的电压保持不变"的前概念,对内电路等概念不易形成,对真实闭合电路中因外部负载电阻变化而引起的外电压等变化类动态分析不易理解。另外,目前学生接触到的电路动态分析基本来自于习题,学生对电路的动态变化多处于理论分析层面,缺少感性认识。因此,利用课题组开发设计的动态电路综合实验套组创设真实实验情境,让学生亲身感受,直观清楚地将电路中的动态变化运用可视化的手段展现出来,激发学生兴趣,建立感性认识,引发现实与学生头脑中"前概念"的冲突,进而易于深化学生对知识内涵的理解,准确建构新知。

4.2 教学目标

1.通过实验探究,消除"电源两端的电压保持不变"前概念的影响。

2.通过实验探究,理论与实践相结合,独立完成直流电路外电路负载变化的动态分析。

4.3 教学流程

★教学环节 1:引入新课

教师抛出问题 1:之前我们学习了电动势和闭合电路欧姆定律,请问"电源两端的电压是一成不变吗?"请陈述你的想法,并设计简单可行的实验加以验证。

学生活动:以事先分好的小组为单位,每个学生在组内说想法,并阐述为验证该想法而设计的实验;组内学生互议互评,选出共同认可的结论和验证性实验方案,利用动态电路综合实验套组进行实验验证。

以某组实验方案为例进行演示实验。

实验 1:

原理如图 5-28 所示,利用动态电路综合实验套组底板组装电路,进行实验(为确保实验效果,要为学生提供旧电池)。

实验过程:逐一闭合和断开电键,观察小灯泡 L_1 亮度变化情况。

实验现象:逐一闭合电键,小灯泡 L_1 变暗;逐一

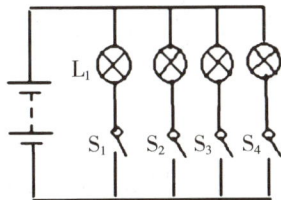

图 5-28 电路图

断开电键,小灯泡 L_1 变亮。

结论:电源两端的电压不是一成不变的,会随着外电路的变化发生相应变化。

利用动态电路综合实验套组底板组装电路,进行实验,便捷直观。通过显性化的实验现象,易于引领学生破除"电源两端的电压保持不变"这一前概念,为深入思考扫清障碍。

★ **教学环节 2:追根究底**

教师抛出问题 2:"对于上述电路,电源两端的电压并非保持不变,随着电键的闭合,小灯泡 L_1 变暗,说明电源两端电压变小了,是谁分走了那一部分电压?"请陈述你的想法,并设计简单可行的实验加以验证。

学生活动:学生分组讨论,群策群力制定进一步探究的实验方案。各组展示方案,班内选出最简洁且有说服力的实验方案进行实验。

以某组实验方案为例进行演示实验。

实验 2:

在实验 1 装置的基础上,仅将 4 节干电池换成 6 V 学生直流电源供电(相当于理想电源,无内阻)。

实验过程:逐一闭合和断开电键,观察小灯泡 L_1 亮度变化情况。

实验现象:逐一闭合和断开电键,小灯泡 L_1 亮度基本不变。

结论:说明实验 1 中电源两端电压的减小不是由于导线分走电压所致。(结合此实验现象可提示学生,今后普通的电路动态分析均不需考虑导线内阻的影响)

追问,引发学生进一步猜想:"排除导线的影响,会是谁分走了实验 1 中的那一部分电压呢?"

学生将目光聚焦于电源内部,集体猜测是"电源内部有类似电阻的因素在影响电源两端电压"。

实验 3:

在实验 2 装置的基础上,在干路上增加 0.5 Ω 的定值电阻(模拟电池内部电阻)。

实验过程:逐一闭合和断开电键,观察小灯泡 L_1 亮度变化情况。

实验现象:与实验 1 真实电池实验现象基本一致——逐一闭合电键,小灯泡 L_1 变暗;逐一断开电键,小灯泡 L_1 变亮。

结论:通过实验1和实验3类比发现,可认为电源内部有类似电阻的因素在影响电源两端电压。

通过三个可视化的直观实验情境,由表及里,层层递进进行实验探究,基本实现了改变学生初中所形成的认为"电源两端电压不变"这一前概念的目标,并实现了真实电池的理想化处理,即可以认为电池由恒定电动势和定值内阻构成,为后续直流电路动态分析扫清了障碍。

★ **教学环节3:总结规律**

问题3:对给定的电源,E、r 均为定值,外电阻 R 变化时,电路中的电流 I 和路端电压 U 如何变化?

学生活动:对比通过实验找规律和理论分析找规律。学生自由组队,分为实验观察队和理论分析队。计时挑战,看哪队最先得到正确规律。

实验观察队:方法一,利用实验1的装置进行实验,通过观察小灯泡 L_1 在逐一闭合电键和逐一开关电键时的亮度变化,总结出"对给定的电源,E、r 均为定值,外电阻 R 变化时,电路中的电流 I 和路端电压 U 的变化规律为——外电阻 R 减小,干路电流 I 增大,路端电压 U 减小;外电阻 R 增大,干路电流 I 减小,路端电压 U 增大"。方法二:利用动态电路综合实验套组的功能1,相当于在实验1装置的基础上,干路加装电流表,电源两端加装电压表。通过逐一闭合和逐一开关电键直接从电流表和电压表示数变化得出规律同上。如图5-29所示。

$$R \uparrow \rightarrow I(=\frac{E}{R+r}) \downarrow \rightarrow Ir \downarrow \rightarrow U(E-Ir) \uparrow$$

$$R \downarrow \rightarrow I(=\frac{E}{R+r}) \uparrow \rightarrow Ir \uparrow \rightarrow U(E-Ir) \downarrow$$

图 5-29 电流和电压变化规律

理论分析队:利用闭合电路欧姆电路公式及电源电动势与内外电压关系推导。

结论:外电阻 R 增大,干路电流 I 减小,路端电压 U 增大;外电阻 R 减小,干路电流 I 增大,路端电压 U 减小。

挑战过后,教师要有意识地引领学生将实验现象与理论分析逐步对号,感性加理性,可视化感受加数学分析逻辑推理相互印证,促进学生对该规律的理解内化。

★教学环节 4：应用实践

例1 如图 5-30 所示的电路中，电压表和电流表都是理想电表，若将滑动变阻器的滑片向上移动，则（ ）

A.电压表 V 的读数增大，电流表 A 的读数减小。

B.电压表 V 的读数减小，电流表 A 的读数增大。

C.电压表 V 和电流表 A 的读数都减小。

D.电压表 V 和电流表 A 的读数都增大。

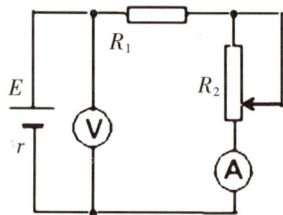

图 5-30 电路图

教师让学生自主选择方法，自主实践得出结论。

方法一：实验法。通过动态电路综合实验套组组装电路进行实验，直接由实验现象得出结论。这样做的好处是在组装电路时可以让学生更深刻地理解电路各元件的连接关系，理解滑片滑动导致的外电阻的变化，为将来理论分析打下扎实的电路分析基础。

方法二：理论分析法。首先确定等效电路，其次是结合某处阻值变化确定外电路电阻的变化，结合闭合电路欧姆定律判断干路电流变化，判断内电压变化，判断外电压变化，最后到相应的局部判断具体变化。

教师要有意识地引领学生从感性到理性，内化规律和方法。

例2 如图 5-31 所示，电压表和电流表都是理想电表，若滑动变阻器的滑片向上移动，则（ ）

A.电压表 V 的读数增大，电流表 A 的读数减小。

B.电压表 V 的读数减小，电流表 A 的读数增大。

C.电压表 V 和电流表 A 的读数都减小。

D.电压表 V 和电流表 A 的读数都增大。

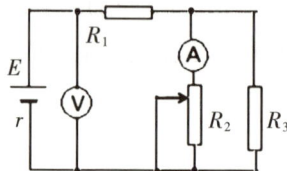

图 5-31 电路图

限时训练，让学生说思路，说方法，若有问题，互助纠错，深化理解。

★教学环节 5：小结延伸

1.结合板书，师生共同回顾本课主体内容，回顾总结含源直流电路动态分析的思路和方法。

2.拓展：引发学生深入思考"外电路断路和短路两类极限情况下，干路电流和路端电压又如何？"让学生选择合理方法得出结论，教师点拨，强调真正实验时不能将电源短路，此时实验法不可取，可用理论分析法。

结论:外电路断路,干路电流为 0,内电压为 0,路端电压等于电源电动势。

外电路短路,内电压等于电源电动势,路端电压为 0。

(说明:外电路短路时,电源内存在较大短路电流会对电池造成伤害)

5 教后反思

　　"动态电路"是生产和生活中经常会接触、运用的物理知识,也是高中物理电学部分一项重要的考核内容,它能很好地考查学生对电路的综合分析和理解能力。但是,教材中涉及动态电路的可视性实验并不多,传统的教学多采用理论推导的方式,由于学生数据推理能力和分析思维能力不足,对电路中各物理量变化没有切身的感受,导致"动态电路"一直是教学中的难点。基础知识比较扎实,理解能力和分析能力比较强的学生基本能很快理解并掌握,而基础知识不扎实或理解能力、分析能力不太强的学生在该部分知识讲授过程中也许能理解,但很快就会忘记。大部分教师在此部分的教学中也往往忽视物理实验对该部分教学的促进作用。而从物理学科本身的性质来看,实验是物理学习的重要环节和基础,是培养学生物理学科核心素养的重要途径和方式。而实验教学资源是物理教学的物质基础,对学生物理学科核心素养的形成与发展起着至关重要的支撑作用。

　　本课题组依据"从生活走向物理,从物理走向社会"的理念,借助学生课外活动中的电子积木和实验室常用的电压表、电流表等电学元件,通过对不同电学元件的选用和组合,开发设计了动态电路综合实验套组。该实验套组所用材料简单易得,自组性和可变性比较强,教师和学生可根据所讲和所学内容自主选择器材,结合电路图自主进行组装,既可用于教师演示实验,也可用于学生自主探究实验。该实验套组能直观清楚地将电路中的动态变化运用可视化的手段展现出来,帮助学生建立感性认识,教师引领学生通过分析归纳建立理性认识,从而促进学生物理学科核心素养形成与发展。

　　目前在高二年级和高三年级涉及动态电路分析类题目的教学中,加入了利用动态电路综合实验套组开展的演示实验和探究实验内容。在动态电路部分的阶段性质量监测中,实验组成绩较显著高于对照组物理成绩。此外,从量表统计数据分析,实验组同学对物理学习的兴趣明显提升,遇到难以解决的问题时他们开始有意识地思考解决问题的关键点是什么,设计探究方案,借助身边的实验器材或生活用品去模拟、去实验、去探讨、去交流分享,力图多渠道去探究解决问题。科学探究的意识、发现问题并提出合理猜测、设计实验探究方案和获取证据、正确实施实验探究方案、使用各种科技手段和方法收集信息、具有合作与交流的意愿和能力、能准确表达、评估和反思实验探究过程与结果等部分,实验组也显著高于对照组。

实践表明,该实验套组紧贴课改理念,可以促进教师教学方式和学生学习方式转变,发展学生核心素养。物理教学中,无论是直流还是交流电路都与学生生活联系紧密,学生往往会将生活中的感受代入学习中,也会将学得的知识运用到生活中去。该实验套组易于培养学生理论联系实际的意识、科学探究的意识,以及发现问题、设计实验探究方案获取证据、基于证据得出结论并做解释、对科学探究过程和结果进行交流、评价、反思等,易于促进学生物理学科核心素养形成与发展。

由于该实验套组具有开放性,自组性强,可拓展,师生可根据所讲内容不同对整个实验装置进行自由拆分和组合,高二新授课时可以只搭建部分电路,电路构成简单。教具既可以作为演示实验向全体学生展示电路,也可以根据教学中出现的习题或学生自主学习研究所需进行分组实验和操作。在高三进行电路综合复习时,可以将同一负载电路分别接在直流电源和交流变压器下,通过观察电压表的不同变化结果,加强学生物理观念中关于"内电路""内电阻""理想变压器"等看不到的物理概念的理解,引导学生将分布在两册书中的电路知识进行归纳整合,便于学生形成完整知识体系。利用本实验套组可以进行演示实验、分组实验、随堂实验、课外探究实验,等等。

实践表明,教师在课堂上结合实际利用本实验套组进行演示实验,可以让学生从观察者的角度进行思考,可以让学生对于科学探究有初步的认识,对于实验中出现的问题提出质疑和进一步的探究,易于学生科学态度形成以及科学思维的发展。此外,学生借助本实验套组还可以进行自主探究实验,可以让学生从设计者和操作者的角度进行思考,自主设计实验方案的同时,还要与同伴交流沟通,群策群力。当然,进行实验过程中会遇到很多困难,需要学生具有很强的毅力和锲而不舍的精神,在这个过程中还要经历发现证据、处理数据、分析推理等过程,他们所经历的这一切对学生的物理学科核心素养的形成将会有长远的促进作用。

由于能力和水平限制,对于物理学科核心素养的培养过程中涉及的理论依据了解不够深刻,对于学生物理学科核心素养的培养比较肤浅,流于表面。由于研究时间所限,关于动态电路综合实验套组功能的开发和设计还不够完善,应用还不够充分。我们深知,学生物理学科核心素养的培养不是一朝一夕就能够取得明显效果的,需要更多人的支持和参与。希望笔者的研究能起到抛砖引玉的作用,打开大家的思路,引领更多的老师和学生重视实验,重视实验教学资源开发研究,并应用于教与学的全过程,以更好地促进学生物理学科核心素养的落实落地。

附录:

物理学科核心素养调查问卷

同学们,大家好,占用几分钟填写以下物理学科核心素养的问卷调查,问卷是匿名的,不会对大家的成绩有任何影响,结果是用于教学研究的数据,请大家务必据实回答,谢谢大家的配合!

1.我对学过的概念和规律非常熟悉

完全不熟悉 ————————————————————→ 全都很熟悉				
1	2	3	4	5

2.我清楚地知道学过的概念和规律之间的关系

完全不知道 ————————————————————→ 全都知道				
1	2	3	4	5

3.我能灵活运用物理知识解决实际问题

完全不可以 ————————————————————→ 全都可以				
1	2	3	4	5

4.我能将学过的物理模型用在熟悉的问题情境中

完全不能 ————————————————————————→ 总是可以				
1	2	3	4	5

5.我能用已经有的物理知识和经验,通过分析和推理来解释实际物理问题

完全不行 ————————————————————————→ 每次都可以				
1	2	3	4	5

6.我很清楚经常用来解决物理问题的方法

完全不知道 ————————————————————————→ 清楚所有的				
1	2	3	4	5

7.在学过的知识范围内给我一个物理结论,我能证明它

完全不行 ————————————————————————→ 都可以				
1	2	3	4	5

8.我总是尝试用不同的方法来分析解决物理问题

从来没有 ————————————————————————→ 总是				
1	2	3	4	5

9.我总是可以在观察物理现象后提出可以探究的物理问题

从来没有 ————————————————————————→ 总是				
1	2	3	4	5

10.上课时老师提出的科学探究问题,我能制定方案并且用常见的器材获取数据

完全不符合 ──────────────────────▶ 完全符合				
1	2	3	4	5

11.我能分析实验数据,发现规律,得到结论

完全不符合 ──────────────────────▶ 完全符合				
1	2	3	4	5

12.我能撰写实验报告,对探究过程和结果进行交流和反思

完全不符合 ──────────────────────▶ 完全符合				
1	2	3	4	5

13.对于科学我有着浓厚的兴趣,甚至科技节目我都喜欢看

完全不同意 ──────────────────────▶ 完全同意				
1	2	3	4	5

14.物理教材总是尝试准确告诉我们世界是什么、发生过什么、甚至将要发生什么

完全不同意 ──────────────────────▶ 完全同意				
1	2	3	4	5

15.物理学习的过程我们学会了团结合作,实事求是地对待科学现象

完全不同意 ──────────────────────▶ 完全同意				
1	2	3	4	5

第3节 核心素养背景下高中物理电学实验教学资源开发的案例研究

——练习使用多用电表

1 文献述评

2014年4月8日,教育部研制印发《教育部关于全面深化课程改革 落实立德树人根本任务的意见》,提出"教育部将组织研究提出各学段学生发展核心素养体系,明确学生应具备的适应终身发展和社会发展需要的必备品格和关键能力"。

学生核心素养的培养需要靠学校教育中的学科教学来完成。在中国知网以"核心素养""电学实验"为关键词,在2016—2019年的时间范围内检索,所得相关文献25条。其中涉及物理核心素养的教学案例,如《基于核心素养的课堂教学体验——以一节高三电学实验复习课为例》《基于核心素养下的高中物理教学实践——以"传感器的应用"教学为例》《物理学科核心素养视域下高中电学实验设计研究——以"测量电源电动势和内阻"为例》等占了绝大多数;涉及核心素养培养方法的,如《基于实验教学培养学生物理核心素养的研究》《浅析基于实验设计的高中物理核心素养培育》;除此之外就是涉及学生核心素养考查的物理命题的分析与研究,如《高考实验的"变"与"不变"——评2019年全国Ⅰ卷、Ⅱ卷、Ⅲ卷实验题》《分析试题特点 减轻学习负担(下)——以近3年全国Ⅰ卷电学实验题为例》《高考物理试题的特色及备考复习的应对策略浅谈——2016年全国高考理科综合(物理试题)的评析》。

通过查阅资料,发现有部分教师对电学实验的部分案例进行了分析,如刘永祥所做的《物理学科核心素养视域下高中电学实验设计研究——以"测量电源电动势和内阻"为例》一文中,在物理学科核心素养视域下设计问卷,结合"新课标"学业质量水平要求,对高中生电学科学探究素养进行问卷调查,分析电学实验疑难成因并提出相应改进对策,对实验设计提供启示,培养学生物理学科核心素养。

吴敏《在教学实践中寻找培养学科核心素养的支点——以"电容器的电容"为例》一文中,以培养学生核心素养为总目标,以"电容器的电容"教学实践为例,通过实际的课堂摘录展现培养学生核心素养的几点做法,即在电容器发明、使用过程中渗透物理文化,关注科学态度与责任;在体验电容器的工作过程中创造培养科学思维的机会;在核心概念的建立过程中形成物理观念,促进科学探究与科学思维向深度发展。

综上分析可以看出,国内物理学科培养学生核心素养主要是在教学中加强物理实验教学,注重物理实验科学探究环节,但是针对物理教学提升学生素养的具体策略研究的比较少。

1.1 理论分析

物理核心素养是学生在接受物理教育过程中逐步形成的适应个人终身发展和社会发展需要的必备品格和关键能力,是学生通过物理学习内化的带有物理学科特性的品质,是学生科学素养的关键成分。高中物理对知识的理解已经从定性的认识上升为定量的感知, 而物理实验无疑是定量感知中最为重要的数据来源,从这方面来说,高中物理教学离不开实验教学。通过物理实验,能训练学生的动手操作能力和自主学习能力,提升学生的物理科学思维和科学探究能力。特别是在物理实验课堂中设计学生分组实验,让学生边学边探究,能让学生对知识的准确性进行印证,提升对知识的认可,这样对学生理解知识大有裨益。

多用电表(万用表)是广泛应用于实际生产和生活中的常用仪表,也是高中物理教学中的重要内容。多用电表可以分为机械式和数字式两种,机械式多用电表的核心是一块灵敏电流计,它实际上是通过测量电流来实现间接测量电压、电阻,以及判定晶体三极管的基极、集电极、粗测其电流放大倍数 β 等物理量。高中阶段重点研究机械式多用电表电流挡、电压挡和欧姆挡的原理和使用。对欧姆挡而言,它不过是闭合电路欧姆定律的具体应用,由于涉及非线性的关系,学生对此不熟悉,因此在实际教学中,欧姆挡是一个教学难点。虽然多用电表学习起来确实较为困难,但是这并不意味着高中学生不能学好此部分的知识。

学生对知识的理解是由表及里、循序渐进的,学生在深化认知的过程中,需要通过自主探究和合作探究才能构建新的物理观念。学生通过对前面知识内容的学习,已经掌握了如何把灵敏电流计改装成直接测量电压的电压表和直接测量电流的电流表。能否将灵敏电流计改装成直接测量导体电阻的仪表?学生通过闭合电路欧姆定律表达式中电流 I 与接入的电阻 R 的变化规律发现,欧姆表的刻度顺序与电流表、电压表的刻度顺序相反,零刻度在右边,左边为无限大,刻度不均匀,左边密、右边疏。

学生把三种不同的测量仪表融合到一起时,特别是把它们的结构和原理融合到一起时,往往不会进行思维迁移和建模。通过对本节课的学习,将电流表、欧姆表、电压表三种单一的测量仪表结合成一个简单的多用电表,再进一步构建多量程的多用电表,使学生的思维能力得到提升。

学生通过探究问题,知道将电流表、欧姆表、电压表三种仪表结合起来构成一个简单的多用电表。学生通过分组合作探究,教师进行补充和完善,知道多用电表的内部结构和原理。

在完成多用电表构建的过程中,激发了学生探究物理问题的热情,培养了学生严谨的科学态度与责任。

1.2 实证分析

基于物理学科核心素养下物理概念课的教学目标设定要注重知识与素养并重。我们还应当明确,不仅要促进学生认知水平的发展,更重要的是促进学生认知状态的转变。概念的学习是学生形成物理观念的有机组成部分。在教学中,通过对物理概念逐步学习、系统反思和迁移应用,可促进学生的物质观念、运动与相互作用观念和能量观念不断发展,使其学会用这些观念解释自然现象,解决生产生活中的实际问题。

如在《练习使用多用电表》的教学中,通过追问复习:如何把电流表改装成电压表?为什么要改装?怎样改装?如何把电流表改装成量程较大的电流表?为什么要改装?怎样改装?改装前后的异同?以小组为单位,进行电流表和电压表的改装,在改装过程中提出自己的想法,综合其他同学的设计,丰富本小组的设计思路。让学生在复习电流和电压表的改装过程中加深对电流表和电压表的认识。在对问题的讨论和分析中,学生给出了电流表和电压表的改装都是为了扩大量程,对不同的电表,改装方式也不同,虽然改装前后都是共用一个表头,但是刻度盘相应改变。由此形成学习欧姆表和多用电表知识思想上的最近发展区。

在物理教学中渗透科学探究能力的培养无论是物理知识的教学,还是物理问题的解决,都要引导学生发现和提出问题,根据解决问题的需要,收集和选择有用信息,基于证据和逻辑对问题做出合理解释,培养学生具有准确表述问题解决问题的能力。

通过问题解决促进物理学科核心素养的达成。教师应引导学生把物理课程中所形成的物理观念和科学思维用于分析、解决生产生活中的问题,在解决问题中进一步提高学生探究能力、增强实践意识、养成科学态度、促进物理学科核心素养的形成。通过问题驱动,达成学生学习新知识的最近发展区,让新知识的学习水到渠成。通过对教材内容的开发,让学生在合作学习中对欧姆表表盘刻度特点有较深入的认识,培养学生合作意识和交流表达能力。在创设情境中培养学生"不'变'思'变'"的创新思维素养。

2 教材分析

2.1 知识地位

《练习使用多用电表》是人教版高中教科书物理必修 3 第十一章第 5 节的内容,它是在电流表、电压表改装学完后,研究欧姆表的改装问题,又是闭合电路欧姆定律的深化和实际应用。从多用电表的实用性来看,掌握多用电表的使用作为高中生的一项基本技能,今后应用多用电表测电压、电流、电阻以及对电路进行故障检测也可以激发学生学习积极性的原动力。教材的这部分内容是实践课标要求,具有较强实用价值的内容。在近年的高考中,对于多用电表学生感觉最困难的是欧姆表,而欧姆表中有关表盘刻度原理、欧姆调零、中值电阻概念的理解和应用往往是学生最容易出现错误的几个问题。

2.2 课标规定

实验是物理学习的重要环节，是培养学生物理学科素养的重要途径和方式。充分利用实验器材，强化学生实验和演示实验。物理实验是增加学生物理学习体验性的重要手段。学生实验是实践体验性最强的物理学习方式，它可通过实验设计与动手操作、观察现象与记录数据、分析归纳得出结论等环节，全方位地培养学生的实验探究能力。学生实验是其他任何方式都无法替代的物理学习方式，学校与教师要根据课程标准要求，最大限度地安排学生实验。会做"测量电源的电动势和内阻"等实验。能在教师指导下制定实验方案，能选用实验器材进行实验，获取实验数据；会用图像处理实验数据，能根据图像获得结论；能分析实验中存在的误差，并能提出减小误差的方法。能运用学过的物理术语撰写实验报告。以多用电表代替各种电学实验中所使用的一般电表。以多用电表为测量工具，判断二极管的正、负极，判断大容量电容器是否断路或者漏电。2017 版新课标要求：会使用多用电表。从课标中可以看出，2017 版新课标中更加偏重于仪器的使用，但并不意味着学生不需要学习多用电表的结构及原理。随着时代的进步，多用电表的种类也日趋丰富，老式的指针表盘已经被数字表盘所代替，但多用电表的结构和原理仍需要带领学生学习，因为其独特的设计原理可以帮助学生更好地理解学习电路的实际意义，更是对前面所学电路知识的巩固与提高。通过对仪器原理的学习，有利于帮助学生建构正确的物理观念，也是培养学生物理核心素养中重要的环节。

2.3 教材呈现

"练习使用多用电表"的实验课在两版本教材中均有体现。如图 5-32 所示，对

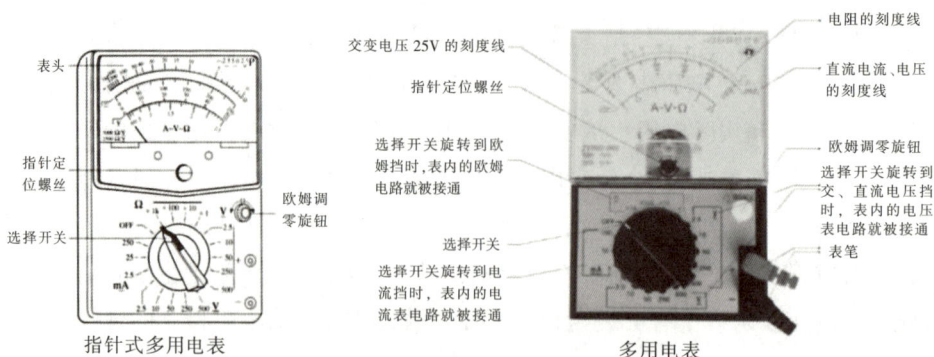

图 5-32　新老版本多用电表结构介绍对比

于 2003 版而言,其背景基础是学生已经掌握的多用电表的原理,由于在串并联电路中对电表改装的构造已经有所认识,这里重点通过闭合回路欧姆定律来认识欧姆表。而新版教材在内容上删去了多用电表的原理,将欧姆表的认识放在了闭合回路欧姆定律一节拓展学习的部分。由此可见新版教材是为了满足全体同学共同学习的基础上,达到了减负的目的,突出了多用电表的工具性。

此外新版教材在一开始通过插图的形式介绍了多用电表,在最后又介绍了数字式多用电表。老版教材没有在实验课中介绍,是因为将其放到了多用电表的原理一节。通过对比不难发现,虽然老版配有插图和文字,但是新版较老版对多用电表仪器构造的介绍相对更直观,插图的选择更符合学生的实际使用。对于数字式多用电表插图的选择也更能体现出时代性。如图 5-33、图 5-34 所示。

图 5-33 新老版本数字式多用电表介绍对比

2.4 基于教材的教学思考

新版教材在内容上删去了多用电表的原理,那么缺少了背景基础是否对学生练习使用多用电

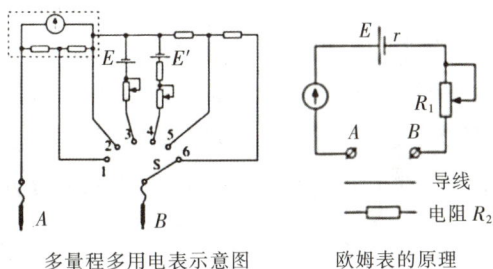

多量程多用电表示意图　　欧姆表的原理

图 5-34 老版本多用电表原理图介绍

表产生较大的影响呢?我们认为在没有掌握多用电表的原理,不能很好地理解被测电阻与电流的数学关系,便不容易理解多用电表电阻和电流、电压的刻度分布关系。实际上这对使用来说并没有影响,但是如果不了解多用电表的电路图,便不能理解为什么红表笔接正极,黑表笔接负极,不能理解为什么电流要从黑表笔流出,红表笔流入。对于使用欧姆表测量电阻来说如果倍率不适合,指针偏转角度过大,就要通过欧姆挡切换倍率,而切换后为什么依旧需要欧姆调零,实际上如果知道切换欧姆挡改变倍率就是改变欧姆表的电路,那么内阻势必发生改变,此时红

黑表笔再短接，指针不再指向电阻为 0 的刻度，于是便要调节电路中的滑动变阻器进行欧姆调零。另外如果了解多用电表的电路图，就能明白在选择欧姆挡测电阻，实际上是利用多用电表自身的电源来产生闭合回路的电流，这就要求测量外电路中的电阻时，要先把外电源切断，以免反向充电烧坏多用电表。因此综上所述，多用电表原理的掌握对多用电表的练习使用起到了不小的作用，如果未能掌握，那么有些使用步骤只能做强行的记忆，不能达到思维上升华。

3 实验改进

制作多用电表示教板。问题的提出：多用电表是电学实验中的常用仪表，"多用电表原理"是高中物理电学部分的重要内容。由于多用电表的实际电路比较复杂，为了降低学习难度，老版人教版教材把多用电表的原理电路简化为如图所示的电路。利用该电路认识多用电表的原理时，学生发现电路中有两个电源，而实验室中常见的多用电表只有一个电源，这显然与实际情况不符。同时，其欧姆挡电路的"倍率转换"和"欧姆调零"的原理与实际电表并不一致，这给学生对多用电表原理的深入学习设置了障碍。鉴于此，我们通过查阅资料并实际拆解电表，掌握了实验室中常见的磁电式多用电表的原理，在此基础上设计出更加贴合实际的多用电表简化电路，并将其制作成示教板用以辅助学生的学习。

电路的设计：我们亲自动手拆解了实验室中废旧的 J0401 型多用电表，了解了其内部构造。查阅相关资料，理解了实验室中常见的 J0401、J0411 等磁电式多用电表的原理。在此基础上，设计出了如图所示的多用电表原理的简化电路。通过调节选择开关 S 可以实现检流计、直流电流表、直流电压表和欧姆表的功能转换，通过改变接入对应电路的电阻可以实现不同量程或倍率的切换。

制作示教板，制出如图 5-35 所示的电路，

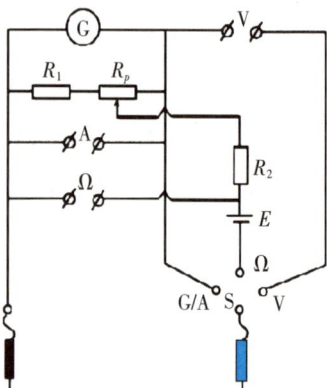

图 5-35 多用电表原理的简化电路

在切割好的亚克力板上雕刻出电路线。在相应位置钻孔,将电阻、电位器、电池盒、插拔式接线柱、选择开关等部件安装固定,在示教板背面用导线将电路连通。为了方便学生探究和体验电表改装的过程,可通过分析计算,调节电阻箱阻值以改变接入对应电路的电阻,实现改变量程或倍率的目的。该示教板使用的表头和表盘为空白表盘,学生可根据需要自主绘制表盘,以满足学生体验电表改装过程的需要。

4 教学设计

4.1 学情分析

基础知识分析:学生已经掌握闭合电路欧姆定律,并已熟练掌握电路串并联的规律,会运用该定律求解相关问题;已经掌握电流表改装成大量程电流表和电压表的原理和刻度方法。

学习能力分析:学生的观察、分析能力不断提高,具备初步的独立发现事物内在联系和一般规律的能力;具有初步的概括归纳总结能力、逻辑推理能力、综合分析能力。

本节课的教学中,学生可能遇到的问题是欧姆表的原理,产生这一问题的原因可能是学生不能灵活应用欧姆定律。要解决这一问题,就要引导学生找出电阻与电流的一一对应关系,其中关键是从测电流如何过渡到测电阻。

4.2 内容分析

《练习使用多用电表》是人教版高中教科书物理必修3第十一章第5节的内容,它是学习了电流表、电压表改装之后,研究欧姆表的改装问题,又是闭合电路欧姆定律的深化和实际应用,学生通过本节课的学习,既能巩固电学问题的分析思路,加深对闭合电路欧姆定律的理解,又能激发学生的学习兴趣,培养学生合作、探究、交流能力,具有很重要的实际意义。本节教学为一课时,教学重点是探究电流表改装成欧姆表以及多用电表的原理。

4.3 教学目标

1.探究电流表改装成欧姆表以及多用电表的原理,理解对欧姆表原理的分析;

2.经历万用表的设计过程,理解并应用利用闭合电路欧姆定律的方法测量电阻的阻值的方法;并应用该方法设计欧姆表,理解欧姆表的工作原理、内部结构和刻度特点;理解单量程多用电表的制作原理,知道简单的双量程多用电表。

3.能独立使用万用表完成测量,实验操作规范。

4.实验过程认真严谨、尊重事实,注重合作探究。

4.4 重难点分析

1.重点:能利用闭合电路欧姆定律测量电阻的阻值;掌握欧姆表的原理,知道单量程多用电表的原理。

2.难点:理解欧姆表和单量程多用电表的制作原理。

4.5 信息技术与资源

PPT课件、电源、导线、电流表、滑动变阻器、电阻箱、被测电阻、指针式多用电表。

4.6 教学过程(练习多用电表使用)

★教学环节1:引入新课

我们学习了电表改装成大量程的电流表,电压表,能否把表头改装成一个测量电阻的仪表?

设计意图:让学生回忆以前学过的有关知识,引出本节课要解决的问题。通过学生观察电流表和电压表的内部结构图,激发学生的求知欲望。通过设问能否把表头改装成一个测量电阻的仪表,让学生能够对物理实验仪器的设计思路有自身的猜想(科学探究)。

★教学环节2:理论分析

1.欧姆表原理

伏安法测电阻

教师:如图5-36所示,我们已经学过"伏安法测电阻",在这个方法中我们需要电流表和电压表两块电表进行测量,大家猜想,如果去掉电压表,还能测出 R_x 吗?

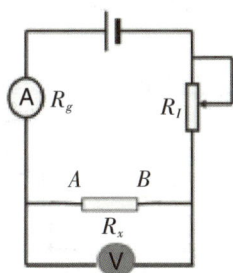

图 5-36 电路图

学生:不能,因为滑动变阻器未知,不能使用闭合电路欧姆定律进行计算。

【设计意图】

引导学生思考是否能用电流表测量电阻,让学生回忆学过的闭合电路欧姆定律。

等效替代法测电阻

教师:如果在原有器材不变的情况下再提供一个电阻箱,能否测出 R_x?

学生:思考,讨论。

教师:利用曹冲称象的典故引出等效替代的方法,并让学生理解什么叫等效。

【设计意图】

让学生理解等效替代的方法,并让学生体会类比的学习方法。

教师:让学生设计如何利用等效替代的方法测电阻,让学生利用此方法进行实验测量。

思考问题:如图 5-37 所示,(1)这样测量电阻有什么缺陷? (2)电流 I 与外电阻 R 建立了什么关系,你得到了什么启示?

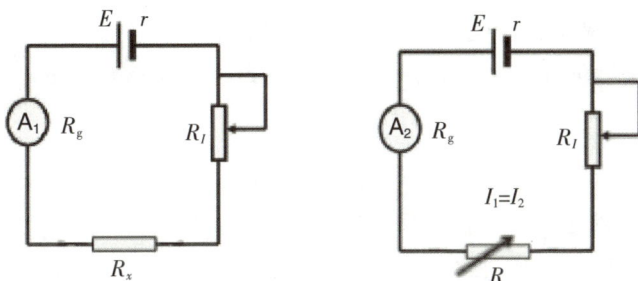

图 5-37 电路图

学生:动手实验,讨论,回答。

教师归纳总结:(1)缺陷:实验稍复杂,需要一级一级地调节电阻箱;前后两次测量,电流可能达不到同一值。(2)电流表读数 I 随 R 值的变化而变化,它们一一对应,是否可以通过测电流达到测量电阻的目的?

学生:能。

教师：我们如何实现从测电流过渡到测电阻呢？通过例题我们共同探讨。

【设计意图】

培养学生动手、表达、交流能力，培养学生合作探究、善于发现的精神。攻破本节课的难点。

利用电流表测电阻

例1：如图 5-38 所示，电源的电动势 $E=1.5$ V，内阻 $r=0.5$ Ω，电流表满偏电流 $I_g=10$ mA，电流表电阻 7.5 Ω，A、B 为接线柱，用导线把 A、B 直接连起来，此时应把可变电阻 R_1 调节为多少才能使电流表恰好达到满偏电流？调到满偏后保持 R_1 的值不变，在 A、B 间接一个 150 Ω 的电阻 R_2，电流表指针指着多少刻度的位置？如果把任意电阻 R 接在 A、B 间，电流表读数 I 与 R 的值有什么关系？

教师：引导学生思考，讨论，解答。

得到则 $I=E/(R_g+r+R_1+R)$

代入数值后，得 $R=1.5U/I-150$ Ω

教师：引导学生思考由(3)中的结论我们得到什么启发？

学生回答：把其他电流刻度都按 $R=1.5U/I-150$ Ω 转换成电阻刻度，也就成了一个能直接测量电阻的仪器。

教师：引导学生把电流值刻度成欧姆值。引导学生思考欧姆表的刻度有什么特点？

学生：欧姆表的刻度是左大右小，左密右疏。

教师：让学生总结欧姆表的原理和内部结构。投影片出示欧姆表原理图，如图 5-39 所示，让仔细观察原理图，表内电源如何接？

学生：表内电源要保证电流从红表笔流入表头，从黑表笔流出。

教师：引导学生思考如何测电阻？

学生回答：A，B 两表笔短接，调节滑动变阻器 R_1，使指针满偏，此时 $R_1+r+R_g=E/I_g$，表示所测电阻

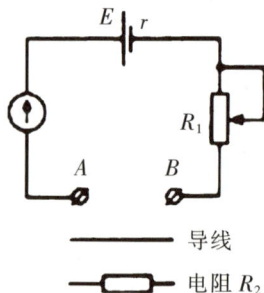

图 5-38　电路图

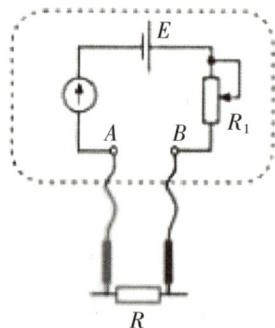

图 5-39　欧姆表电路

阻值为零。

教师归纳总结:这个过程叫欧姆调零。

教师:引导学生思考,指针在中间刻度处所测阻值(此值称为中值电阻)是多少?

学生回答:利用 $R=E/I-(R_1+R_g+r)=E/I-E/I_g$,当 $I=I_g/2$ 时,$R=E/I_g$。

教师:欧姆表测电阻的优缺点。

学生:测量方便。

教师总结:缺点:若电池用久了,电动势会变化,产生误差较大,只能粗略测量电阻。

过渡:思考:能否让它们共用一个表头制成一个既能测电压、电流又能测电阻的多用电表呢?

2.多用电表内部结构

简单的单量程多用电表:投影片出示电流表,电压表,欧姆表原理图,如图5-40所示。

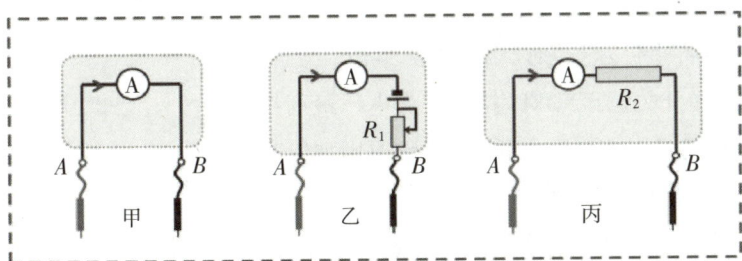

图 5-40 简单的单量程多用电表

教师引导学生分析电路结构,进行组合,展示,并且将几幅图合为一幅图,如图5-41所示。

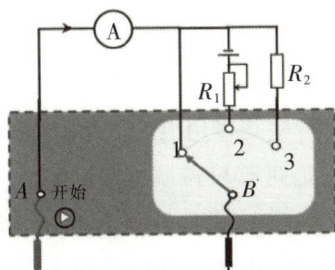

图 5-41 电路图

利用自制多用电表示教板演示多用电表的内部构造。

【设计意图】

理解多用电表欧姆挡测电阻的原理(物理观念)能够对物理实验仪器的电阻挡设计方案提出猜想(科学探究)。

★ **教学环节3:实验探究**

1.多用电表可以用来测量电流、电压、电阻等,并且每一种测量都有几个量程。

问题1:怎样用多用电表测量电路的电压?测量中应注意什么?

问题2:怎样用多用电表测量电路的电流?测量中应注意什么?

问题3:怎样用多用电表测量定值电阻?测量中应注意什么?

步骤:1)机械调零(左侧0):用螺丝刀进行机械调零(左侧0)。

2)选挡:测电阻时选择合适的倍率。以使指针指在中央1/3刻度范围。

3)欧姆调零(右侧0):用(电阻)调零旋钮进行调零(表笔直接接触,指针指右侧0刻度)。

4)测量:将红黑表笔接被测电阻两端进行测量。

5)读数:将指针示数乘以倍率得测量值。

6)将选择开关调至"OFF"挡或交流电压最高挡位置。

问题4:用多用电表测电阻时,读数原则如何?

测量值=表盘指针示数×倍率

问题5:怎样用多用电表测量二极管的正、反向电阻?测量中应注意什么?

设计意图:学生能够进行比较和重新认识多用电表和电压表电流表的共性和不同之处(科学思维)。

2.实验要求

实验器材:多用电表、多用电表示教板、电学黑箱、直流电源、开关、导线若干、小灯泡、二极管、定值电阻(大、中、小)三个。

实验步骤:1)观察:观察多用电表的外形,认识选择开关的测量项目及量程,如图5-42所示。2)机械调零:检查多用电表的指针是否停在表盘刻度左端的零位置.若不指零,则可用小螺丝刀进行机械调零。3)将红、黑表笔分别插入"+""-"插孔。4)测量小灯泡的电压和电流。①按电路图连好电路,将多用电表选择开关置于直流电压挡,测小灯泡两端的电压。②按电路图连好电路,如图5-43所示,将

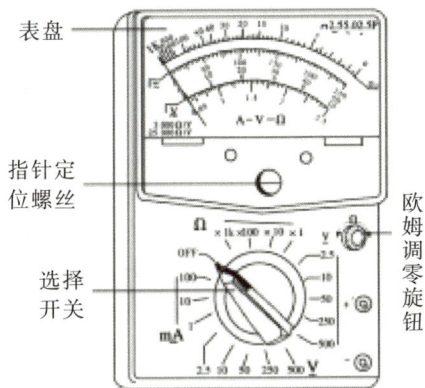

图 5-42 多用电表

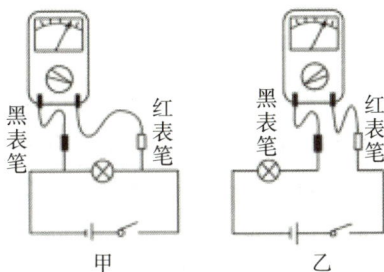

图 5-43 电路图

选择开关置于直流电流挡,测量通过小灯泡的电流。5)测量定值电阻。①根据被测电阻的估计阻值,选择合适的挡位,把两表笔短接,观察指针是否指在欧姆表的"0"刻度,若不指在欧姆表的"0"刻度,调节欧姆调零旋钮,使指针指在欧姆表的"0"刻度处;②将被测电阻接在两表笔之间,待指针稳定后读数;③读出指针在刻度盘上所指的数值,用读数乘以所选挡位的倍率,即得测量结果;④测量完毕,将选择开关置于交流电压最高挡或"OFF"挡。

【设计意图】

实验探究,学生动手实验,教师规范教学指导(科学探究)。会正确安装实验仪器,正确使用多用电表(科学探究)。明确实验操作规范和操作顺序。使用完毕能够将多用电表选择开关置于"OFF"挡或者"交流电压最高挡"(科学探究)。

5 教后反思

5.1 实践过程

讲授多用电表原理时将习题教学改为探究式教学可以按如下的教学设计进行:教师在教授结构原理时可以在实验室进行,将学生分成若干小组,每小组配备如下实验器材:电流表(内阻已知)、电源(内阻已知)、开关、滑动变阻器、电阻箱、未知电阻若干、导线若干。

【提出问题】

怎样测量未知电阻的阻值?学生很容易就会想到利用电压表与电流表测量未知电阻的电压、电流,然后利用欧姆定律 $R=U/I$ 就可以把未知量 R 求出来。但当学生进行测量时就会发现实验器材里并没有电压表,所以就无法利用该方法将未知电阻求出。这时教师可以启发他们改变一下思路,利用刚刚学过的电路知识,列出整个串联电路的欧姆定律方程,同样可以将未知电阻求出。然后引导他们画出测量未知电阻的电路图,如图 5-44 所示,并按所画电路图连接实物。

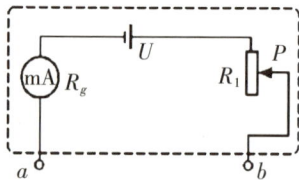

图 5-44 学生画出的测量未知电阻的电阻的电路图

由于实验中所要求解的未知电阻数量较多,每个都需要进行计算,他们就能察觉出采用这样的办法计算未知电阻很麻烦。此时,师生可以共同讨论,怎样才能使测量变得简单呢?教师可以带领学生从分析原理公式 $R_x=E/I-(R_g+R_1+r)$ 入手,从公式中可以看出 E,R_g,R_1,r 都是已知量,只要测量出电流就可以求出电阻。使学生体会到每读出一个电流表电流的数值,就能相应地计算出一个电阻的阻值。教师接着提问:若把所有的电阻值都标记在电流表上,是不是就可以直接在表盘中读出未知电阻的阻值?学生进行思考。此问题解决后,教师接着提问:如何将所有的电阻都在电流表盘上标记出来呢?教师可以提示学生从所给仪器中选择,那他们很自然就会想到电阻箱。教师可以让学生利用电阻箱制作一个可以同时测量电阻和电流的表头。

学生制作完成表头后(如图 5-45 所示),教师可以将其与真实的多用电表表盘进行对照,学生对比观察两者之间的差异,进行思考。这时教师再讲解多用电表的原理就会加深学生对多用电表原理的理解。

图 5-45 学生制作的表头

自制多用电表示教板辅助教学

利用自制的多用电表示教板演示辅助教学,引导学生分组练习多用电表的使用,观察多用电表的构造,练习使用多用电表测小灯泡的电压、电流、电阻。重视多用电表的使用,强调多用电表的使用步骤及注意事项,同时为后面黑箱的学习打下了良好的基础。

5.2 以问题为导向培养学生物理学科核心素养

第一:以问题为导向唤醒课前知识,开启新知识之门(物理观念)。

问题1:导线的电阻大小的决定因素是什么?其电阻跟加在导线两端的电压及通过的电流有关吗?(学生回答)以问题为导向,唤醒必备知识。

问题2:如何测量导线电阻的大小呢?(学生回答)以问题为导向,唤醒学生已掌握的方法。

第二:以问题为导向,开创新思维(培养科学思维)。

问题3:比较表格的数据中我们发现了什么?(学生讨论)

导向:发现问题和规律:电阻越大干路电流越小。电流的数值大小跟电阻箱连入电路的阻值大小是一一对应的。通过查找表格的电流数值就可以直接知道电阻箱连入电路的电阻(电阻箱)阻值大小。

问题4:如果电阻箱就是待测电阻,通过查找表格的电流数值就可以直接知道电阻箱连入电路的阻值大小,对"直接"测量导体的电阻有什么启发?(学生热烈讨论)

第三:以问题为导向,引领科学探究。

问题5:怎样"替代"?导向设计方案,引领学生科学探究:用电流大小替代电阻大小。改标电流计表盘上的数值,也就是根据问题4的原理把电流计表盘刻度线的电流数值改为对应的电阻阻值。

第四:以问题为导向,在科学探究过程中形成核心。

问题6:各小组在完成上述各个工作的过程中发现了什么问题?小组交流后回答。导向提升理论与实践相结合的分析能力、解决问题的能力,体验探索过程成功的喜悦,筑牢严谨的科学态度。

从学生递交来的报告来看,学生的思路清晰,设计方案合理,综合能力明显提升。通过以问题为导向的教学活动,学生的物理观念得到有序的充实,使学生逐步形成完善的主要包括构建物理模型、科学论证、科学推理、质疑创新等要素的"科学思维"。通过以问题为导向的教学活动,增强了学生的"科学责任与科学态度",激发了学生的好奇心和强烈探究的求知欲,在探究活动过程中培养了学生积极主动与他人合作、实事求是不敷衍的品质,学生能依据证据、合理地推理,做出较为科学的见解、判断,增强了学生社会、科学责任感。

5.3 教学建议

第一:创设情景、引入课题,回顾旧知、深化问题。

问题情景:本章前几课学生已经学习了电压表和电流表的原理。是否有一种仪器既能测电压又能测电流? 从而引出多用电表仪器,本节课将探究多用电表的使用方法。通过设问:问题 1.多用电表的内部是否具有电压表和电流表同样的内部构造?问题 2.如果要测定电阻,需要用到哪些器件? 如何设计?引导学生能够对物理实验仪器的设计思路有自身的猜想。

回顾旧知:表头能改装为电压表和大量程电流表,学生观察电流表和电压表的内部结构图,激发学生的求知欲望。

深化问题:如果直接让学生提出测定电阻的设计图会涉及很多的方案,为了能够在课堂上直入主题,又体现学生的科学探究,可以通过限定一些实验仪器,提供干电池、电流表、滑动变阻器、开关、定值电阻、变阻箱、导线,引导学生设计电路图,教师最后提供多用电表测定电阻欧姆挡内部电路图。

第二:引导学生注意观察,欧姆挡刻度不均匀,欧姆挡刻度上最左侧为 ∞,最右侧为 0。电压和电流挡左侧为 0 刻度,右侧为量程(最大值),刻度均匀。

通过设问:问题 1.多用电表表盘上有多条刻度线,有什么特点? 问题 2.多用电表的红表笔和黑表笔连线与内部电流表如何连接?引导学生理解多用电表欧姆挡测电阻的原理(物理观念)能够对物理实验仪器的电阻挡设计方案提出猜想(科学探究)。

第三:思考欧姆表的红表笔(正接线柱)和内部电源的负极相通还是正极相通? 可以采用怎样的方法来测定?学生分小组活动讨论。

思维引导建议:多用电表开关选择欧姆挡,让红黑表笔去连接一只电流表或电压表。若电压表(电流表)指针是向右偏的,则与电压表(电流表)正接线柱相连的表笔与多用电表内的电源正极相连。可以得出结论:黑表笔(负接线柱)和内部电源的正极相通,这样设计是为了和测电流、电压一致,都使电流从正接线柱流入,从负接线柱流出才这样设计的。

第四：小组合作练习使用多用电表测量三个定值电阻 30 Ω、300 Ω、30 Ω 的阻值。教师引导学生按照合理的步骤进行实验。

通过设问：问题 1.使用多用电表前,如果发现指针没有指向左侧零刻度,应该怎么办?问题 2.选择开关置于"Ω"挡 的"× 1",如何进行调零? 问题 3.测定 30 Ω 电阻时,两表笔分别接触定值电阻两端,在表盘上如何读数? 问题 4.测定 30 Ω 电阻后,需要再测定 30 kΩ 电阻,则开关应该选择什么倍率? 需要重新进行欧姆调零吗?引导学生：(1)正确安装实验仪器,规范使用多用电表(科学探究)。(2)明确实验操作规范和操作顺序。使用完毕能够将多用电表选择开关置于"OFF"挡或者"交流电压最高挡"(科学探究)。

第五：测定电阻的操作过程相对于测电压和测电流和步骤比较多。可以在师生共同讨论之后再逐步进行规范操作。

5.4 结论、不足与展望

本研究结合高中生的身心发展特点及认知规律,立足高中物理电学实验教学、课后科技创新活动,围绕核心素养四个维度的全面培养,以建构主义理论、人本主义理论为理论基础,以《练习多用电表使用》为例,通过对目前实验教学培养学生核心素养现状进行学生、教师问卷调查,针对问题提出了适合学生核心素养发展的教学原则,结合教学实际制定了培养学生核心素养的教学策略：教师演示实验,可以让学生形成良好的实验态度、实验习惯、加深对实验的理解,先进教学技术演示实验,开拓学生世界观,培养学生核心素养,也增加了学生的科学视野宽度,为培养学生构建模型、问题解决能力打好基础。学生分组实验是培养学生核心素养的问题解决能力、动手操作能力、数据处理能力、反思评估能力、沟通协作能力非常好的途径。探究性实验能充分调动学生的主动性,培养学生创造性思维,增强学生问题解决的能力。学生亲身经历自己动手设计模型,培养了模型构建能力、问题解决能力,升华了自身的核心素养。创新设计实验可以让学生提升思维能力、创新意识、模型建构能力、问题解决能力,成为核心素养较高的创新性人才。希望本研究能为实验教学的开展提供一个思路,为教师的实验教学研究提供一个参考,为以后的探究性、创新性实验的开展提供借鉴。

由于本人水平有限，对于研究涉及的一些概念和理论依据还有待进一步深入挖掘，开发出来的教学案例与理论之间的联系不紧，制定的教学实践策略实施的范围较小且没做长期跟踪调查，无法得知制定的提升学生核心素养的策略在实际教学中的效果如何。希望在以后的教学过程中，结合教育教学内容，尽可能多让学生动手实验，特别是物理电学实验，要充分发挥实验教学的优越性，让学生尽可能多地开展分组实验，参与探究性实验的设计研究，学校要尽可能多地为学生提供创新比赛的参与机会，提升学生的物理思维、创新能力、模型构建能力，培养他们的物理探究能力、合作交流能力，全面提升学生的核心素养，为学生的终身发展打好基础。

总的来说，核心素养的培养不是一朝一夕就能够取得明显效果的，需要学校、教师、家长、学生自身的共同努力。高中生做事容易从兴趣出发，当学生对科学探究感兴趣了，能够从中获得满足感和自信的时候，就会愿意积极地进行实验探究。当学生的积极态度被调动起来后，学校更要尽可能地为学生提供条件，尽可能地发挥学生的物理思维和创新能力、物理探究能力、合作交流能力，充分给予学生自由发展的空间，全面提升学生的核心素养。

第六章

电磁学(二)部分案例研究

第1节　核心素养背景下电学实验优化设计的案例研究

——测量电源的电动势和内阻

1 文献述评

国内外中学物理教学中关于电学实验的优化设计研究并不少见,但是在核心素养背景下,针对学生选课走班同一教学班学生学习能力不同的现实问题,将分层教学融入电学实验教学的研究很少。笔者在中国知网以"电学实验优化设计"作为检索词进行搜索,检索到相关文献1篇;涉及"核心素养背景下电学实验的优化设计""基于核心素养的电学实验优化设计"或"促进学生核心素养发展的电学实验优化设计"的为0篇;笔者在中国知网以"电学实验分层教学"以及"核心素养背景下电学实验分层教学"作为检索词进行搜索,检索到相关文献0篇。

我国古代教育家、思想家孔子早在春秋时代就提出了"因材施教"的教育原则,提出育人要"深其深,浅其浅,益其益,尊其尊",即根据受教育者的能力、特长、性格、原有基础等情况不同,提出不同的要求,给予不同的教育。教师只有采取不同层次的教学,才能促进有差异的学生得到合理发展。刘玉兰在《论高中物理电学实验教学策略》中提到了在物理电学实验的教学过程中除了应更加重视基础理论外,还必须兼顾对学生上述能力的培养。陈伟在《中学物理教学参考》中的《提高高中物理电学实验效率的策略》一文中就如何改进教师在电学实验教学的教学方式,如何发挥学生的主动性、积极性、创新性展开讨论,并对高中物理电学实验教学的新对策发表自己的观点,但类似文章均未涉及核心素养背景下,以分层教学模式组织电学实验开展课堂教学的内容。综合搜集到的文献资料看来,我国高中物理教育界的专家、学者、一线教师们对高中电学实验的优化设计已经取得了一些成果,但是如何在核心素养理论框架下进行电学实验分层教学的案例研究还是非常少的。

在《普通高中物理课程标准(2017年版2020年修订)》(以下简称课标)中关于电路及其应用部分的内容要求,提到了通过实验,探究并了解金属导体的电阻与材料、长度和横截面积的定量关系。会测量金属丝的电阻率。理解闭合电路欧姆定律。会测量电源的电动势和内阻。课标的教学提示中提到了在探究金属导体的电阻与材料、长度和横截面积的定量关系,以及闭合电路欧姆定律等内容的学习中,努力创设激发学生探究欲望的问题情境,引导学生进行科学探究,培养学生实验设计、分析论证、反思评估等能力。课标的学业要求中提到了会做"测量电源的电动势和内阻"等实验。能在教师指导下制定实验方案,能选用实验器材进行实验,获取实验数据;会用图像处理实验数据,能根据图像获得结论;能分析实验中存在的误差,并能提出减小误差的方法。能运用学过的物理术语撰写实验报告。从以上内容中,可以清晰地看到对学生物理学科核心素养的发展要求,特别突显出对物理学科核心素养中科学探究方面的要求。

新教材相对于旧教材做了很多调整,在案例研究的过程中,充分考虑了这些变化及其目的,表6-1中就列出了新旧教材涉及电学实验部分的部分变化。

表6-1 新旧教材比较

序号	旧教材	新教材
1	旧教材设置欧姆定律一节设计两个主题:首先提出电流的大小与什么因素有关?引导学生回想复习初中知识,主题一——设置演示实验,展示图2.3-1分压式电路测量导体电流和电压,进而文字描述由实验得出的U-I图像,得出电阻的定义式,由此得出欧姆定律,介绍电阻单位及换算(与初中内容重复)。主题二——导体的伏安特性曲线,展示图2.3-2导体A、B的伏安特性曲线,介绍欧姆定律的适用范围,设置分组实验测绘小灯泡的伏安特性曲线,并用说一	新教材对本节设置三个主题:主题一——电阻,对导体的电阻通过U-I图像给出电阻的定义式;主题二——探究影响电阻的因素,设置分组实验,将旧教材第6节中探究方案一分组实验图2.6-3改为探究案例的图示,且对原实验在文字上更细化描述;主题三——导体的电阻率,在分组实验的基础上得出电阻定律,设置演示实验电阻率与温度的关系,至此将影响金属电阻的因素全部介绍。在介绍导体电阻元件的应用中,介绍华裔美国籍科学家朱经武和中国科学家赵忠贤在超导领域的研究成果,通过介绍中国

续表

序号	旧教材	新教材
	说图 2.3-5 某晶体二极管的伏安特性曲线引导学生拓展学习	科学家的贡献,渗透科学态度与责任教育。设置拓展学习栏目,作为选学内容将金属电阻和晶体二极管的伏安特性曲线放在一起进行展示,引导学生更深入地认识电阻
2	旧教材第 6 节是"导体的电阻",只设置一个主题影响导体电阻的因素,给出探究方案一、探究方案二,演示实验内容为探究导体电阻与材料的关系	新教材中将演示实验改为电阻率与温度的关系,去掉了旧教材中的思考与讨论,图 2.6-5 金属电阻温度计以及说一说
3	第 6 节图 2.6-2 测电阻	第 3 节中在实验 2 中的图 11.3-7 测电阻的电路图,增加实验思路、物理量的测量两个主题
4	第 9 节实验:练习使用多用电表	新教材第 5 节的第二个主题:使用多用电表
5	测量二极管的正反向电阻:旧教材详细说明了二极管的单向导电性,图 2.9-3 展示晶体二极管和它的符号,图 2.9-4 测二极管正向电阻、反向电阻的示意图,思考与讨论引导学生用表习惯	晶体二极管和它的符号和测量二极管正向电阻、反向电阻的两个示意均已经删除,改为做一做:测量电阻,涵盖了左边表格中旧教材相应的内容
6	第 9 节仅给出图 2.8-7 数字式多用电表	不仅给出图 11.5-4 数字式多用电表,还给出文字说明

2 教材分析

2.1 知识地位

"电池电动势和内阻的测量"是本章的一个重要实验。教科书对这个实验的编写,体现了统一、基本的实验要求和灵活、多样的实验方法相结合的指导思想。

电源的特性主要由电动势与内阻来描述,因此测量电动势和内阻对于合理使用电源具有重要的意义,这一节从实用的角度向学生提出了新的问题,即怎样简洁的测量电源的电动势与内阻? 只有设计合理的实验电路,选择必要的实验器材,科学地处理数据,才能得到满意的结果。介绍了用伏安法测量电源的电动势与内阻的电路以及一种新的处理实验数据的方法——用图像法处理实验数据,涉及的动手实验及用图像法处理数据,对培养学生科学探究能力非常重要,有利于激发学生的科学态度。

2.2 教材呈现(见图 6-1)

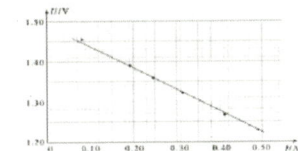

可以求出电源的内阻 r。

另外，如果从直线方程 $U = -Ir + E$ 的角度理解，
通过求解 U-I 图像斜率的绝对值可以求出电源的内阻 r，
即

$$r = \frac{\Delta U}{\Delta I}$$

参考案例 1

测量干电池的电动势和内阻

旧电池的内阻相对于新电池要大得多，容易测量。

如图 12.3-1，把滑动变阻器的阻值调到某一较大的数值，分别测出电路中的电流和电压，并记录在此表格中。不断减小电阻，得到多组电压和电流，作出 U-I 图像，求得干电池的电动势 E 和内阻。

由于干电池的内阻较小，当电流变化时，电池的变化可能较小。为了得到更精确的测量结果，作图时，电压轴的起点标度一般不从 0 开始，应根据实验数据选择合适的起点标度。

参考案例 2

测量水果电池的电动势和内阻

把铜片和锌片相隔约 1 cm 插入一个番茄，就制成一个水果电池（图 12.3-5）。铜片和锌片相隔越近，电池的内阻就越小。铜片是电池的正极，锌片是负极。

把水果电池、电阻箱、电压表等按图 12.3-5 所示连接好。根据测得的数据，用电压表和电阻箱测出多组电压 U 和电阻 R，并记录在此比例的表格中。求出水果电池的电动势和内阻。

水果电池的内阻较大，容易测量。但实验时，内阻会发生明显波动，测量应尽量迅速，在内阻发生较大变化之前结束测量。

图 12.3-5 水果电池

1. 是闭合回路图 12.3-1 的电路测量某电池的电动势和内阻，把滑动变阻器的阻值调到某个电流与电压表的示数，如表 1。请作出表的电压表的示数并记录在此比例的 U-I 图像，根据 U-I 图像求出电池的电动势和内阻的变化。

表 1 电池组电压、电流的对应数据

| 电流 I/A | 1.72 | 1.35 | 0.98 | 0.61 | 0.34 |
| 电压 U/V | 1.88 | 1.92 | 1.93 | 1.98 | 1.99 |

2. 按照如图 12.3-6 所示电路测量某电源的电动势和内阻，图 12.3-6 几张实验数据进行分析计算。

（1）连接实验电路，检查电路中各元件的连接是否正常。

（2）实验时使电流变化了，下面的组成电流，读出对应的电压表示数，把这些电压和电流记录在此比例的 U-I 图像，作出 U-I 图像并根据图像求出相应的电源电动势，并试着移动得出 U-I 图像中电压上电流 I 的变化。

图 12.3-6

3. 某同学要测量某锂电池的电动势和内阻，他和某备各找来了一节干电池，那种的移动干电池，根据测量了图 12.3-7 所示的实验电路测量这锂电池的电动势 E 和内阻 r。

在图 12.3-8 中的电路器图中安装着电流计，是利用它和插入测量与铜柱月形电压的示数和电阻，图中电流表的内阻为 100 Ω，量程 0—500 μA；电压指示器的变化范围为 0—999 Ω。

图 12.3-8

为使电阻箱、钢厂电阻量时读值，得到时间电压值如表 2 所示。

表 2 电阻箱里电流表对 1 的示数记录表

| $R/k\Omega$ | 3 | 4 | 5 | 7 | 9 | 13 | 15 |
| $I/\mu A$ | 92 | 107 | 115 | 134 | 152 | 180 | 220 |

请根据表中的数据在 U-I 图像上标出各点，并作出相应图线，求出这锂电池的电动势和内阻？

图 6-1 教材呈现

2.3 基于教材的教学思考

教材中提供了三种实验方法供教学选择，但实验原理大致相同，教学中要让学生理清电动势和内阻测量的思维线索。通过本节课的学习，要让学生可以灵活地运用闭合电路欧姆定律，对图像法处理数据进一步熟悉。教学内容不只是给学生一种测量电动势的方法，更重要的是通过实验使学生更好地理解电动势，理解测量电源电动势和内阻的实验原理，发展对电源路端电压随电流的变化关系的认识。体验测量电源电动势和内阻的探究过程，掌握实验方法。用解析法和图像法求解电源电动势和内阻，能对结果进行误差分析、了解减小误差的方法。本节课的重点是探究测量电源电动势和内阻的原理和方法，掌握其数据处理和误差分析。难点是图像法求解及误差分析。

教师在具体设计教学的时候，一定要考虑如何切合学生。一是教材考虑到的学生已有认知，和教学对象实际的已有认知可能有出入，二是教材提供的方案，由于学生学习能力的不同，可能会出现有的学生好接受，有的学生能接受，有的学生

接受起来有困难的情况,面对学生的差异性,教材并没有给出可以直接借鉴的方法,所以任课教师需要做更细致的设计,将实验目的和实验任务交代清楚,在实施基于小组合作学习的分层教学过程中,要对小组长指导清晰,让小组长能够带领组员按照分配的任务进行实践,促进不同能力水平的学生都能有所发展。教师还要关注学生在实验过程中的操作细节,如:注意电流表和电压表的量程选择以及正负接线柱的接法;在实验开始前要将滑动变阻器(或变阻箱)的阻值调节到最大值等。

3 实验改进

3.1 针对"设计实验电路"的改进

3.1.1 改进意图

通过设置分层任务,促进学生小组合作学习的参与度,培养不同学生基于实验证据的解释能力,同时培养学生质疑、协作的能力,发展学生的科学态度。

3.1.2 操作办法及策略分析(见图6-2)

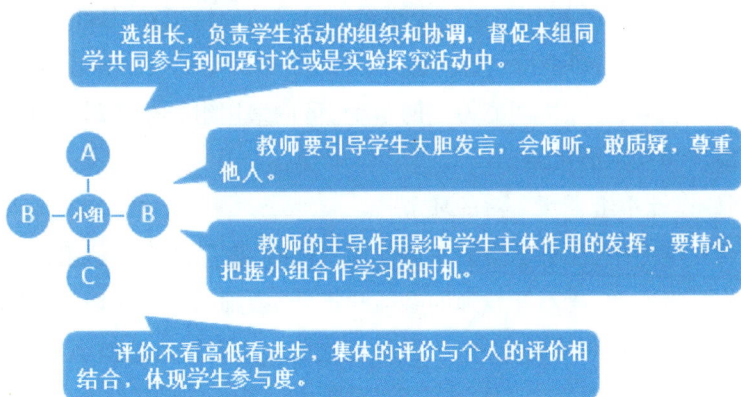

选组长,负责学生活动的组织和协调,督促本组同学共同参与到问题讨论或是实验探究活动中。

教师要引导学生大胆发言,会倾听,敢质疑,尊重他人。

教师的主导作用影响学生主体作用的发挥,要精心把握小组合作学习的时机。

评价不看高低看进步,集体的评价与个人的评价相结合,体现学生参与度。

图6-2 学生分组操作示意图

（1）合理分配小组成员

要充分发挥小组合作学习的作用，做好小组成员搭配是前提。合理地构建学习小组（实验操作两人一组，这里的学习小组中一般包括4人，即两个实验操作小组），既是学生进行合作学习的基础，也是实现学生群体合作的手段。首先，根据学生的基础知识掌握情况、分析问题和解决问题的能力、智力水平、心理素质和兴趣爱好等各个方面进行综合考虑，同一小组尽可能安排可以"互补"的学生，有一名"暗"线中的 C 学生（后面用 A、B、C 简化表示），两名 B 学生，一名 A 学生。这样做既能保证小组内各个成员之间的差异性和互补性，也便于各个小组之间开展学习比拼活动。其实，学生的个别差异可以作为一种积极的教育资源，实施动态分组教学。教师动态地观察学生的学习情况，适时进行人员调整，以保证小组间学生竞争的活力，增强小组内学生合作的凝聚力。

（2）明确小组成员责任

建立了合作学习小组后，要明确小组中每一个成员的责任，要突出每个学生的个体的作用，使学生树立这样的观念：不仅要对自己的学习负责，同样也有帮助他人进步的义务，而且要为所在小组中其他同学的学习负责。对于小组合作学习，每个小组的组长发挥着至关重要的作用，组长主要负责学生活动的组织和协调，督促本组同学共同参与到问题讨论或是实验探究活动中。在一个好的小组带头人的带领下，小组成员才能始终如一地围绕某一个电学实验中心议题进行研讨和分析，进行合作探究活动。组长又是一个小组学习活动的组织者，是联系教师与全班学生的纽带。因此，选好组长，直接关系着小组学习活动的效率和效益。可以选择有一定责任心、感染力和协调能力强的学生。可以采用组长轮换制，让每一位小组成员都有锻炼和展示的机会。

（3）巧妙设计小组合作学习的环节

小组合作学习中，注重学生的主体作用的同时，教师的主导作用也不可忽视。学生的合作是否有效，离不开教师的参与和指导。教师的主导作用发挥得越有效，学生的主体作用发挥得就越充分。因此教师在教学中要精心把握小组合作学习的时机。主要体现在以下三个方面：一是面对学生对某一问题独立思考与研究后的发现与困惑时，对同一问题有不同见解时，设计小组合作，利于学生彼此之间相互交流，集思广益，共同提高。二是在学习重点的落实以及学习难点的突破处设计小组合作,利于学生集体智慧的发挥,使每个学生体验成功的乐趣。三是在学生单独实验操作中遇到困难时,通过小组合作让学生感受到与组员合作的必要性。教师在进行教学设计时,要对教学内容进行充分的分析,对可能出现的困难或意外提前做好准备。

3.2 针对"实验数据处理"的改进

3.2.1 改进意图

培养学生基于实验证据的解释能力,同时培养学生质疑、协作的能力,发展学生的科学态度。

3.2.2 操作办法及策略分析

(1)"梯度"式的教学理念

电学实验探究的过程应该由易而难、由简到繁、层层递进,目标要求上不断深化,可以逐步递进地提出目标要求,促使学生快速、准确、有序地活动。学生在教师不断深化的目标的引领下进行探究活动,既不会感到机械乏味,又不会感到高不可及。

在进行探究实验时开门见山直接让学生思考实验方案,对于很多学生来说,这是一件很难的事情,在他们的成长过程中,经历了太多的"手把手",甚至已经成了一种习惯,他们在探究问题时往往会觉得吃力,常常没有主动性,也存在着信心不足的现象。可是,如果因为这些原因阻碍了探究式学习的落实,探究的过程学生不体会,不实践,那么时间久了他们解决问题的能力必然是有限的,思维的灵活程度自然也会受影响。教师的引导作用在这个时候就显得很关键了,可以将一个探究目标先分解成几个小的子目标,减轻学生在探究过程中的困难程度。而子目标在处理的时候还可以进行细化,比如说在实验步骤中,数据处理是一个关键部分,可以让学生自己根据这些物理量的数据作出图像,再从图像的特点来看它表示的物理意义是什么。这样,探究目标被细化,学生更容易操作,不会感到高不可及,能够更好地达成探究目标,优化教学效果。

(2)给予学生"梯度"性指引

在教学过程中"梯度"性地带领学生了解、理解、掌握和应用解题思路可以使学生分析问题的能力有条不紊地提高,对学生思维能力的提高可以说是至关重要的。比如说人教版普通高中教科书《物理 必修 第三册》中《实验：电池电动势和内阻的测量》，围绕这一内容的考核是多年来高考试卷中经常出现的，关于控制电路和测量电阻的设计、仪表的选择以及数据的分析都是常涉及的难点问题。这类题目对于学生来说并不容易。其原因是学生对实验的操作过程不熟悉，对数据获得后描点作图，分析图线获取电动势和内阻不熟悉。因此，在正式操作实验之前，让学生自己设计电路，引导学生主动质疑电流表和电压表的接入位置选择，进而引发学生思考其中存在的系统误差，并进一步联系伏安法测电阻的知识，结合干电池内阻一般较小的特点，设计电路。在处理实验数据时，学生也是只有亲自经历了描点的过程，才能理解伏安特性曲线（U–I 图像）。描点后，通过舍弃偏差较大的点，是可以拟合成一条倾斜直线的，这条直线需要延长才能与 U 轴交汇，那个交点的数值对应的就是电源电动势的值，而图线的斜率大小即为电源内阻（或等效电源内阻）的大小。

（3）根据学情设置"梯度"

一个教师的授课班级往往不是唯一的，不同的班级在班级建设和班级同学整体成长过程中具有一定的差异性，比如说班级中性格外向和内向学生的比例，学习积极性较强的学生占到的人数比例，以往学习的经验积累等很多因素都在一定程度上影响了班级整体的学习能力。所以不同的班级应该有不同的方案，对于学习积极性较强、思维比较活跃的班级，可以将梯度设置得稍大一点，给学生更广泛的自由发挥的空间，如果学生探究问题的思维能力较低，思维灵活性稍弱，则梯度性就要相应的低一点。梯度不能太大，要让学生"够得着"。假如一节课处处都是"台阶"，学生就好像在整节课上都在爬楼梯，容易产生疲倦感。就像好的电影中既需要平铺直叙的部分，又需要跌宕起伏的成分，还需要高潮，需要有始有终，教学过程也是一样的。

3.2.3 学习任务分层设计

第一步：首先组织学生阅读并理解教材上提供的实验思路，并制定实验方案进行操作。第二步：通过操作和数据分析，思考其中存在的误差并设计优化方法。第三步：根据实验数据处理的优化方案继续实验并得出结论。这样，学生经过了实践—思考—再实践的过程，既达到了最终的实验目的，又经历了逐步深入的探究过程,科学思维和科学探究的能力得到发展。实验过程伴随着质疑、交流、合作,提升了学生分析和解决问题的能力。

4 教学设计

4.1 学情分析

学生在经历了人教版普通高中物理必修 1 和物理必修 2 的学习后,观察和实验这两项研究物理的重要方法都有了学习和应用。学生的观察能力也得到了一定的培养。学生已经懂得观察物理现象的重要性,懂得观察实验现象,记录实验数据并进行分析。在实验过程中,学生通过设计实验,操作实验和分析实验数据,其科学探究中的合作、解释能力有了一定的提升。由于"六选三"考试机制的存在,学生选考物理学科有多种考虑因素,往往在一个教学班内的学生学习能力不尽相同,甚至有较大的差别,学生的学习目标和学习预期不同,成长点和潜能也不同。

4.2 教学目标设定

1.经历实验设计过程,理解测定电源电动势和内阻的实验原理。

2.在理解实验原理的基础上,能完成测电源电动势和内阻的规范实验操作。

3.学会利用 U-I 图像处理数据并得出电源的电动势和内阻,进一步体会利用图像进行数据处理的方法。

4.尝试分析电源电动势和内阻的测量误差,了解实验中减小误差的方法。

4.3 教学流程

★教学环节 1:引入新课

教师展示一个照明电路,用两节事先准备好的 5 号干电池(一节是新电池、一节是已经用了一段时间的旧电池)分别作为电源进行 5 分钟的演示实验,如图 6-3 所示。学生可以直观地看到两次对照实验灯泡的亮度不同。教师进而引导学生思考其原因。有的学生会猜想两节电池的电动势不一样,新电池

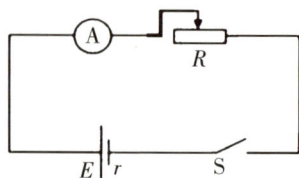

图 6-3 演示实验

的电动势大于旧电池,有的学生会猜想两节电池的内阻不一样,旧电池的内阻要大一些,也有的学生会认为二者都存在。教师进而提出本节课探究任务,即:要想比较两节干电池的电动势和内阻,就需要通过实验来测量电池的电动势和内阻。

★ 教学环节 2:构建思路

教师指导学生利用 5 分钟阅读教材,了解测定电池电动势和内阻在教材中介绍的实验思路。方法一,根据闭合电路的欧姆定律,电源电动势 E、内阻 r,与路端电压 U、电流 I 的关系可以写成 $E=U+Ir$,如图 6-4 所示连接电路,测出 U、I 的两组数据,就可以列出两个关于 E、r 的方程,从中解出 E 和 r。因此,用电压表、电流表加上一个滑动变阻器 R,就能测定电源的电动势 E 和内阻 r。方法二,基于方法一,可以将 $E=U+Ir$,写成 $E=IR+Ir$,如图 6-5 所示连接电路,测出 I、R 两组数据,也可以得到关于 E、r 的两个方程,从中解出 E 和 r。这样,用电流表和电阻箱也可以测定电源的电动势 E 和内阻 r。方法三,基于方法一,可以将 $E=U+Ir$,写成 $E=U+(U/R)r$,如图 6-6 所示连接电路,测出 U 和 R 两组数据,同样能通过解方程组求出 E 和 r。

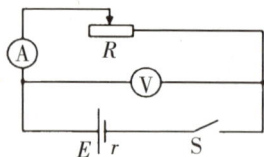
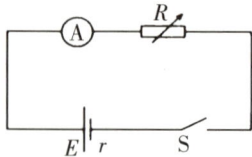
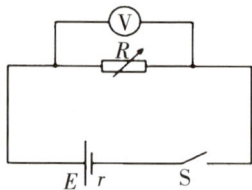

图 6-4 电路图   图 6-5 电路图   图 6-5 电路图

教师组织学生进行小组活动,四名同学为一小组,完成三个小组实验任务:任务一是根据教材上提供的实验思路,各组组长带领小组成员充分发表意见,选定一个实验思路,利用5分钟的时间制定实验方案,包括实验原理、实验仪器、实验步骤等。各组学生在小组长的带领下进行交流,从电路设计的简洁性、物理量测量的便捷性等角度进行研讨,确定实验思路后,考虑安全、准确和方便列出所需实验仪器、仪表量程和滑动变阻器阻值调节范围等,梳理实验步骤。任务二是各小组在小组长的带领下,利用15分钟的时间进行实验操作和数据处理,小组成员要完成"梳理实验步骤、监督实验操作""连接电路图、记录实验数据""数据分析、实验误差的分析"和"减小实验误差的优化办法"等工作内容。任务三是利用5分钟的时间,各组小组长负责组间交流展示的发言,小组成员给予补充。

★教学环节3:小组探究

各小组在组长的带领下进行交流研讨,每个成员谈对三个实验思路的选择和分析,有的学生会选择方法二或方法三,考虑需要的实验仪器相对要少,测量的物理量也相对要少,有的学生会选择方法一,虽然测量的物理量要比方法二和方法三多出一个,但在列方程求解的时候,相对计算量要少。通过让每位小组成员发表自己的意见,可以促进学生联系已有物理观念积极思考,有效参与。小组长带领组员一起根据组内成员的意见确定实验思路,并分别将"梳理实验步骤、监督实验操作""连接电路图、记录实验数据""数据处理、实验误差的分析"和"减小实验误差的优化办法"分配给组内三位成员和自己。这一环节设计的目的是为了发展学生的合作意识和基础实验证据做出解释的能力,同时发展学生的质疑精神,促进学生科学探究能力的提升。对于学习能力较为突出的小组长,负责减小实验误差的优化办法,即整个实验操作和数据处理过程中难度较大的一个内容;对于学习能力较好,处于小组成员学习能力居中的两位同学,分别承担梳理实验步骤、监督实验操作和数据处理、实验误差的分析;对于学习能力一般或者基础较为薄弱的同学,负责连接电路图、记录实验数据,从而让不同学习能力的学生都能参与到实验活动中,并且都能通过自己的努力完成相应的工作内容,让每个学生都能在原有基础上获得发展,促进学生形成严谨的科学态度。

★ **教学环节 4：交流展示**

各小组长在小组实验结束后进行交流展示，并分析出实验误差的产生原因主要包括两个方面，一是电流表的分压以及电压表的分流对实验产生误差影响，二是列方程求解时，由于只是用了两组实验数据，偶然误差较大。对于第一点，可以在了解了电流表、电压表的内阻后，可将图 6-4 中电路中测量值与电动势 E、内阻 r 之间的关系式写为 $U=E-r(I+I_V)$，图 6-5 中电路中测量值与电动势 E、内阻 r 之间的关系式写为 $E=(R+r+R_A)I$，图 6-6 中电路中测量值与电动势 E、内阻 r 之间的关系式写为 $E=U+(\dfrac{U}{R}+\dfrac{U}{R_V})r$。

对于第二点，可以将实验电路进行如下优化：只测量两组数据，通过联立方程解得 E 和 r，看起来比较简单，误差却可能较大。只有多次测量，并对数据进行处理，才能减小误差。所以，应该使用滑动变阻器改变外电路的电阻，进行多次测量。采用另外一种方法，也能减小误差，而且更简便、直观。$E=U+Ir$ 可以改写成 $U=-Ir+E$。以 U 为纵坐标、I 为横坐标建立平面直角坐标系。根据几组 U、I 的测量数据，在坐标系中描点。某次实验的测量结果如图 6-7 所示，此时可以看到这些点大致呈直线分布，画出这条直线。这条直线与 U 坐标轴的交点值表示断路时的路端电压，这时的电压 U 等于电源的电动势 E。根据这条直线可以推出 $U=0$ 时的短路电流，得出短路电流 I 与电源内阻 r、电动势 E 的关系。如果从直线方程 $U=-Ir+E$ 的角度理解，通过求解 U-I 图像斜率的绝对值也可以求出电源的内阻 r。教师对各组的实验交流展示进行积极点评，并引导全班学生倾听学习。

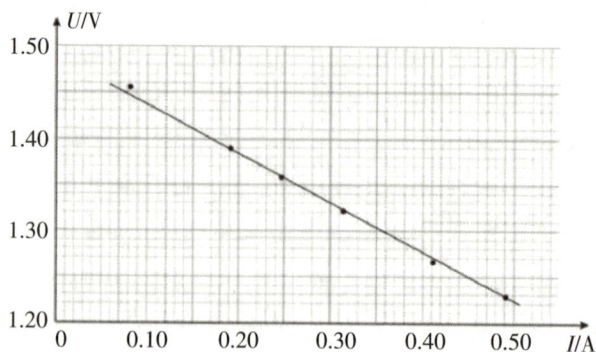

图 6-7　实验测量结果

★教学环节5:深入研究

教师为每组学生提供新、旧干电池各一节,让各组学生根据图6-3的实验思路,结合大家提出的对于第二点的优化方案,继续8分钟的实验,并通过实验数据比较新、旧电池电动势和内阻的大小。学生通过实验发现,新、旧电池的电动势差别并不大,基本一致,而旧电池的内阻则要比新电池的内阻大很多,从而理解了课上两次演示实验灯泡亮度不同的原因。有了之前实验操作的基础,学生在进行这一环节操作时会顺畅很多,同时巩固了对本实验原理的理解,在描绘 U-I 图像并利用图像信息获得电池电动势和内阻的过程中,发展了学生给予实验数据做出解释的能力。

★教学环节6:应用实践

教师对学生实验操作进行点评后,提出思考问题,让学生应用测电池电动势和内阻的实验原理,实践在测电源电动势和内阻实验中掌握的实验方法,提升科学探究的能力。

思考问题如下:我们要测定一节干电池的电动势和内阻,所给的其他器材有:

A.电压表(0~3 V~15 V)

B.电流表(0~0.6 A~3 A)

C.变阻器 R_1(10 Ω,2 A)

D.变阻器 R_2(1 000 Ω,0.1 A)

E.电键 S 和导线若干

(1)实验中电流表应选用的量程为_____;电压表应选用的量程为_____;变阻器应选用_____(标明变阻器代号);

(2)根据实验要求连接实物电路图;

(3)实验测得的 6 组数据已在 U-I 图中标出(见图6-8所示),请你根据数据点位置完成 U-I 图线,并由图线求出该电池的电动势 E=_____V,电阻 r=_____Ω。

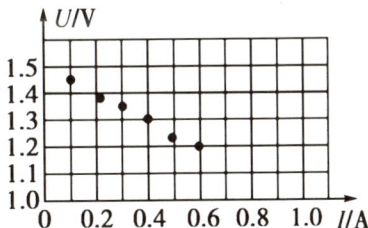

图6-8 U-I 图

★ 教学环节7：小结延伸

教师组织学生进行课堂小结，让学生通过回顾实验原理和实验操作过程、数据处理的方法，巩固对所学知识和方法的理解。之后，教师为学生提供课后拓展问题，课后拓展问题如下：

如果要测量水果电池的电动势和内阻(约 1 V，100 Ω)

A.电压表(0~3 V，约 3 kΩ)

B.电压表(0~1.5 V，约 1.5 kΩ)

C.电流表(0~0.6 A 约 0.2 Ω)

D.电流表(0~100 mA，约 6 Ω)

E.变阻器 R_1(10 Ω，2 A)

F.变阻器 R_2(200 Ω，0.1 A)

G.电键 S 和导线若干

(1)实验中电流表应选用的量程为_____;电压表应选用的量程为_____;变阻器应选用_____(标明变阻器代号);

(2)在图 6-9 中，根据实验要求画出实物电路图。

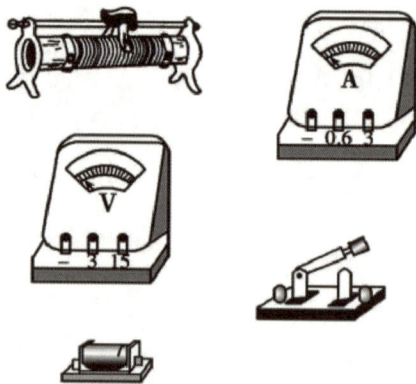

图 6-9　实物电路图

5 教后反思

　　为了加强教学的针对性,根据学生的知识基础、思维水平及心理因素,在学情分析的基础上将学生分成 A、B、C 三个组,A 组学生,在教学中注重了落实教学基本要求;B 组学生, 在教学中把握的难易度标准是略高于基本要求的;C 组学生,是按较高要求(能发挥学生学科特长)进行教学的学生。在"电池电动势和内阻的测量"中,结合学科核心素养,特别是科学思维和科学探究两个方面,将学生的实验任务进行拆分,既是考虑学生实际水平,给学生"够得着"的试题难度,又给各组学生一定的提升空间,拓展视野。

　　以"面向全体,兼顾两头"为原则,合理地制定各层次学生的学习目标,并将层次目标贯穿于教学的各个环节。在实验操作开始前,让学生带着问题去进行,提出的简单的问题应优先考虑 A 组的学生,并辅以及时的表扬和鼓励,激发他们的学习信心和兴趣,对于稍微有难度的操作问题让 B 组同学回答,遇到难度较大实验操作问题时,让 C 组的学生充分发表自己的见解并进行展示。

　　建立了四人小组后,思维碰撞频繁,交流协作频次明显提升。每个小组的同学在分层任务的驱动下,不仅要对自己的学习负责,同样也有帮助他人进步的义务,有效调动学生参与到学习中,增强了学习效果,促进了学生物理学科核心素养的发展。

　　分层教学在电学实验教学中的应用,让不同水平的学生都能够有效参与,思考问题和解决问题的学习主动性有了很大变化。很多学生的学习积极性被调动了起来,养成了乐于思考的好习惯。通过教师座谈以及生评教活动,对于教师心目中分组的 B 组、C 组的学生由于有思考目标及环境, 他们能够有时间进行比较充分的思考,逐步体会到思考的乐趣,并获得老师和同学的肯定,有了充分展示自我的机会,学习的兴趣和热情高涨,而 A 组学生也不甘于落后,不仅比以前更重视学习,而且积极地希望获得肯定,这是分层次教学在电学实验教学中体现出的比较明显的优势。随着案例研究的不断深入,我们发现在分层和小组合作学习的设计上,也受益于心理学,特别是积极心理学的理论知识。因此,在未来的教学研究和实践中,在核心素养背景下电学实验优化设计的案例研究,乃至核心素养背景下物理学科各个课型优化设计的案例研究中,结合心理学知识,可进行更深入的思考和实践。

第2节 核心素养背景下高中物理电磁学实验的资源开发案例研究

——电磁感应现象及应用

1 文献述评

　　电磁学作为物理学的主要研究内容之一,地位举足轻重,其中的电磁理论在无线电、远距离输电、电动机、可再生新能源等方面发挥着重要作用,通过中国知网对电磁学及电磁学实验相关文献按主题进行检索,得到的数据:电磁学学术期刊论文1.8万、学位论文2246篇,电磁学实验学术论文187篇、学位论文46篇。从数据可以发现,无论是高等学府,还是一线教师,对电磁学的研究还是很关注的,但对电磁学实验的研究比较少。

　　电磁学实验的设计与使用,对学生建立电磁学概念构成体系有至关重要的作用,所以很多一线教师在教授电磁学模块时,都会在一定教学目标的基础上,演示或引导学生探究实验。2016年,湖南师范大学的于通超在《高中物理电磁学DIS实验与传统实验的整合研究》中提出自己关于使用数字化实验去实现实验数据的处理的优势与劣势,得到自己的教学方面的思考。他利用多组新旧实验对比,比如电容器的充放电(传统实验只能通过灵敏电流计的偏转方向,来判定电容器的充放电是否存在,但是利用DISLAB和电学实验班可以实时检测到充放电电流的大小和方向的变化,以及电压的变化)等实验,分别教授后发现:数字化实验的确能够给学生探究性学习提供很强大的硬件支撑，也培养了学生处理数据的能力，但同时经常使用数字化实验，会使学生对生活中物理现象反应迟钝，缺乏实践应用能力，而且会将学习的中心变成数据处理，而不是探究实验背后原理和物理规律。苏州大学的著名学者朱正元先生说，物理实验仪器不应只局限在实验室里特定的仪器，也可以用"坛坛罐罐"来代替，只要可以达到实验目的，"拼拼凑凑"也是一种有效的手段。也就是说，不能过于僵化地展开实验教学，也可以立足于自制教具，那么很多难题就能迎刃而解了，学生才能更多地进行实验，不断提升自己的实验技能。2019年，上海师范大学的谈元凯在《基于学科核心素养的高中电磁学实验教学的优化研究》中提到，结合核心素养的要求，电磁学实验的优化体现在要通过简单直观的实验来辅助物理概念、物理规律，要在灌输科学思维时选取实验背后有科学性和有发展性的，要选取能体现学生操作能力的实验，同时在实验教学过程中，要树立科学的观点和了解当前我国和世界的先进科技，研究结果发现学生可通过课堂学习到知识与技能，并建对物理学的科学责任与态度。

从查阅的文献上看，与电磁学实验相关的论文很多是根据教材上的学习目标设计了相关的实验操作，实验过程中使用的往往是实验室专用的仪器，比如说多匝线圈、铁芯、学生电源、电流表、电压表、磁体等，或需要特定的实验器材演示特定实验现象，得到特定的实验规律，这些实验在一定程度上的确可以实现强化学生的认知，达到实验成果，但从学生的长远发展考虑，要使学生接纳新知识，就要将新知识内化为他的认知结构，而不是单纯地让他学习了一个新的概念、得到了新的结论，掌握了一个题型，只有将新知识内化为学生的认知结构，学生才能从根本上掌握科学概念，认识现象的本质，并将其应用到实践当中去，才能实现物理核心素养对学生的要求。

2018年，教育部颁布了《普通高中物理课程标准（2017年版）》，其中提到了物理核心素养这一概念，物理的核心素养主要是由"物理观念""科学思维""科学探究""科学态度与责任"四个方面的要素构成。这对学生提出了新的要求：建立科学的物理观念，不仅满足于知识的掌握，还要将所学知识内化为自己的认知，培养和发挥自己的能力以解决实际问题。建立科学的思维，其中物理思维包含抽象思维、形象思维、直觉思维，能正确地使用物理思维，实现从定性到定量的认识升华，具有一定的辨别、评估能力。实验探究的能力，包括设计方案，采用方案实施实验，获取证据,收集信息的能力。持有科学态度与责任,能科学理解事物本质,对科学永远抱着一颗年轻的心,敢于尝试,乐于探索,尊重事实,守住个人对科学的底线。《普通高中物理课程标准(2017 年版)》中还提到,学校应该充分利用已有的器材,努力开发适合本校情况的实验课程资源,尽可能让学生多动手多操作,提升学生的核心素养。为使学生更好地接纳新知识,设计和开发相关的物理实验课程资源,在新的教学改革中显得尤为重要。许多同行展开了对实验教学设计的研究,力图培养学生物理学科的核心素养:比如 2020 年,西南大学的符峤山在《实验教学中培养学生物理学科核心素养策略研究——以高中电磁学实验为例》中提出更新实验教学观念、充分利用现有实验器材开发创新实验和整合实验教学方法,能有效发展学生的物理学科核心素养,他在文中指出要基于物理学科核心素养确定教学目标和内容,要创设有助于物理学习的情境,挖掘和显化科学思维方法,重视科学探究能力的培养和信息技术的应用,还可以通过物理学史培养学生的物理核心素养。通过更新实验教学观念、利用创新实验和整合实验,在教学过程中取得了一些成绩。

为保障核心素养的落实,培养德智体美全面发展的社会主义建设者和接班人,作为一线教师,要根据学生认知发展过程和社会对人才类型的需求、根据教育部提出的我国学生核心素养指标体系,通过对教材和教法的分析和思考,同时及时更新自己的认知,积极学习了解前沿科技、相关领域的最新动态,并结合自己物理学科的特点,积极将本学科学习内容与生活实际相联系,提高学生的实践应用能力,有针对性地进行教育教学研究,在物理学科教学上,形成自己的特色,起到榜样带动作用。

2 教材分析

2.1 知识地位

电磁学是研究电磁现象的规律和应用的物理学分支,人类对电磁现象的观察和探求可以追溯到遥远的古代, 比较系统的研究开始于 16 世纪下半叶, 特别是

18世纪起，随着生产力的提高，人类才实现了对自然界进一步的探索，法拉第发现的电磁感应定律为大规模利用电力提供了基础，从此从蒸汽时代进入了电气时代。麦克斯韦的电磁波理论被赫兹证实，从此，由波波夫、马可尼、布劳恩等人开创的无线电通讯与广播的发展，极大地改变了人类的生活。电磁学在人类发展史上，扮演着重要角色。广义的电磁学可以说是包含电学和磁学，但狭义来说，是一门探讨电性和磁性交互关系的学科，主要研究电磁波、电磁场以及有关电荷、带电物体的动力学等。其中电磁学从原来的相互独立的两门科学——电学和磁学发展成物理学中一个完整的分支学科主要是基于两个重要的实验发现：即电流的磁效应和变化的磁场的电效应，这两个实验现象加上麦克斯韦变化的电场产生磁场的假设，奠定了电磁学的理论体系，发展出了对现代文明起重大影响的电工和电子技术。

电磁学作为高中物理的研究范畴之一，由于没有小车、木块等多种实物载体，相比较力学、热学、光学显得比较抽象化，同时因为它看不见，摸不着，或者"不敢摸"，学生对它知之甚少，很多概念理论最终都是停留在解题上。但其实电磁学的学习要求学生要具备空间想象能力、抽象思维能力、逻辑推理能力等，一方面需要学生以往经验的积累，另一方面依赖学生后期的精进学习。为实现学生更好地掌握电磁学知识，理解电磁学的本质，本案例研究结合物理学科一线教学实际，分析电磁学中的重点和难点，有针对性设计相关实验，采用生活中常见的物件，对电生磁、磁生电等抽象理论进行再现，内化物理科学观念，完善教学过程，这不仅对学生的核心素养落实起到积极的作用，同时对于一线教师深入理解核心素养的意义也有推动作用，促进教学观念的改革和教学方式的提升。

所以在电磁学教学中，我们除了注重科学概念的确立、科学思维的运用等，还要通过物理学史的学习，带领学生了解电磁学发展史，了解奥斯特、法拉第等人在探索电磁联系时大胆猜想，勇于实践的精神，了解现在电磁学领域的成就，培养注重实际，勇于创新的科学态度。

2.2 课标规定

必修3

3.3 电磁场与电磁波初步

3.3.1 能列举磁现象在生产生活中的应用。了解我国古代在磁现象方面的研究成果及其对人类文明的影响。关注与磁相关的现代技术发展。

3.3.2 通过实验,认识磁场。了解磁感应强度,会用磁感线描述磁场。体会物理模型在探索自然规律中的作用。

3.3.3 知道磁通量。通过实验,了解电磁感应现象,了解产生感应电流的条件。知道电磁感应现象的应用及其对现代社会的影响。

3.3.4 通过实验,了解电磁波,知道电磁场的物质性。

3.3.5 通过实例,了解电磁波的应用及其带来的影响。

3.3.6 知道光是一种电磁波。知道光的能量是不连续的。初步了解微观世界的量子化特征。

根据课标对于电磁学的要求可知,要求学生在高中阶段掌握电磁学发展史,掌握基本电磁学理论,并能将所学电磁理论应用于生活实践中,提高学生素养。

2.3 学情分析

通过问卷星,向全市物理教师发布问卷《关于物理电磁学实验教学的现状研究》,根据老师们的答卷统计分析现下电磁学实验在教授过程中的展开情况、遇到的困难,以及老师们对电磁学实验的期望。具体情况统计如下:

受访教师分布在天津市各个区县,其中远郊五县教师人数居多。年龄分布大多是 30 岁到 50 岁的中青年教师,教龄多在 10 年到 30 年之间,教师学历大多是本科毕业,占比 72.45%,硕士 25.51%。由数据可知,受访教师大多是精力充沛、经验丰富的骨干教师,对于学生学习情况的掌握很有话语权。

对于电磁学难度上的体会:69.39% 的教师认为,在教授过程中,学生对电磁学的知识学习比较困惑,17.35% 的教师认为学生学习电磁学很困难,这一结论说明,教师发现尽管经过一番学习,但是学生对电磁学的知识仍然处于混沌之中。

对于电磁学方面的实验教学的地位:93.88% 的教师不同程度地认为,应该重视电磁学的相关实验展示及演示,认为电磁学实验的展现会促进学生电磁学方面的学习。而对于物理实验教学,67.34% 的教师不同程度认为应该让学生多动手、多参与,提高感性认识。24.49% 的教师认为物理实验教学只要依照考点讲授就可以了,不需要实验体验。

在自制教具方面,91.84% 的教师为了实现某个实验目标尝试过使用自制教具,其中有 13.27% 的教师经常使用,78.57% 的教师很少使用,另 8.16% 的教师从没有使用过。说明教师在教学过程为了放大实验现象或展示某种规律,不满足于课本上演示实验,或者网上的视频资源,会有自制教具的需要,但由于精力不足等原因,自己动手改进实验仪器的比较少。

在实验器材方面,绝大部分教师喜欢浅显易懂、现象明显的实验,而误差过大、数据处理麻烦等的实验由于仪器的精密度、理想条件达不到等原因,不能实现教师们的教学目的,往往比较排斥。教师们喜欢的实验各有特点,其中76.53%的教师在教学过程中最喜欢的是利用气球、易拉罐等常见用品等可以体现生活化的实验,占比最高。

2.4 教材呈现

为了体现核心素养教学的理念,教材从以下几个方面设计:

1.构建物理概念的过程中,遵循物理学发展史,依次引入,引入的实验针对性强,促进学生接近新知识,注重基础。

2.通过启发式问题,承接知识脉络,从物理学角度,培养学生探究事物本质,归纳发展规律以及寻找相互关系的能力。比如楞次定律中采用实验用磁体向线圈插入、从线圈抽出,电流表偏转方向不同,由此来提问感应电流的方向与哪些因素有关,启发学生从磁通量的变化,切割的方向等因素分析。注重科学推理,加强科学思维的学习。

3.注重所学知识与当代科技的联系,拓展学生的知识面,以及与实际相联系的能力。

3 实验改进

高中物理电磁学的内容比较复杂,也很抽象,要想保持学生学习物理的积极性,在教学过程中应该注重难度过渡,要充分考虑学生的最近发挥区,预防难度跳跃引起的学习打击。依照教材的指导,依照电磁学发展历程,再走一遍前人走过的路,形成循序渐进的进程。利用实验资源开发的实验成果,创设情境,可以强化电流在磁场中受安培力、磁生电等科学概念,对于学生学习新知识而言,就像一块垫脚石,有助于电磁学的进一步学习。

本册教材在电磁学章节,引用的都是规范性实验,方便学生定性或定量地了解新知识,这种利用特定的实验器材,按照特定实验操作过程,展示特定的实验现象的过程,虽然对学生学习新知识有一定科学的引导作用,但会让科学与生活分离,教材中的实验缺少与生活实际相联系的电磁现象,比方说电动机的原理(利用拆卸电风扇的内部展示)、电磁学小制作等的内容。以下是对电磁学几个实验的补充和改进。

★ 实验1:电流在磁场中受到的安培力

【传统实验】

实验目的:通电导体在磁场中受到安培力的作用,并分析安培力的方向和哪些因素有关。

实验仪器:学生电源、强磁铁、铁架台、线圈、导线。

实验步骤:连接好电路,如图6-10所示。连接电路,观察线圈摆动方向,切断电源,依照控制变量法,依次改变磁场的方向和电流的方向,重复实验,观察线圈的摆动方向。

实验现象:接通电源后线圈会摆向一边,以此得到电流在磁场中受力的结论,依次改变磁场的方向、电流的流向,判断安培力的方向和哪些因素有关。

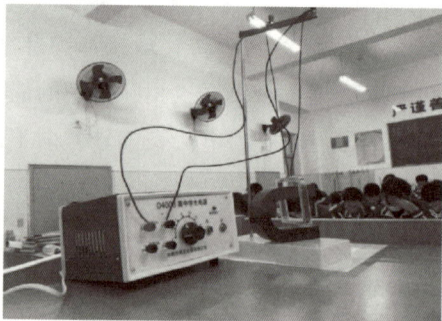

图6-10 传统实验

【改进实验】

实验目的:通电导体在磁场中受到安培力的作用,并分析安培力的方向和哪些因素有关。

实验仪器:铜线绕成紧密挨着的圈组成150 cm长的管道、电池、两块环形磁铁片。

实验步骤:将调整好磁极方向两个环形磁铁片吸在电池的正极和负极上,放在铜线管里。如图 6-11 所示。

实验结果:电池迅速从铜线管中冲出,依次改变电池的正负极,改变磁片的磁极方向,根据电池的走向,判断安培力的方向与什么因素有关,将静态实验变为动态,激发学生的探究欲望。

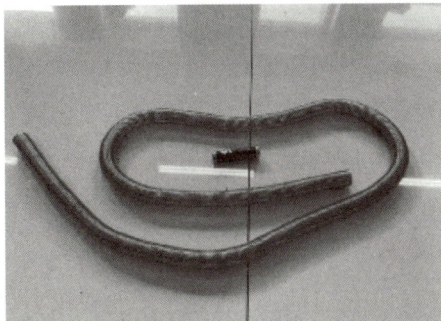

图 6-11　改进实验

★ **实验 2:楞次定律**

【传统实验】

实验目的:判断感应电流的方向遵循什么规律。

实验仪器:多匝线圈、磁铁、灵敏电流计。

实验步骤:首先,利用电流表测试已知电流,判断电表的摆向规律,将磁体插入线圈、抽出线圈,观察电流指针的摆向,改变磁极方向,再次将磁体插入线圈、抽出线圈,观察电流指针的摆向。如图 6-12 所示。

实验现象:电流的方向,与磁极、磁铁的运动方向均有关,探求规律并总结结论。

图 6-12　传统实验

【改进实验】

实验目的:判断感应电流的方向遵循什么规律。

实验仪器:铜管、磁体。

实验步骤:将磁体放入内径略大于磁体半径的铜管中,注意磁体穿过铜管的快慢。变化磁极方向,重复实验。

实验现象:磁体通过铜管所需的时间,明显长于磁体自由落体通过相同高度所需的时间。通过时间长短判断磁体在管中所受力的方向,以此判断感应电流的磁场方向,并依据右手螺旋定则,判断感应电流的方向,改变磁极方向,重复操作。得到感应电流方向遵循什么规律。

★ 实验 3

【传统实验】

实验目的:明确磁通量的变化会引起感应电流。

实验仪器:直流电源、大小螺线圈各一个、灵敏电流计、滑动变阻器、导线若干、开关。

实验步骤:将直流电源、大螺线圈、滑动变阻器连接在同一电路中,将小螺线圈、灵敏电流计连接在同一电路中,将小螺线圈套在大螺线圈中, 选择合适的电源电压,闭合回路,通过改变滑动变阻器滑片的位置, 观察灵敏电流计上是否有示数。以此得到感应电流的产生条件。如图 6-13 所示。

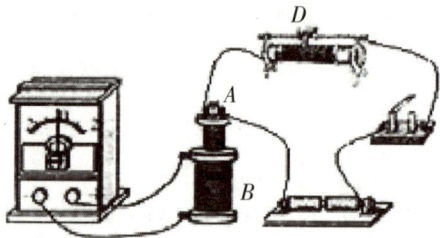

图 6-13 传统实验

【改进实验】

实验目的:明确磁通量的变化会引起感应电流。

实验仪器:电磁炉、节能灯、铜线圈一捆、铁锅一个。

实验步骤:将铜线圈与节能灯连接为一个闭合回路,放在电磁炉上,中间放上铁锅(充当铁芯),打开开关,观察灯泡是否发光。如图 6-14 所示。

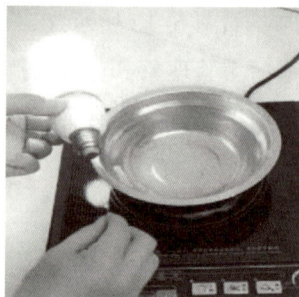

图 6-14 改进实验

实验现象:灯泡发光,电磁炉内部通过的是交变电流,铜线圈处在变化的磁场中,线圈磁通量发生变化,即使没有切割磁感线的情况,线圈中也有感应电流产生,以此证明产生感应电流的条件,是闭合线圈内磁通量发生变化。

★**实验 4**

【传统实验】

实验目的:感应电动势的大小和什么因素有关。

实验仪器:条形磁铁、螺线圈、灵敏电流计。

实验步骤:将条形磁铁放入多匝线圈,依次缓慢、较快、很快地拔出磁铁,观察灵敏电流计上电流示数的变化。如图 6-15 所示。

图 6-15 传统实验

实验现象:抽出磁体的速度越快,电流表示数越大,说明感应电动势越大。说明切割速度越快,或者磁通量变化越快,感应电动势就越大。

【改进实验】

实验目的:感应电动势的大小和什么因素有关。

实验仪器:小型电风扇、导线、节能灯。

实验步骤:将小型电风扇的插头两端与节能灯连接为一个闭合回路,很快或很慢地旋转小型电扇的扇叶,观察灯泡的亮度。

实验现象:扇叶转速快时,灯泡明显亮度大,扇叶转速慢时,灯泡亮度小甚至不亮。扇叶转速越快,电扇内部的线圈切割磁感线速度就越快,所以根据实验现象得到切割速度越快,或者磁通量变化越快,感应电动势就越大的结论。

4 教学设计

4.1 教学目标设计

1.会计算平面线圈在匀强磁场中不同位置处的磁通量,理解公式含义及磁通量物理意义,会计算线圈在平动或转动的过程中磁通量的变化。

2.能通过动手做实验实现"磁"生"电"的现象,并对实验进行解释。

3.能在动手实验的过程中,采集信息进行分析,能做出是否产生感应电流的判断,体验科学探究的一般过程:猜想—假设—实验—分析—理论—应用。

4.能从能量的角度,对电磁感应现象中能量转化与转移进行分析。

4.2 学情分析

通过前面的学习,学生已经形成了对磁场的基本认识,知道可以通过磁感应强度和磁感线实现对磁场的描述,知道了磁通量的概念,以及说明"电"可以生"磁"的奥斯特实验,"磁"生"电"方面,初中时,学生已经学过切割磁感线可以产生电流的知识。但是由于很多知识只是通过老师口头描述,学生并没有将磁生电的知识内化为自己的知识结构。

4.3 教学重难点分析及解决措施

4.3.1 重点与难点

教学重点:明确磁通量、磁通量变化量、磁通量变化率的联系和区别,知道电磁学的发展历史以及重要人物的贡献,了解电磁感应现象中感应电流产生的条件。

教学难点:知道感应电流的产生条件,能解释不同的电磁感应现象,能将电磁感应现象应用在生活实践中。

4.3.2 解决措施

1.情境化教学。情境化教学是指在教学过程中,教授者有计划有目的地建构或引导具有一定情绪色彩、以形象为主题的生动场景,目的为引起学生的一些切身体验,从而帮助学生理解新知识,并使学生的认识高度达到新水平。情境教学法主要目的在于激发学生的情感,捷克教育家夸美纽斯在《大教学论》中写道:"一切知识都是从感官开始的。"这种论述反映了教学过程中,学习者接受新知识时的一个重要信息:直观明了可以使抽象的知识形象化,有助于学习者感性认识的形成。

电磁学作为一门与生活联系紧密,又抽象复杂的模块,一直是学生学习物理过程中需要翻过的一座"大山",看不见的电和磁分支学过后,又掺和在了一起。但其实生活中很多电器(电扇、电磁炉等)、很多设备(变压器、磁悬浮列车等)、很多武器(电磁炮等)都是利用电磁学知识才建造出来的,将这些实践应用展现在学生面前,直观又简单,是有助于学生感性认识的形成的。

2.启发式教学。启发式教学指教师在教学过程中根据教学任务和学习的客观规律,从学生的实际出发,采用多种方式,以启发学生的思维为核心,调动学生的学习主动性和积极性,促使他们生动活泼地学习的一种教学指导思想。

奥苏贝尔主张只有学习者在学习的新知识与其原有的概念框架一致时,才可以在学习者身上发生有意义的学习,因此奥苏贝尔始终强调:教师应关注学习者原有的知识结构与新知识的联系。此外,有意义的学习应该满足两个条件,一是要具有有意义学习的意向,即学生具有把新学的知识与自己已有知识建立联系的意念;二是学习的材料对学生具有潜在的意义,即学生将要学习的内容能够跟其原有的知识结构建立实质性的联系。启发式教学以学生实际为出发点,以启发学生思维为核心,教师在教授过程中让作为课堂教学主体的学生做知识的主动构建者,可以有效改变其内部的认知结构。

观察实验现象和思考实验中所包含物理原理,是促进学生思维发展的重要契机,参与发现问题,探究影响因素,得到结论,都是丰富学生科学认识的重要阶段,也是学生形成正确的科学态度与责任的重要阶段。

根据奥苏贝尔的理论,只有当矛盾的证据或者客观的事实增加而不能忽视,且一个替代的理论能解释这些证据时,才可以形成一个对观察结果加以解释的新理论。由此得知,学生学习的过程是知识自主建构的过程,只有激发出学生有意义学习的意向,学生才会主动构建,才可以将学生的学习过程推向高潮,主动产生探究的欲望。

本研究利用学生学习过程中的这一特点,对电磁学中学生不易同化的知识点进行归纳总结,通过有针对性地利用物理实验进行教学,从而实现知识内化,希望可以对教师的教学过程和学生的学习过程起到更积极的作用,落实核心素养对学生能力的要求。

4.4 教学准备

首先,了解学生在初中阶段所学的电磁学知识的掌握情况。其次,根据核心素养对学生的要求,以及新课标的学习内容制定教学目标、教学重点、难点。再次,通过调查问卷,对于本市物理教师在电磁学的教学过程中遇到的问题、教学感想、教学困扰,一线教师对于实验教学在电磁学中所持的态度等方面,做了方方面面的了解,以便于为后期研究提供指导。最后,根据教学目标准备相关实验器具,设计实验,规划教学流程,布置学生课前预习任务,筛选合适的习题以及与本节课对应的作业。

4.5 教学设计

1.复习。首先由于知识储备需要,先带领学生回顾以往的知识点:电流的磁效应、磁通量的概念。引入电流的磁效应是帮学生回忆起电可以产生磁的现象,为后面磁能不能生电做铺垫,引入磁通量的概念,一则因为磁通量对于学生比较陌生,是个新概念,二则为后期磁通量的变化率的引入做铺垫。

2.悬疑引入。在前面复习的基础上提出问题:电流能够产生磁场,反过来磁场能不能产生电流呢?由此引出法拉第的成就,法拉第经过 10 年的研究,于 1831 年 10 月首次发现电磁感应现象,这一现象解释了电与磁的内在联系,为建立完整的电磁理论奠定了坚实的基础,可以说没有法拉第,就没有电气化时代了。让学生在正式接触新课前,首先对电磁方面的发展以及历史有了基础认识。而后带着问题引领学生回顾初中学的知识:闭合回路中切割磁感线,可以产生感应电流。学生在初中学习物理时就接触过摇绳发电的实验,但大部分都耳听为虚,没有真的见过,于是组织本班学生自己完成这个实验。

3.创设情境。

情景 1:摇绳发电:由于场地面积问题,摇绳发电的实验是由学生在校园里完成的,两名学生负责摇长 20 m 的铜丝导线,两名学生负责固定电表附近的导线和读数,通过电流表上的指针来回摆动来证实切割磁感线可以产生电流,将实验现象录制现场视频,展示给学生,利用长镜头录制,增加视频可信度。在实验过程中,学生也主动思考,解决问题:十几米的绳子摇起来现象不明显,于是换成了40 m长的绳子,去掉连接电流计的部分,摇动的部分延长到20 m;为了更大程度地切割磁感线,我们利用指南针找到正南正北方向,垂直切割;考虑到地磁场的磁感应强度大小,铜线的电阻,最后选择微安表作为灵敏电流计。

情景 2:电扇发电:电扇内部本身是电动机结构,是利用电流流过线圈,使线圈在磁场中受力旋转的原理,但将其反过来应用可以变成发电机,旋转扇叶,带动内部的线圈切割磁感线,就会产生电动势。请两名学生一起到讲台上来体验下电击的感觉,在电扇插头的两端连接节能灯(考虑到串联分压与电阻成正比,这里不能使用小灯泡,需要使用阻值较大的节能灯)的正负极让学生们亲眼看到灯泡发光,从触觉、视觉两重感官,建立切割磁感线可以产生感应电流的重要认知。

4.小结。通过前面的两种情境可以确定切割可以产生感应电流,但提出问题:切割是不是产生感应电流的必要条件? 引发新思考,培养质疑精神。

5.新概念的学习。学习新概念磁通量的变化和磁通量的变化率,首先利用学生熟悉的速度、速度变化量、速度变化率(加速度),为帮助学生理解磁通量、磁通量的变化和磁通量的变化率之间的关系建立基础,引发新思考,与已有知识联系,使新旧知识合模,为之后学习做铺垫。

6.辩证思考。带领学生重温之前的两个情景,并从磁通量的角度分析之前的两种情境,学生会发现感应电流的产生也伴随磁通量的变化,由此提出假设,培养学生辩证思维,通过自己的分析,判定如何判断磁通量变化和切割磁感线哪一个才是根本条件。

7.实验探究。根据两种情况的特点,学生大致都能想到控制变量法,即:磁通量不变的前提下,存在切割情况;磁通量变化的前提下,不存在切割情况。猜想并设计方案探究感应电流的条件,学生根据实验需求设计实验的大致思路:①磁通量不变的情况下,使线框切割磁感线:在匀强磁场中,让闭合线圈在场中(不是在边缘处)沿着垂直于磁场的平面内运动。②不切割磁感线的情况下,磁通量变化:保持线圈面积不变的情况下,使磁感应强度变化,很多学生想到了通过改变励磁电流大小来实现改变磁场的强弱。学生据此设计实验,进行实验操作,期间由于线圈匝数太少影响了结果,又更换了线圈,通过实验观察在这两种情况下是否有感应电流,并得到结论:闭合回路中,磁通量变化会引起感应电流。

8.实验验证。为了让学生更好地理解闭合回路中磁通量变化引起感应电流这一根本条件,我们利用家用电磁炉来给大家演示这一电磁感应现象。电磁炉是一种利用通入交变电流产生变化磁场的装置,放入磁场的金属锅体处于其中,锅体内会产生涡流。我们将连接灯泡的线圈放在电磁炉上,打开开关,灯泡并不亮,经过分析原因是漏磁严重。而后放上铁锅,相当于加入了铁芯,再次打开电磁炉开关,灯泡亮。很多学生对于利用电磁炉使灯泡亮的实验都非常感兴趣,这也是我们实验的目的:由该实验验证即使不切割磁场,只要闭合回路中存在磁通量变化,就可以产生感应电流。同时,利用家中常见的物品演示实验,也让学生对实验现象非常信服,促进学生推翻原有知识,建立科学概念。

9.总结。带领学生回顾这节课的内容,从重要人物的贡献到电磁学发展过程,再到我们多个实验,带领学生得出课堂总结:感应电流的产生条件是闭合电路中磁通量发生变化。

10.实际应用。利用所学知识处理实际问题是物理学科核心素养对学生的最终要求,提出问题:如果家里没电了,你可以通过什么方式获得电源?有学生回答如果外边风大的话,可以把风扇拿到室外,模拟风力发电的原理,但由于风速不稳定,所以电压也会不稳定,不能给手机充电;也有学生提出在车轮链条处安装强磁铁,利用摇动自行车的脚蹬,实现链条切割磁感线,取车轮轮心和车轮边缘处为外部供电。学生回答问题后播放视频——深山中的水力发电,让学生体会到水力发电的原理其实也是电磁感应现象。

11.课堂小结。通过这节课的学习,我们知道闭合回路中磁通量发生变化时产生感应电流的条件,与我们初中时学到切割磁感线会产生电流相比,我们的总结归纳不再拘泥于表面现象,而更倾向于研究事物的本质,其次希望通过今天的学习,大家可以把新技能应用到我们的日常生活中,后期我们还会学到关于电磁感应的定量计算,也就是著名的法拉第电磁感应定律,便于我们对电与磁的关系了解得更透彻。

12.布置作业。书后习题以及相关练习。

4.6 板书提纲

一、回顾历史

电生磁——奥斯特电流的磁效应。

二、磁通量、磁通量的变化量、磁通量的变化率

三、磁生电——法拉第

(1)感应电流的产生条件

闭合回路中,磁通量的变化会引起感应电流。

(2)电磁感应的实际应用

风力发电、水力发电。

5 教后反思

电磁感应是高中电磁学中的主体内容,电磁感应现象是帮助学生建立磁生电的科学概念的入门课。

这节课的设计思路:首先根据奥斯特实验对学生进行思维引导,架起原有认知与新问题的桥梁,然后带领学生大胆猜想:电可以生磁,反过来磁可不可以生电?通过创设情境,利用摇绳发电、电风扇发电,学生得到了切割磁感线是获得电的方式,但它是不是充要条件呢?通过引入新概念(磁通量的变化),引发学生思考是不是有更根本的条件,通过分析摇绳发电等实例,找出其中还存在一个共性:磁通量发生了变化。通过设计实验,利用控制单一变量,对感应电流的产生条件进行探究,通过实验得到最终结论。而后,通过电磁炉的实验让学生知道这不是一个特定的物理实验现象,而是我们身边就有的物理现象,课堂的最后,要带领学生学会将电磁感应现象应用于生活实践当中去。

1.本节课的设计宗旨是带领学生站在电生磁的台阶上,向磁生电跨出质变的一步,建立磁生电的科学概念,充实学生原有的知识结构,利用身边常见的物件,展示磁生电的现象,而后通过设计实验探究得到产生感应电流的条件,并利用条件使磁生电在生活中得到更广泛的应用,帮助学生处理生活中的实际问题。

本节课在实施过程中,笔者认为有以下几点不足,后期将做必要修改:

(1)通过奥斯特实验建立了电生磁的概念,引发思考磁可不可以生电时,学生有很强烈的兴趣,如果当时学生手中有磁体、导线等,应该让学生做大胆猜想,自主实验、发散思维。

(2)电风扇发电的例子中,提到了切割速度大小对灯泡亮度有影响,但是后期得到磁通量的变化引起感应电流的条件后,没有引出怎么用新结论来解释灯泡亮度的影响因素。

2.本节课的内容是电磁感应现象及应用,是为电磁学奠定基础的一节课,在学生原有的知识建构中,加入磁生电这一重要知识体系,使学生建立科学概念、理论联系实际,为后期的定量学习奠定坚实的基础。

针对电磁学抽象难懂的特点,加之初中阶段电磁学的学习过于表面化,所以树立科学概念对于本节课至关重要,本节课的设计要点:

(1)尽量使用学生常见的物件,完成实验。专业仪器虽然能客观反映实验现象,但会加大学生与知识的距离感,认为那是"只在实验室里会发生的现象",采用常见物件,增强感官刺激,增加认同感,以达到更好的效果。

(2)体现学生的"主体性",充分发挥学生主观能动性,针对两个条件各自的特点,利用控制变量法,自己设计实验探究感应电流的条件,以达到对学生思维的锻炼。

情境化教学激发学生兴趣,提高教学效率。通过学生对磁生电的体验,引领学生认知的发展,以激发学生对物理学情感,增强社会责任感。

第七章

教学效果检验

第1节 高中物理实验教学培养学生科学思维的案例设计

《摩擦力——探究摩擦力大小》教学设计的教学效果检验

1 观课评价

根据听课观测到的实际情况,任课教师在课堂教学设计的过程中,深入分析了学情。学生在初中物理课本中已经学习了摩擦力,对摩擦力有了一定的初步认识,而高中物理对物体受力分析的要求更高一些。关于滑动摩擦力的大小,任课教师立足学生在初中学习的"影响滑动摩擦力的因素"知识基础,有效落实了把滑动摩擦力跟接触面性质的关系上升为定量要求,学生通过本节课的学习掌握了通过表达式计算滑动摩擦力大小的方法,对接触面的压力也有了具体的认识。

2 问卷调查

课下,观课人员给学生提供问卷进行"微型"学情调研,主要围绕以下几个问题:①请你简要表述摩擦力的产生条件和摩擦力大小的计算方法;②在实验操作过程中,我们是如何得到滑动摩擦力大小的数据的;③请你简述实验操作过程中的关键步骤和注意事项。学生能够准确表达出摩擦力的产生条件以及摩擦力大小的计算方法,对实验操作过程中应用二力平衡,得出滑动摩擦力的大小印象深刻,对实验操作的关键步骤和注意事项能够准确表述。

3 应用反馈

课后"微型"练习题目为：①一木块放在水平桌面上，在水平方向共受到三个力即 F_1、F_2 和摩擦力的作用，木块处于静止状态，如图 7-1 所示，其中 F_1=10 N，F_2=2 N，若撤去 F_1，则木块受到的摩擦力为多少？

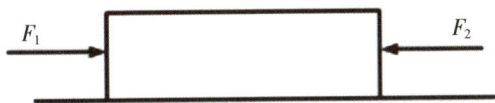

图 7-1　处于静止状态的木块

学生根据物体受 F_1、F_2 及摩擦力的作用而处于平衡状态，利用平衡条件能够分析出物体所受的摩擦力的大小为 8 N，并由此可知最大静摩擦力 F_{max}≥8 N。当撤去力 F_1 后，F_2=2 N<F_{max}，物体仍处于静止状态，由平衡条件可知物体所受的静摩擦力大小为 2 N，且与 F_2 反向。

②一个重 G=200 N 的物体，在粗糙水平面上向左运动，物体和水平面间的摩擦因数 μ=0.1，同时物体还受到大小为 10 N、方向向右的水平力 F 作用，求水平面对物体的摩擦力的大小和方向。

学生根据物体相对于地面向左运动，并根据滑动摩擦力的计算方法，能够分析出滑动摩擦力方向水平向右，且大小为：$f=\mu G$=0.1×200=20 N。

第2节　核心素养背景下力的合成与分解的实验资源开发与应用案例的教学效果检验

1 观课评价

根据听课观测到的实际情况,任课教师在课堂教学设计的过程中,通过实验,让学生了解合力与分力的概念以及力的合成与分解的平行四边形定则。学生能用平行四边形定则把两个已知力合成为一个合力或者把一个已知力分解为两个分力。教师在教学过程中突出了矢量的含义,突出了矢量加减的法则,让学生认识物理量的加减是否应用平行四边形定则是判别矢量的重要标志。

2 问卷调查

课下,观课人员提供给学生问卷进行了"微型"学情调研,主要围绕以下几个问题:①请你简述什么是合力,什么是分力;②在实验操作过程中,我们用一个弹簧测力计和两个弹簧测力计分别进行实验时,如何做到作用效果相同;③请你简述平行四边形定则的内容。学生对合力与分力的概念很清晰,对实验探究过程中应用"等效"思想印象深刻,课下依然能够清晰表述出在实验中,用一个弹簧测力计和两个弹簧测力计分别进行实验时,如何使橡皮筋的型变量保持不变,能够准确表述平行四边形定则的内容。

3 应用反馈

课后"微型"练习题目为:在"探究共点力合成的规律"实验中,如图 7-2 所示,用两个弹簧秤分别钩住细绳套,互成角度地拉橡皮筋,使它伸长到某一位置 O 点, 为了确定两个分力的大小和方向,这一步操作中:

(1)必须记录的是 _____

A.橡皮筋固定端的位置

B.描下 O 点位置和两条细绳套的方向

C.橡皮筋伸长后的总长度

D.两个弹簧秤的读数

(2)本实验采用的科学方法是 _____

A.理想实验法　　B.等效替代法　　C.控制变量法　　D.建立物理模型法

在本题第(1)问中,学生能够选择出正确答案 BD,在本题第(2)问中,学生能够选择出正确答案 B。

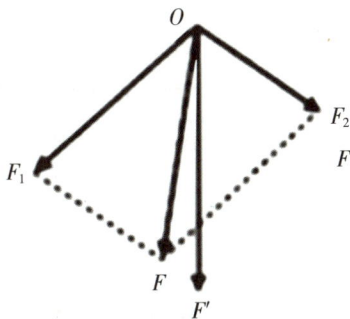

图 7-2 "探究共点力合成的规律"实验图

第3节　核心素养背景下高中物理电学实验教学资源开发的案例研究

——以《练习使用多用电表》为例的教学效果检验

1　观课评价

　　根据听课观测到的实际情况,任课教师在课堂教学设计的过程中,用到了多用电表示教板,培养了学生的观察能力,让学生根据观察获取的信息,了解多用电表的表盘及测量功能。示教板就像是一个"放大了的"多用电表。学生在示教板上调节选择开关,就可以实现检流计、直流电流表、直流电压表和欧姆表的功能转换,促使学生形成对多用电表更具体的认识,让学生对多用电表各项功能的使用有了更深入的理解。

2　问卷调查

　　课下,观课人员提供给学生问卷进行了"微型"学情调研,主要围绕以下几个问题:①请简述多用电表的功能以及切换方法;②请你说一说多用电表测电阻阻值时的一般步骤,如果更换了倍率挡,是否需要重新进行欧姆调零;③红表笔和黑表笔分别插入多用电表的哪个插孔。学生能够准确表述多用电表的各个功能是如何切换的,掌握了用多用电表进行电压、电流的测量,以及电阻阻值测量的方法,对红、黑表笔如何与多用电表进行连接有了准确的了解。

3 应用反馈

课后"微型"练习题目为：用电表表头的示意图如图 7-3 所示，在正确操作的情况下：

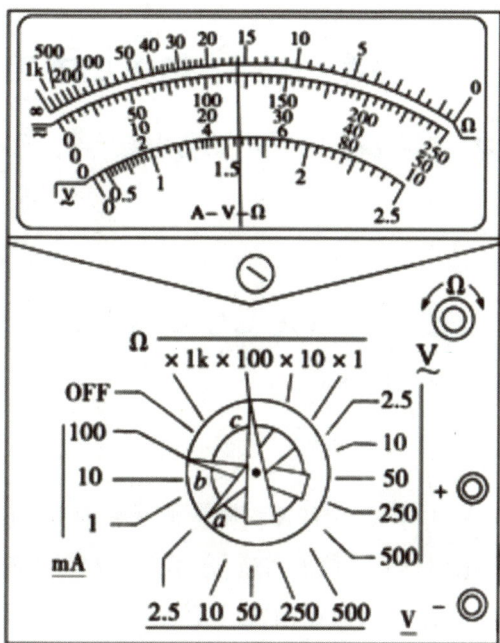

图 7-3　电表表头

(1)若选择开关的位置如 a 箭头所示，则测量的物理量是 _____，测量结果为 _____。(2)若选择开关的位置如 b 箭头所示，则测量的物理量是 _____，测量结果为 _____。(3) 若选择开关的位置如 c 箭头所示，则测量的物理量是 _____，测量结果为 _____。(4)若选择开关的位置如 c 箭头所示，正确操作后发现指针的偏转角很小，那么接下来的正确操作步骤应该依次为：_____，_____，_____。(5)全部测量结束后，应把选择开关拨到 _____ 或者 _____。(6)电流应该从 _____ 色表笔经 _____ 插孔流入电表。

本题目是对学生本节课学习效果的综合观测,学生能够回顾课堂所学,分析出(1)问中答案是直流电压和 1.20 V,(2)问中答案是直流电流和 48 mA,(3)问中答案是电阻和 1.6 kΩ,(4)问中答案是改用"×1 k"倍率,欧姆调零,测量读数,(5)问中的答案是 OFF 挡和交流电压最高挡,(6)问中答案是红和正。培养了学生逻辑推理能力。

第 4 节 高中物理动态电路实验教学资源开发案例研究的教学效果检验

1 观课评价

根据听课观测到的实际情况,任课教师在课堂教学设计的过程中,关注了学生的有效参与。动态电路实验环境的搭建,让学生更方便地理解动态电路的分析方法。学生通过观察、猜想、分析和归纳总结,经历了较为系统的建构物理观念的过程,节奏紧凑,内容丰富,学生表现出了求知欲和好奇心,本节课任课教师在师生互动、生生互动环节分配了适合的时间,促进了学生合作与交流,学生获取信息和分析信息的能力也得到了提升。

2 问卷调查

课下,观课人员提供给学生问卷进行了"微型"学情调研,主要围绕以下几个问题:①当全电路电阻增大,电源内部耗压会发生怎样的变化;②电路中,两条支路并联,如果一条支路上的电阻阻值变大,会对整个电路带来怎样的影响,对另一条与之并联的电路会带来怎样的影响。学生能够根据局部电路的变化推理电路中干路上的电流变化或路端电压的变化,也能够根据全电路总电阻的变化,分析出干路电流和路端电压的变化,进一步分析局部电路的电压和电流变化,由此对串联电路和并联电路的特点有进一步的理解。

3 应用反馈

课后"微型"练习题目为:电动势为 E、内阻为 r 的电源与定值电阻 R_1、R_2 及滑动变阻器 R 连接成如图 7-4 所示的电路, 当滑动变阻器的触头由中点滑向 b 端时,下列说法正确的是(　　)

A.电压表和电流表读数都增大

B.电压表和电流表读数都减小

C.电压表读数增大,电流表读数减小

D.电压表读数减小,电流表读数增大

学生从局部电路阻值变化入手,滑动变阻器的触头由中点滑向 b 端时,分析出并联支路电阻增大,由此可知路端电压变大,同时并联部分的电压变大,故通过电流表的电流增大,选择 A 选项。

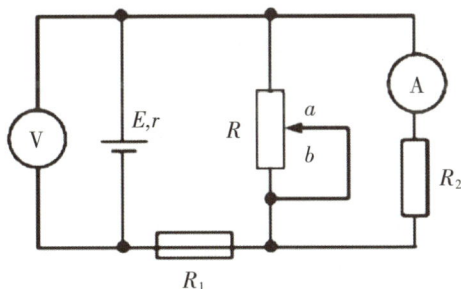

图 7-4　电路图

第八章

研究总结

第1节　研究结论

通过本课题的研究,通过实验教学资源的有效开发和实验教学过程中的精心组织,确实促进了实验对象物理学科核心素养的发展,这主要依赖于以下几个方面。

1 提升学生物理学科核心素养的有效措施

1.1 转变教学行为——提升学生物理基础的前提条件

要提升学生的物理基础,提高学生的物理学科素养,教师作为人才培养者,不仅要通过自己掌握的知识影响学生,还要通过自己的人格魅力和言传身教去感染学生。教学必须坚持在日常教学中由教师中心、重传授、重结果向学生中心、重发展、重过程转变。

1.1.1 "教"向重"学"转变

现实物理课堂教学中,依然存在教师"牵着"学生走的情况,学生围绕教师转,学生的"学"是配合和适应教师的"教",教师把自己作为教学中心,放在支配者的地位。这种"教"的恶果之一是学生习惯被动学习,学习的自主性渐渐丧失,最终必然是"启而不发","基础不牢,地动山摇"也就顺理成章了。所谓重学,是指物理知识的教学、方法的获得、科学态度的形成、学科思想和精神领悟等是通过学生自己学习并形成正确的学习策略来实现的。因此,打好基础必须依赖学生的自主学习。物理课堂教学应以关注学生的学习状况为主,正如叶圣陶说过的,"最要紧的是看学生,而不是光看老师讲课"。

1.1.2 "结果"向重"过程"转变

重结果轻过程是目前物理教学中也存在的一种现象。教师在教学中只重视知识的结论,忽略知识的来龙去脉,压缩学生对新知识学习的思维过程,从而削弱了学生从感知到概括的过程,结果造成了感知与概括之间的思维断层;使学生一知半解,似懂非懂,教师貌似达到自己预设的"教学目标",但这种舍本求末的做法对学生打好基础是十分有害的,限制了学生的发展。教师在教学中要注重把重点放在揭示物理知识形成的规律上,让学生通过感知—概括—应用的思维过程去发现、掌握物理规律,发展科学思维,形成系统的物理观念。

1.2 多样化的学习方式——提升物理学科核心素养的根本保证

学习方式是指学生在完成学习任务过程中基本的行为和认知取向,它不是指具体的学习策略和方法,而是学生在自主性、探究性和合作性方面的基本特征。目前,一提起怎样学习物理,许多学生就会想到"看物理书""做物理题""翻充塞书包里的各种教辅资料",并在"一周一测""月考""联考"等各种考试中摸爬滚打,等等,这种深深打下应试烙印的学习方式是把学习建立在人的客体性、受动性和依赖性的基础之上,忽略了人的主动性、能动性和独立性,应主张多样化的学习方式,提倡自主学习、探索与合作的学习方式,让学生成为学习的主人,使学生的主体意识得到张扬,能动性得到提升,创造性不断得到发展。有学者认为,学习方式既反映了学生在完成认知任务时的思维水平,又是学生行为参与、情感参与或认知参与方式及社会化参与的有机结合,其中学生的行为方式是载体,认知和情感因素表达了学习方式的实质内涵,因此,学生学习方式的转变,意味着要改变学生的学习态度、学习意识和学习习惯品质。

因此,如果没有学习方式的转变,没有学习方式的多样化,就不可能打下良好的物理基础,提高科学素养的目标也必将落空。

1.3 科学探究——提升学生物理学科核心素养的主要途径

从学生角度来看,科学探究是一种学习方式,学生在科学探究活动中,通过经历与科学家相似的探究过程,学习物理知识,体验科学探究的乐趣,学习科学探究的方法,领悟科学的思想和精神。

2 提升学生科学研究有效性的途径

2.1 "梯度"式的教学理念在物理教学中的重要作用

探究的过程应由易而难、由简到繁、层层递进,目标要求上不断深化,教师可以逐步递进地提出目标要求,促使学生快速、准确、有序地活动。

学生在教师不断深化的目标的引领下进行探究活动,既不会感到机械乏味,又不会感到高不可及。比如探究加速度与力、质量之间的关系时,如果探究伊始便直接让学生思考实验方案,对于很多学生来说这是一件很难的事情,他们经历了太多的"手把手",甚至这已经成了一种习惯,他们在探究问题时会觉得吃力,常常缺乏主动性,也存在着信心不足的现象。可是,如果因为这些阻碍了探究式学习的落实,探究的过程学生不体会,不实践,那么时间久了他们解决问题的能力必然是有限的,思维的灵活程度自然也会受影响。

教师的引导作用至关重要,可以将一个探究目标先分解成几个小的目标,对上述的探究实例来说,一共给出了三个量,教师可以引导学生思考,要想知道三个量之间的相互关系,可以先探究其中两个量之间的关系,比如说加速度和力的关系,然后再探究加速度和质量的关系。这样,最终的探究目标被分成了两个子目标。只要解决了其中的一个问题,另一个问题也不难解决,因为其解答思路基本上是一样的,这就降低了学生在探究过程中的困难程度。而子目标在处理的时候还可以进行细化,比如在实验步骤中,数据处理是一个关键部分。对于如何分析纸带,可以先让学生思考"从打点计时器打下的纸带上,我们需要得到的是什么物理量",然后带领学生联系匀变速直线运动的规律求出相关物理量,最后让学生自己根据这些物理量的数据作出图像,再从图像的特点来看它表示的物理意义是什么。这样,探究目标被细化,学生更容易操作,不会感到高不可及,能够更好地达成探究目标,优化教学效果。

2.2 "合理"要根据实际的教学对象

一个教师的授课班级往往不是唯一的,不同的班级在班级建设和班级同学整体成长过程中具有一定的差异性,例如班级中性格外向和内向学生的比例,学习积极性较强的学生的比例,以往学习的经验积累等很多因素都在一定程度上影响了班级整体的学习能力。

不同的班级应有不同的方案,对于学习积极性较强、思维比较活跃的班级,可以将梯度设置得稍大一点,给学生更广阔的自由发挥的空间;如果学生探究问题的思维能力较低,思维灵活性稍弱,则梯度就要相对小一点,梯度不能太大,要让学生"够得着"。如果提出的问题或者设置的目标过难,结果班里大多数同学没有思路,甚至没有同学有思路,那么这样的教学环节就成了败笔。当然,梯度也不能过小,学生如果总是能一下子就回答出问题,久而久之他们学习的兴奋点也会降低,不利用于调动学生的学习积极性。所以,问题或者目标的梯度一定要合适,要一步一步地"带"着学生,使学生思考问题时循序渐进、自然流畅,思维活动环环相扣。

"梯度"应体现在教学的重点和难点,而不是要在教学过程中处处设置"梯度",对于有些知识,如果学生已经掌握到了一定程度,则可以让学生直接表述或者教师直接给出,如果还设置"台阶"对于优化教学效果是没有帮助的。"梯度"应该出现在教学中的重点、要求学生掌握程度较深的部分以及学生学习的难点部分,这样可以降低学生在知识理解上和掌握过程中的难度,能够更好地让学生落实知识,理解问题,优化教学效果。不过在时间上一定要注意,假如一节课处处都是"台阶",学生就好像在整节课上都在爬楼梯,容易产生疲倦感。就像好的电影中既需要平铺直叙的部分,又需要跌宕起伏的成分,还需要高潮,需要有始有终,教学过程也是一样的。

2.3 "梯度"式教学理念对教师的专业技能要求

"梯度"理念的落实是需要学生配合的,这是离不开互动过程的,只有在互动中才能更好地将教学目标层层深入,一步一步地达成。成年人一般都和成年人打交道,由于年龄相仿,就较容易设身处地地沟通和共鸣。教师却不同,是与比自己小很多的学生打交道,成人的价值观和孩子的价值观有很大区别,这种价值取向上的差别,会造成师生之间的隔阂。目前师生间的感情隔阂是一个不容忽视的问题,也是师生无法享受教育幸福的重要原因。可以说,良好的与学生的交往能力的缺失,会直接影响师生课堂互动的质量。

在课堂上，健康向上的课堂氛围对教学效果是非常有益的，当然这是需要教师来组织和管理的。需要教师有一定的组织和管理能力，其实这种能力本身也是一种艺术。这不是一蹴而就的事情，是需要在平时不断积累的，教师从书本理论上和教学案例上获取经验，提升自身组织课堂的能力水平，在进行"梯度"式教学过程中是有重要作用的。

3 运用积极心理学知识，引导学生健康发展

3.1 培养学生"关注优点"，排解负面情绪

近年来，心理学家们在处理不断增加的抑郁病例中，发现最有效的方法，不是直接专注于抑郁或者焦虑，而是培养积极的个人优点，培育激情。盖洛普组织做过一项全球民意调查，显示在中国、美国、日本和欧洲，大多数人认为，如果要成功，关注自己的缺点比关注优点更重要。而事实上，那些更注重自身优点的人，不仅更开心，从长远来看他们也更成功。

在物理实验教学中，培养学生学会"关注优点"，有助于学生排解负面情绪、调整积极的学习心态。教师要"教"学生从"提升"的角度分析不足，要让学生认识到："悲观情绪"并不能解决已经存在的问题，通过自我剖析寻找提升空间和改进方法，找准方向继续努力才能弥补不足、取得进步。

3.2 培养学生"安静内省"，加深学习印象

积极心理学提出了"练习时间"的概念，指教师在课堂教学中暂停授课一段时间，让学生进行安静内省。内省时，学生大脑中会重放学习经历，使得之前的学习内容更好地保留下来。这一观点已经得到了麻省理工学院戴维·福斯特（David Foster）和马修·威尔逊（Matthew Wilson）两位教授的实验验证。

"安静内省"可以帮助学生调节学习节奏，巩固课堂吸收效果。例如，在物理实验课上，教师先带领学生学习实验原理、实验过程和注意事项等内容。然后，教师安排两到三分钟的"练习时间"，让学生的大脑重放"实验操作过程"和"实验注意

事项",加深对实验各环节的学习印象,从而降低学生动手操作的失误率。在习题课上,教师也要给学生留出时间进行回味。

3.3 培养学生"管理精力",促进习惯养成

很多同学在学习中存在"计划的很好,实现的很少"的情况,通常"起步高,持续短,效果差",最终没有养成良好的学习习惯。积极心理学中明确,习惯养成是需要消耗精力的,如果一下子要在很多事情上消耗精力,是很难做到的。正如吉姆·洛尔(Jim Loehr)和托尼·施瓦茨(Tony Schwartz)撰写的《精力管理》一书中所提到的:"我们上紧了发条,但我们却彻底垮了。"因此,学会"管理精力"对习惯养成有重要作用。

学生自身很难领悟到如何"管理精力",需要教师的指导。例如:培养学生的物理实验课程学习的预习习惯,可以分成四个阶段。第一阶段,教师只要求学生知晓实验探究的主要任务;第二阶段,教师增加预习任务,要求学生提前设计实验探究方案;第三阶段,继续增加预习任务,要求学生形成实验前的实验报告;第四阶段,在之前预习任务的基础上,要求学生能够分析实验中存在的误差以及优化办法。教师让学生在达成一个阶段的预习目标之后,再进入下一个阶段。每个阶段都只有一个新要求,学生就能更好地集中精力坚持下来,最终形成自己的习惯。

3.4 培养学生"主动参与",增进"积极体验"

积极心理学奠基人之一,埃伦·兰格(Ellen J.Langer)教授曾做过这样的研究,让一群老人置身于20年前的环境中,体验回到"年轻时代"的生活。一段时间后的研究显示,他们的智力水平提高了,记忆力提升了,视力、听力也改善了,手指骨骼间的距离变小了,而这些都是"年轻"的迹象。由此可见"积极体验"对人的影响。在教学过程中,"积极体验"同样发挥着重要作用,有助于培养学生的学习自信心和积极性。教师可以引导学生主动参与到实验教学中,通过自我展示,增进学生的"积极体验"。

4 "五环节"学习模式

实验教学可以构建"观察—质疑—探究—验证—延伸"五环节学习模式,让学生更有效地参与到探究学习中,提升物理核心素养。以"探究感应电流的产生条件"为例,如图 8-1 所示。

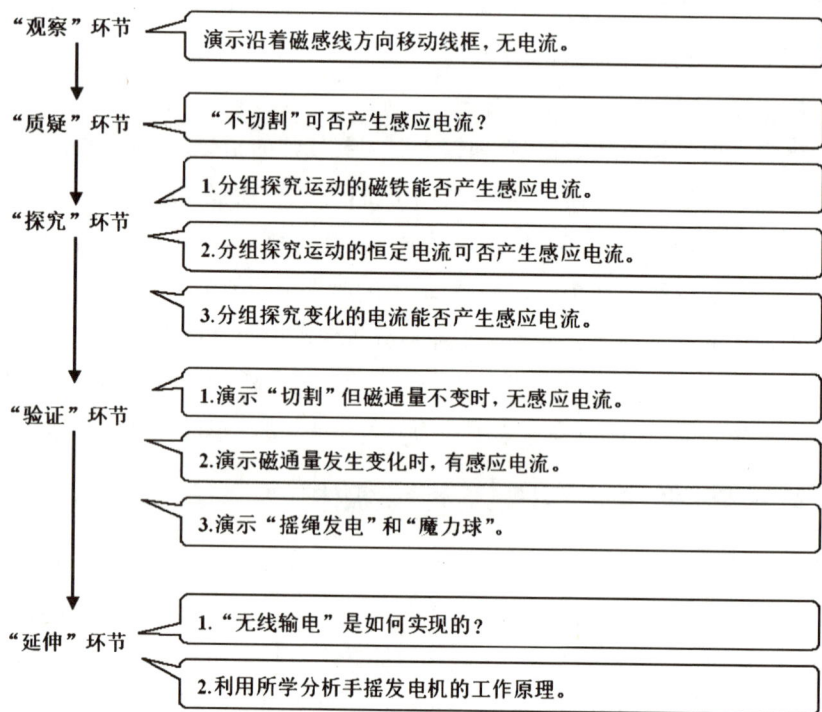

"观察"环节 —— 演示沿着磁感线方向移动线框,无电流。

"质疑"环节 —— "不切割"可否产生感应电流?

"探究"环节 —— 1.分组探究运动的磁铁能否产生感应电流。
2.分组探究运动的恒定电流可否产生感应电流。
3.分组探究变化的电流能否产生感应电流。

"验证"环节 —— 1.演示"切割"但磁通量不变时,无感应电流。
2.演示磁通量发生变化时,有感应电流。
3.演示"摇绳发电"和"魔力球"。

"延伸"环节 —— 1."无线输电"是如何实现的?
2.利用所学分析手摇发电机的工作原理。

图 8-1 探究感应电流的产生条件

4.1 通过"递进"式任务驱动,培养学生的思维探究能力和实验探究能力

★环节 1:复习旧知,导入新课

创设问题串,演示验证:

1.如何产生感应电流?

——抓住"闭合回路"和"切割磁感线"。

2.演示:沿着 y 轴移动线框,无电流(见图 8-2)。

——准确理解"切割"的含义。

3."不切割"可否产生感应电流?

——给学生时间思考,回忆法拉第的归因,引出本节课即将探究的重点方向。

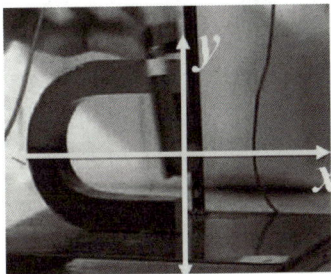

图 8-2 实验演示

★环节 2:合作探究,寻找规律

设计思路:明确任务—合作探究—展示交流—得出结论。

1.组织学生进行三项探究活动

(1)探究运动的磁铁能否产生感应电流?(见图 8-3)

(2)探究运动的恒定电流能否产生感应电流?(见图 8-4)

(3)探究变化的电流能否产生感应电流?(见图 8-5)

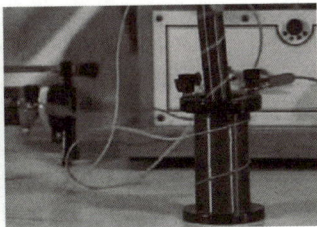

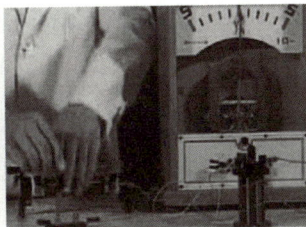

图 8-3 探究运动的磁铁能否产生感应电流

图 8-4 探究运动的恒定电流能否产生感应电流

图 8-5 探究变化的电流能否产生感应电流

2.学生展示实验操作及现象分析

(1)在线圈中插入和拔出磁体时有电流,静止时没有。说明"运动的磁体"可以产生感应电流。

(2)通电小线圈插入或拔出大线圈时,大线圈中有电流,静止时大线圈中没有电流产生。说明"运动的恒定电流"可以产生感应电流。

(3)按图 8-5 进行实验时,在开关闭合、断开瞬间,以及移动滑动变阻器的滑片时有电流。进而明确"变化的电流"可以产生感应电流。

3.教师引导学生进行归纳(见图 8-6)

(1)法拉第认为"磁生电"是一种在变化的、运动的过程中才能出现的效应。在探究实验中,是什么在变化?

——学生研讨,认识到是线圈中的磁场在变化。

(2)导体棒"切割"磁感线时也产生了感应电流,那是什么在变化?

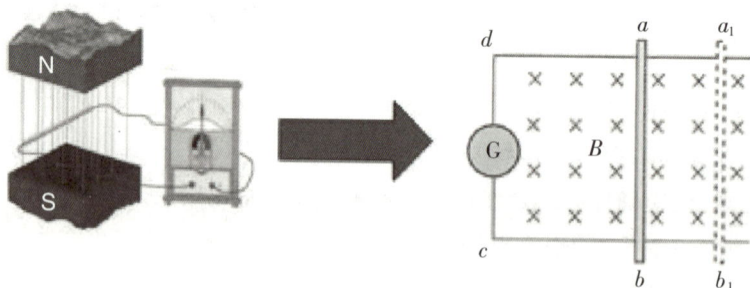

图 8-6 感应电流的产生

——学生研讨,可以发现磁场穿过闭合回路的面积发生了变化。

(3)"B"和"S"不管谁发生了变化,都会引起一个物理量的变化,是否学过这样一个物理量? 如何做进一步的归纳?

——学生领悟:闭合回路中只要有磁通量的变化,就有感应电流。

4.2 通过"实验验证"和"拓展延伸",培养学生严谨的科学态度

★环节3:实验验证,确定观点

图 8-7 让线圈切割磁感线　　图 8-8 转动线圈　　图 8-9 伸缩环形线圈

1.实验验证

(1)如图 8-7 所示让线圈切割磁感线,但是保持磁通量不变,观察实验现象无感应电流产生。

(2)如图 8-8 所示转动线圈,磁通量发生变化,线圈中产生了感应电流。

(3)如图 8-9 所示伸缩环形线圈,从而改变其"S",发现环形线圈中产生了感应电流。

引导学生得出结论:只要闭合回路中有磁通量的变化,闭合回路中就有感应电流。

2.趣味体验

(1)学生观察闭合线圈靠近等离子球时,连接在线圈上的小电珠发光,这是为什么呢(见图 8-10)?让学生试着利用本节课所学知识分析原因,调动学生学习兴趣。

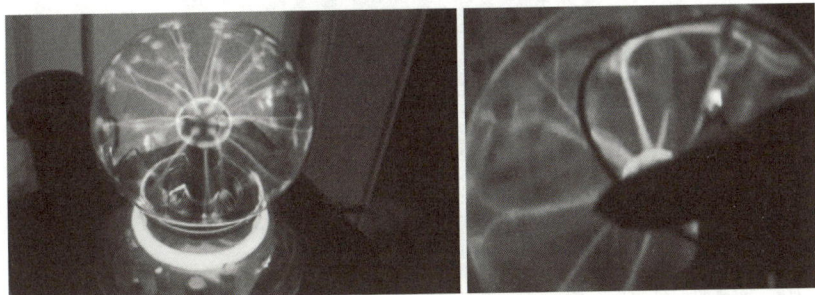

图 8-10　小电珠发光

(2)学生观察利用导线切割地磁场也可生电,增强学习体验(见图 8-11)。

图 8-11　利用导线切割地磁场

★ 环节 4：巩固理解、拓展延伸

1.练一练

通过练习与反馈，帮助学生加深对产生感应电流条件的理解，抓住"闭合回路"和"磁通量的变化"这两个要素。接着，组织学生针对本节课所学内容进行课堂小结。

2.物理学中的"传承"与"发展"

学生观察无线输电让灯泡发光、给手机充电的过程（见图 8-12）。"无线输电"当前已经实现，并且正在不断地拓宽应用领域。教师引导学生认识到新技术、新产品的产生和发展其实都源自法拉第等科学巨人们曾经的贡献，在"传承"的基础上有了"发展"。

图 8-12　无线输电

"物理学不只是图表和数据，它能带给你很多更珍贵的东西，理性的思维方式、人生的哲学和人生的道路。"这告诉我们让学生终身受益的不只是具体的物理知识，还有所学的知识忘掉之后剩下的东西，这就是物理学科核心素养。物理学科活动才是形成物理学科素养的渠道，新课改让我们教师思考和践行如何使学习过程成为素养发展过程，再转化为解决问题的能力与智慧。教师们在提升学生的核心素养的道路上不断探索前行。

第 2 节　教学建议

1 加强对新课标新教材的理解

　　教师在使用教材之前应当对新课标的理念、课程目标,课程体系与内容组成有所认识。尤其针对课程目标关于核心素养的要求应该有深刻的理解和感悟;尤其相比旧版,新课标在主题内容的调整、增加、删减,值得教师去分析。只有这样在进行教学设计,完成教学任务的过程中针对重难点的把控才有清晰的方向。

　　课题体现学生主体,教师主导地位。产生认知冲突,提出问题让同学们思考,然后引入创新实验,设计创新的分组探究系列实验,让学生自主探究、讨论和交流,在解决问题和问题扩展环节,教师应成为物理情景的创设者,主要时间留给学生讨论,讨论结果对了激励表扬,错了纠正,点拨一下,这样强化了学生的学,体现了学生主体,教师主导的课标精神。在引导学生进行探究的过程中,教师的引导问题要及时还要恰到好处,要把控学生的探究大方向正确,要把问题设置成学生跳一跳能够够得着的深度,引领学生的思维但又不能代替学生的思维,这其中的"度"的把握非常关键。

　　教师的实验操作能力直接影响到他们在课堂中对实验教学的自觉应用程度。因此,若想实验教学实现在物理课堂的常态化,首先物理教师应提升自身的科学探究能力和科学态度与责任。只有在潜意识里将实验教学作为物理课堂上不可或缺的重要环节,才能真正发挥实验教学的作用,对开发学生潜能产生积极影响。

　　教材在渗透知识过程中呈现的方式是多样的,例如讲述物理学史时,介绍科学家的事迹,包括科学家的实验设计思路、理论思想。设置"STSE"栏目引导学生联系生活实际,体会科学技术与社会发展、能源利用、环境保护的关系;同时新教材也关注我国的科学进步。教师应该抓住教材信息,将科学本质、科学态度与责任的观念释放给学生,坚定学生的科学态度,培养学生的科学责任。

2 加强对实验教学资源的开发

实验资源的开发是本着简单、实用、准确和便于操作与暂停的原则进行的,但是也带来了实验时分力、合力到底是哪个力的问题,教师一定要在实验前交代清楚,防止出现探究过程的前概念不清,根基不稳的问题出现。

高中学生和教师直接面对的是高考,因为实验考查在高考中所占比重较少,所以实验教学并没有引起老师和学生足够的重视。但从核心素养的角度出发,物理实验的探究对学生物理观念的建立,探究能力的提高都起到很重要的作用,因此,从长远角度思考,教师应该引导学生重视物理实验,从而对激发学生潜能起到积极的推动作用。

实验课作为一节大课,将科学探究的环节逐步呈现,旨在培养学生科学的探究素养。利用好"实验课"的教材内容,把控实验的原理、设计的方案、实验仪器的使用与读数、实验数据的处理、实验的误差分析与评估。将学生进行分组实验,在实验教学的过程中引导学生参与问题、证据、交流、评估的活动中去,培养学生的创造能力、实验操作能力、合作交流的能力,最终上升为科学探究素养的目标落实。

3 加强对实验组织形式的优化

成立物理实验兴趣小组,让学生自己探索物理规律。为学生提供自主、探究、合作的学习条件,在已有物理理论知识和实验基本技能的基础上,经过思考、探索,从而创造性地解决物理问题、分析物理现象、掌握物理知识,使学生的创造思维得到训练,让学生的创新意识、实践能力得到增强。

学生对未知事物的探索存在着广阔的空间和诸多的不确定性,在不知道向心力的大小由哪些物理量决定时,会有很多的猜想,如果要将每个猜想进行逐一探究,一节课将会很难完成教学任务。因此,在教学过程中,教师对学生要进行实时、准确的引导,使学生的探究聚焦到关键的物理量上,提高学生小组合作、科学探究的准确性和积极性。同时要注意引导学生利用正确的科学方法研究物理问题,最终得出正确的物理规律。

课堂引入竞争机制。以小组为单位,以问题为主线,要求学生先独立思考,然后与同组同学讨论,最终形成统一答案,这样既能锻炼学生多方面能力,如独立思考能力、语言表达能力,又能激发学生主动性、积极性,抓住中学生好强心理,引入小组间竞争,让好学者更好学,让厌学者变得好学,充分调动全班同学一起学习物理知识,提高同学们学习物理的兴趣。

在常规教学中多数老师忽略课本的节后题,以习题资料书取而代之。而习题的全面设计作为新教材的一大亮点,教师在教学中应当予以足够的重视。节后题作为构建知识,完善素养目标的补充,题目顺序大致与课本知识呈现顺序一致。教师在新课教学过程中可挑选节后题作为教学活动的一部分,采取口头提问,黑板验算的形式,讲练结合,逐步达到知识的掌握与应用。而节后题、章后复习 A 组题,主要对应学业水平层级二,符合全体同学的学习需求,应该在教学完成后进行跟进。而至于章后复习 B 组题,主要对应学业水平三甚至四。可选择有针对性的题目进行布置和讲解,以此来培养学生解决综合问题的能力。对于自我要求较高、能力较强的学生可全部布置。

第3节　研究展望

为了完成好"培养什么人、怎样培养人、为谁培养人"的根本任务,课题立足于学科课堂教学实际,落实立德树人根本任务。课题组成员将进一步从激发兴趣—优化兴趣—稳定兴趣—强化兴趣,变"苦学"为"乐学",从无意注意—有意注意—学科情感—人文素质教育,让课堂气氛活跃轻松,情境设计最优化。让学生在学到知识的同时,也培养了创造能力和开拓精神。在学习过程中也要适时做好思政教育,在感受国之强大,为国自豪的同时,教育引导学生把人生抱负落实到脚踏实地的行动中,把学习奋斗目标同民族复兴的伟大目标相结合,立鸿鹄志,做奋斗者。

在教育教学中我们应该继续重视实验资源的开发和优化，一方面充分利用已有的实验设备。传统实验不可取代，要开设完备，另一方面辅以探究实验。探究实验室中，充分利用各种传感器设备，可实现将抽象的、微观的教学内容具体化、放大化。如在电磁学实验教学中，实验现象抽象，再加上受限于传统的实验手段和方法，使一些物理现象不能够清晰展现，影响了学生对物理规律的认识，甚至因为电磁学的"抽象、枯燥"而失去了学习物理的信心，形成了教学中的一个难点。如果将电流传感器引入自感实验中，就可使这种状况大大改观。先将实验进行改进，然后教师引导学生对电流的变化过程进行分析研究，学生直接看到了实验现象，并将电流随时间的变化记录为图像。这样既可实现学生分组进行探究式学习，培养动手能力和合作精神，也可以将教学难点攻破。

随着教育改革的不断深入，国家一直在加大教育方面的投入，实验室条件会越来越好，加之国家对于人才的需求，作为一线物理教师，更应该在日常教学中，积极思考，勇于创新，注重学生的终身发展，注重培养学生的实践能力，为社会主义建设培养更多优秀人才。在今后的教学中，可以进一步健全"分层教学"和"问题驱动式"实验教学方法的教学效果评价体系，扩大样本容量，选取多地区不同水平学校进行纵向和横向研究，使研究结果和研究结论更具代表性。

参考文献

[1]廖伯琴.普通高中物理课程标准(2017年版)解读[M].北京:高等教育出版社,2018.

[2]陈查芬.开展物理课外活动 提高学生综合素质[J].群文天地,2011(16):134.

[3]吴维宁.建构主义教学观与物理教学模式[J].物理教师,2002(10):3-6.

[4]张秀美.问题教学法在高中物理教学中的应用[D].济南:山东师范大学,2015.

[5]季国清,刘孝廷.科学态度是科学素质的核心[J].北方论丛,2004(03):102-105.

[6]苏利霞.新课标下高中物理教材实验设置的分析与研究 [D].济南:山东师范大学,2015.

[7]曹义才.基于核心素养导向的中学物理实验教学表现性评价[J].物理教师,2016,37(07)9-11.

[8]余文森.从三维目标走向"核心素养"是课改深化的标志[J].湖北教育(教育教学),2017(08):1.

[9]邓子为.基于自我效能感的高一物理探究性实验教学研究[D].上海:上海师范大学,2021.

[10]朱向阳.新课标高中物理创新实验集锦[C].第三届中国教育技术装备论坛,2008.

[11]陈洪华.刍议高中物理力学实验的改进实践[J].新校园(中旬),2017(03):112.

[12]韦淑敏.自制教具在初中物理教学中的实践研究[D].天津:天津师范大学,2012.

[13]卢肖然,马彬,邓莉,张诗按,国译镕,李浩源.加速度测量中气垫导轨的气流理论分析及实验优化设计[J].大学物理实验,2021,34(03):18-21+35.

[14]王金.用"单摆测定重力加速度"实验的创新改进[J].中学物理教学参考,2021,50(14):66-67.

[15]严一格.探究高中物理力学实验的改进与创新[J].教育,2016(02):187-188.

[16]杜纵秋.如何打造一堂高效的物理课——对推行高效课堂的反思和总结[J].青少年日记(教育教学研究),2014(06):83.

[17]沈化旺.浅谈如何做好高中物理力学的生活化教学[J].读与写(教育教学刊),2015,12(11):164.

[18]崔柏冬.高中物理力学重要实验分析[J].中学物理,2014,32(19):58-59.

[19]张海军.测量重力加速度的五种方法[J].中学物理教学参考,2012,41(04):24-25.

[20]张兆奎,缪连元,张立,钟菊花.大学物理实验[M].上海:华东理工大学出版社,1996.

[21]李琬莹.高中物理学科核心素养及培养初探[D].武汉:华中师范大学,2017.

[22]张伟.中学物理实验教学研究与演示教具设计[M].呼和浩特:内蒙古出版社,2001.

[23]中华人民共和国教育部.普通高中物理课程标准(2017年版)[M].北京:人民教育出版社,2018.

[24]钟启泉.基于核心素养的课程发展:挑战与课题[J].全球教育展望,2016,45(01):3-25.

[25]陈小平.创新实验设计,培养高中生的物理核心素养[J].课程教学研究,2016(10):67-71.

[26]李佩珊,许良英.20世纪科学技术简史(第二版)[M].北京:科学出版社,1999.

[27]德国物理学会.新世纪物理学[M].中国物理学会,编译.济南:山东教育出版社,2005.

[28]齐磊磊,张华夏.论模型——它的概念、分类与评价标准[J].科学技术哲学研究,2018,35(03):16-21.

[29]林定夷.科学的进步与科学目标——科学认识论与方法论之探究[M].杭州:浙江人民出版社,1990.

[30]陶洪.物理实验论[M].南宁:广西教育出版社,1996.

[31]李春望.高中物理趣味实验校本课程初探[J].南北桥,2017(22):154.

[32]索铭泽.初探高中物理趣味小实验——以力学实验为例[J].课程教育研究(新教师教学),2016(32):164,182.

[33]隋山南.高中物理课堂趣味实验演示教学探析[J].高中数理化,2014(02):40.

[34]高悦龙.网络教学资源在高中生物课堂教学中的应用[J].学周刊,2019(12):137.

[35]王宇.高中生物课堂教学情境创设策略浅析[J].学周刊,2019(11):39.

[36]郝柏林.物理是一种文化[J].物理通报,2012(12):2-5.

[37]王茜慧.基于哈萨克牧民生活经验的初中物理课程资源开发与利用研究[D].伊宁:伊犁师范学院,2018.

[38]张丽.高中低成本趣味物理实验的设计与制作[D].昆明:云南师范大学,2016.

[39]林明华.高中物理核心素养的内涵与培养途径[J].福建基础教育研究,2016(02):4-6.

[40]邢红军.物理教学论[M].北京:北京大学出版社,2015.

[41]陈晓彬.基于核心素养的高中数学教学策略研究[J].试题与研究(教学论坛),2019(21):184.

[42]翟尧顺.在物理实验教学中培养学生的创新能力[J].新课程研究(基础教育),2009(10):169-170.

[43]赵忠文.基于核心素养的高中物理实验教学的创新与实践[J].名师在线,2019(35):74-75.

[44]艾伦.关于中小学实验教学概念的讨论[J].中国现代教育装备,2015(06):79-81.

[45]邢红军.物理学科核心素养:透视、商榷与重构[J].教育科学研究,2018(11):5-14.

[46]田爱奎.支持自主学习的数字化教学游戏研究[D].上海:华东师范大学,2007.

[47]李美芬.大理州高中物理实验教学情况调查及实践研究[D].昆明:云南师范大学,2014.

[48]谢忠祥,张勇.以专业需求为导向的大学物理分类教学改革——以湖南工学院为例[J].读与写,2019,16(22):1.

[49]朱光华.看美国中学物理实验活动,反思我国物理实验教学[J].物理通报,2006(03):39~41.

[50]蒋华莉.斯人已去 风范长存——回忆我的老师朱正元教授的一些往事[J].物理教师,1995(01):34.

[51]柴秀芹,王凤程.基于核心素养的高中物理实验课教学——"验证机械能守恒定律"教学设计[J].中学物理教学参考,2017,46(10):24-25.

[52]王晓静.力的合成分解仪[J].高中数理化,2018(24):36.

[53]杨帆.高中物理有效思维课堂的构建 ——以《力的合成》教学设计与实施过程为例[J].延边教育学院学报,2020,34(03):235-237.

[54]张彩霞.优化教学设计 落实核心素养——以《力的合成》教学设计为例[J].新课程(下),2019(10):102-103.

[55]罗松平,田杰,王文波.优化物理实验探究 培养学科核心素养——以"力的合成"教学设计与实施过程为例[J].物理教师,2017,38(06):33-35+39.

[56]叶晟波.培养核心素养视角下"力的合成"的教学设计和实施[J].物理通报,2020(04):67-70.

[57]邢红军.原始问题教学:一种创新的物理教育理论[J].中国教育学刊,2011(04):46-49.

[58]王荣德,沈建民.杨振宁的物理教育思想及其对我国物理教育改革的启示[J].物理教师,1997(06):46+29.

[59]谭帮换.浅析施瓦布科学探究思想及科学教师培养方法[J].世界教育信息,2010(01):49-52.

[60]田宝,戴天刚,赵志航.教育心理学[M].北京:首都师范大学出版社,2010.

[61]邹南杰.高中物理力学实验改进及其在教学中的应用研究[D].重庆:西南大学,2020.

[62]廖伯琴.基于《普通高中物理课程标准(2017年版)》的修订版高中物理教材解读[J].福建教育,2020(19):28-33.

[63]赵振宇,孙浩楠.学科素养下的物理实验教学应注意的问题[J].物理教学,2019,41(01):33-35.

[64]马新平.高中物理核心素养的内涵与培养途径浅探[J].读写算,2019(29):108.

[65]徐卫华.活动为媒 思维为翼——高中物理教学促进核心素养落地的思考[J].物理教师,2020,41(10):35-36+47.

[66]王爱松.浅析核心素养下高中物理教学设计优化的关键环节[J].高考,2019(17):240.

[67]张秀娟.核心素养下的高中物理实验教学策略研究[J].试题与研究,2021(19):161-162.

[68]赵刚.基于核心素养下高中物理实验的有效教学模式[J].考试周刊,2021(53):135-136.

[69]廖伯琴,李洪俊,李晓岩.高中物理学科核心素养解读及教学建议[J].全球教育展望,2019,48(09):77-88.

[70]刘旭,于伟平.高中物理实验课程建设的思考与实践[J].辽宁教育,2021(13):53-55.

[71]余俊文,孔唯民.学会自主提问提升高阶思维品质的理性思考——以高中物理实验教学为切入点[J].教育科学论坛,2021(16):17-19.

[72]张为宏.高中物理实验教具创新三例[J].教育研究与评论(中学教育教学),2021(04):87-90.

[73]夏峰.高中物理实验化的教学研究[J].高考,2021(10):77-78.

[74]廖伯琴.课程标准与教材修订(三)——如何在教材中凸显物理实验的育人功能[J].物理教学探讨,2020,38(03):1-5.

[75]陈龙.核心素养大背景下高中生学习物理科目的有效策略[J].家长,2021(21):102-103.

[76]郭海茸.浅谈核心素养理念下高中物理教学的特色课堂构建策略研究[J].考试周刊,2021(54):128-129.

[77]郭家,杨有贞,强文华,曾建成,高永伟.基于现代信息技术的中学物理实验改进——以"探究加速度与力、质量的关系"为例[J].湖南中学物理,2020,35(02):52-55+24.

[78]王建峰."DISLab数字化信息系统"在物理实验中的应用——"探究加速度与力、质量的关系"的教学设计与赏析[J].物理教师,2011,32(06):33-35.

[79]马云秀.基于认知负荷理论的物理实验教学研究——"探究加速度与力、质量的关系"教学案例分析[J]湖南中学物理,2015,30(10):71-73.

[80]常欣,王沛.认知负荷理论在教学设计中的应用及其启示[J].心理科学.2005(05):1115-1119.

[81]马锦英,陈毅萍.认知负荷理论在教学设计中的应用[J].重庆科技学院学报(社会科学版),2008(11):200-201.

[82]梁旭.认知物理教学研究[M].杭州:浙江教育出版社,2011.

[83]汪小明.创新实验方案 培育学科素养——探究加速度与力、质量的关系实验方案的改进[J].物理教师,2019,40(12):46-49.

[84]李春雨."探究加速度与力、质量的关系"实验的创新与改进[J].中学物理教学参考,2021,50(15):58-60.

[85]李春密.核心素养导向的高中物理教学设计[M].北京:北京师范大学出版社,2019.

[86]丹东尼奥,等.课堂提问的艺术——发展教师的有效提问技能[M].宋玲,译.北京:中国轻工业出版社,2006.

[87]西尔弗.科学鬼才——物理科学实验125例[M].张辉,张娜,译.北京:人民邮电出版社,

2012.

[88]曹广福,张蜀青.问题驱动的中学数学课堂教学:理论与实践卷[M].北京:清华大学出版社,2018.

[89]温彭年,贾国英.建构主义理论与教学改革——建构主义学习理论综述[J].教育理论与实践,2002(05):17-22.

[90]施良方.学习论[M].北京:人民教育出版社,2001.

[91]张军朋,李德安,全汉炎.高中物理课程实验设计[M].广州:广东教育出版社,2011.

[92]薛贵,孟现柱.基于高中物理实验教学,培养学生的科学探究能力:以《牛顿第三定律》为例[J].湖南中学物理,2018,33(10):94-95+71.

[93]柴秀芹,王凤程.基于核心素养的高中物理实验课教学:"验证机械能守恒定律"教学设计[J].中学物理教学参考,2017,46(10):24-25.

[94]何少娜.基于核心素养的高中物理实验教学设计探讨:以《测定电池的电动势和内阻》为例[J].湖南中学物理,2018,33(03):58-60+44.

[95]徐海鹏.让物理课堂"魔力十足"的低成本小实验[J].物理教学探讨,2015,33(10):60-61.

[96]王建中.中学物理教学设计与案例研究[M].北京:科学出版社,2012.

[97]邢红军.高中物理高端备课[M].北京:中国科学技术出版社,2014.

[98]胡扬洋,王慧.剖析超重与失重"判据"引发的教学疑难问题[J].中学物理教学参考,2013,42(07):28-30.

[99]赵凯华,张维善.新概念高中物理读本[M].北京:人民教育出版社,2006.

[100]张训池.如何做好高中物理实验教学工作[J].电子制作,2013(04):145.

[101]任建伟.对高中物理实验教学的浅议[J].群文天地,2012(24):168.

[102]刘炳升,冯容士.中学物理实验教学与自制教具[M].上海:上海教育出版社,2000.

[103]刘炎松.物理实验创新研究:"非常规"物理实验设计制作能力培养[M].北京:冶金工业出版社,2009.

[104]张安,袁小春.例谈高中物理自制教具的开发和研究[J].中学物理教学参考,2014,43(09):70-72.

[105]陈芳.高中物理自制教具的有效利用与对学生能力培养的研究[J].中国现代教育装备,2012(08):30-31.

[106]吴龙忠.自制热学及电磁学实验演示仪[J].中学物理教学参考,2015,44(09):67-70.

[107]黄悦.基于核心素养的高中物理实验教学的创新与实践[J].科学咨询(教育科研),2020(11):250.

[108]束成.物理创新实验教学的多元探索[J].中学课程资源,2020(10):23+17.

[109]侯建华.谈高中物理实验教学中学生创新思维的培养[J].学周刊,2020(33):151-152.

[110]耿玉琴.探究高中物理实验教学的设计方案[J].天天爱科学(教学研究),2010(11):80.

[111]李文渊.高中物理传统实验与DIS实验的比较研究[J].考试周刊,2020(49):125-126.

[112]张帅.DIS实验系统在高中物理实验教学中的应用[J].科普童话,2020(17):4.

[113]张凌英.传感器与中学物理实验的整合[J].启迪与智慧(中),2020(06):62.

[114]田海霞.传感器在物理教学中的应用案例研究[J].中国现代教育装备,2011(14):41-43.

[115]许琼."验证机械能守恒定律实验"——从传统到DIS的变革[J].物理教学,2020,42(10):34-36.

[116]陈德康,郝睿,李林森.基于现代信息技术的中学物理实验改进——以"验证向心力表达式"为例[J].中学物理教学参考,2020,49(01):24-27.

[117]赵德超.传感器在基础物理实验中的应用[D].锦州:渤海大学,2007.

[118]余雪妹.传感器在高中物理新课程实验教学中的应用与思考[J].物理教学探讨,2011,29(02):70-73.

[119]陈余行,李铭涛,肖佑升.传感器在物理实验中的应用探讨[J].上海工程技术大学教育研究,2010(04):33-35+49.

[120]姜立芳.高中物理教学中学生创新能力培养刍议[J].高中数理化,2013(02):42.

[121]朱永波.浅谈如何提高学生的物理实验能力[J].中学生数理化(学研版),2012(08):57.

[122]李良发.浅谈如何在中学物理实验课程中提高学生的动手能力[J].新校园(学习),2012(03):109.

[123]邹福来.浅谈中学生物理实验能力的培养[J].中学课程辅导(教师通讯),2011(11):66-67.

[124]严廷均.浅谈在物理实验教学中学生能力的培养[J].时代报告(下半月),2011(11):143.

[125]禚彦.DIS实验在高中物理教学中的应用[J].中国教育技术装备,2011(01):197-198.

[126]徐秋实.基于学生核心素养发展的高中物理"电学部分"教材比较研究——以新旧人教版为例[D].南昌:江西师范大学,2020.

[127]潘佳成,须萍.人教版高中物理新、旧教材实验的对比研究[J].物理教学探讨,2020,38(04):22-24.

[128]普通高中物理课程标准修订组.普通高中物理课程标准解读[M].北京:高等教育出版社,2018.

[129]周彬.课堂密码[M].上海:华东师范大学出版社,2009.

[130]肖建华.学科核心素养导向的物理深度实验教学思考[J].中学物理教学参考,2017,46(11):12-15.

[131]符峤山.实验教学中培养学生物理学科核心素养策略研究——以高中电磁学实验为例[D].重庆:西南大学,2020.

[132]林崇德.中国学生核心素养研究[J].心理与行为研究,2017,15(02):145-154.

[133]林崇德.学生发展核心素养与创造性[N].人民政协报,2019-10-09(010).

[134]中共中央国务院.中国教育现代化2035[J].人民教育,2019(05).

[135]彭前程.《普通高中物理课程标准(2017年版)》的变化[J].课程·教材·教法,2018,38(09):99-106.

[136]彭前程.谈对"学生发展核心素养及物理学科核心素养"的理解[J].中学物理教学参考,2017,46(19):1-4.

[137]吴定允,王莉华.高中物理实验资源的开发与利用[J].教育理论与实践,2011,31(11):9-11.

[138]李春密.中学物理实验教学研究[M].北京:北京师范大学出版社,2018.

[139]张玉峰.基于核心素养的高中物理教学重难点突破[M].北京:北京师范大学出版社,2019.

[140]彭前程.积极探索基于核心素养理念下的物理教学[J].中学物理,2016,34(03):1-2.

[141]曹会.高中物理电学实验资源开发与能力培养的初步研究[D].苏州:苏州大学,2010.

[142]迟鑫.基于实验教学培养学生物理核心素养的研究[D].哈尔滨:哈尔滨师范大学,2019.

[143]郭奇花.直流和交流中的动态电路分析[J].物理教学探讨,2011,29(11):16-18.

[144]曹义才.基于核心素养导向的中学物理实验教学表现性评价[J].物理教师,2016,37(07):9-11.

[145]王亚群,顾建新.从2019年江苏高考物理实验题谈实验的表现性评价[J].物理之友,2019,35(08):6-8.

[146]张永杰,基于物理学科核心素养高中物理实验教学的实践研究[D].徐州:江苏师范大学,2017.

[147]戴小民.创新物理实验教学 落实学科核心素养[J].实验教学与仪器,2019,36(11):9-11.

[148]陈国文.回归真实实验 成就精彩课堂——"闭合电路欧姆定律"课例研究[J].福建基础教育研究,2014(08):60-62.

[149]李晶,邢红军.多用电表原理的教学研究及对物理原理教学的反思[J].湖南中学物理,2018,33(01):36-38.

[150]朱小青,对高中物理教学中培养学生科学思维素养的反思[J].中学物理教学参考,2018,47(11):4-7.

[151]游桂章.高中生谈高中物理电学实验难点的应对策略初探[J].科技风,2018(33):26.

[152]刘辉.高中物理实验教学的改进策略与方向[J].科学咨询(教育科研),2020(11):275.

[153]沈哲.利用物理实验课题化提升以科学探究为核心的物理学科素养[J].科学咨询(教育科研),2020(06):134-135.

[154]吕玉珍.基于高考电学实验试题设计的物理实验教学策略研究[J].文化创新比较研究,2019,3(07):182-183.

[155]单海荣.电学实验在高中物理课堂中的开展[J].科学咨询(教育科研),2018(11):74.

[156]黄中秋.高中物理电学实验教学之管见[J].中学物理教学参考,2017,46(18):30-31.

[157]王青.高中物理教学核心素养:演示实验创新[J].高考,2021(19):143-144.

[158]朱杏英.核心素养视角下高中物理课堂演示实验的实施策略[J].教育与装备研究,2021,37(04):50-53.

[159]马等兰.核心素养导向的高中物理演示实验教学探究[J].考试周刊,2021(29):129-130.

[160]黄荣建.融入核心素养优化物理教学[J].高考,2021(12):47-48.

[161]刘阳杰.基于"核心素养"理念下对高中物理课堂教学的几点认识[J].高考,2021(12):59-60.

[162]雷伟.以核心素养为导向的高中物理实验教学[J].高考,2021(11):19-20.

[163]白彩丽.浅谈如何在高中物理教学中利用"情境创设"提高学生的核心素养[J].新课程,2021(12):51.

[164]张锦.基于核心素养下的高中物理融合教学模式中创新能力的培养策略研究[J].学周刊,2021(12):21-22.

[165]王长江,李俊永.人教版高中物理新教材"问题"栏目的优化设计研究[J].物理通报,2021(03):157-161.

[166]夏长丽.新课程框架下的分层教学问题与对策研究——以西安市S中学为案例[D].西安:陕西师范大学,2010.

[167]严建农.高中生物分层教学的实验研究[D].南京:南京师范大学,2005.

[168]杨艳.新课程背景下分层教学发展研究[D].上海:上海师范大学,2011.

[169]任中华.分层教学对中学生学习过程影响的实验研究——以上海市H中学为例[D].上海:上海师范大学,2013.

[170]卢婷.大班额分层教学的行动研究[D].扬州:扬州大学,2013.

[171]唐绪龙.中小学"分科分层不分班"教学研究[D].天津:天津师范大学,2012.

[172]王育鸽.隐性分层教学在高中数学中的实践研究[D].西安:陕西师范大学,2012.

[173]叶琳.分层教学的历史、现状及其反思[D].呼和浩特:内蒙古师范大学,2003.

[174]姚朋利.中学数学分层教学研究[D].信阳:信阳师范学院,2014.

[175]胡萍.学科分层走班教学——基于深圳市两所高中数学教学的个案研究[D].上海:华东

师范大学,2005.

[176]付真真. 高中生物学分层教学的现状及其对策研究[D].烟台:鲁东大学,2013.

[177]齐更新. 分层教学在高中物理课堂教学中的实践研究[D].天津:天津师范大学,2012.

[178]陶墀. 高一化学分层合作教学模式的研究[D].扬州:扬州大学,2011.

[179]殷凤莲. 高中数学分层教学研究[D].石家庄:河北师范大学,2007.

[180]吴梅生. 高三物理复习课分层教学模式的初步研究[D].苏州:苏州大学,2013.

[181]马俐. 高中分层教学管理研究——以四川省 S 中学为个案[D].成都:四川师范大学,2011.

[182]于通超.高中物理电磁学 DIS 实验与传统实验的整合研究[D].长沙:湖南师范大学,2016.

[183]朱正元.加强物理实验提倡自制教具[J]. 人民教育,1978(01):40–43.

[184]左梦兰,卢濬. 儿童认知发展的跨文化研究[M].昆明:云南教育出版社,1990.

[185]顾明远,孟繁华.国际教育新理念[M].海口:海南出版社,2001.

[186]罗星凯. 有理的科学知识被无理地"验证"——从理科教学中实验结果与理论的不相符谈起[J].人民教育,2007(07):36–38.

[187]约翰·杜威.民主主义与教育[M].陶志琼,译.北京:中国轻工业出版社,2014.

[188]于善波.探究式课堂教学刍议[J].佳木斯教育学院学报,2005(02):24–26.

[189]陈晓萍.德国小学科学教育改革及启示[J].新课程研究(教师教育),2007(02):26–28.

[190]尹端津.初中物理实验小项目探究性教学的实验研究[D].重庆:西南师范大学,2004.

[191]左卷健男,龙川洋二.趣味物理实验(上、下)[M].廉源,译.北京:中国民族摄影艺术出版社,2005.

[192]中华人民共和国教育部.教育部关于全面深化课程改革落实立德树人根本任务的意见[Z].教育部,2014–03–30.

[193]郭玉英.闫金铎先生物理教育思想浅识[J].物理教学探讨,2018,36(12):1–3+10.

[194]褚宏启.核心素养的概念与本质[J].华东师范大学学报(教育科学版),2016,34(01):1–3.

[195]余文森.从三维目标走向核心素养[J].华东师范大学学报(教育科学版),2016,34(01):11–13.

[196]崔允漷.素养:一个让人喜欢让人忧的概念[J].华东师范大学学报(教育科学版),2016,34(01):3–5.

[197]北京大学哲学系外国哲学史教研室.西方哲学原著选读(上卷)[M].北京:商务印书馆,1981.

[198]北京大学哲学系外国哲学史教研室.十六—十八世纪西欧各国哲学[M].北京:商务印书

馆,1975.

[199]狄德罗.狄德罗哲学选集[M].北京:商务印书馆,1983.

[200]马克思恩格斯全集 第二卷[M].北京:人民出版社,1957.

[201]恩格斯.自然辩证法[M].中共中央马克思恩格斯列宁斯大林著作编译局,译.北京:人民出版社,1971.

[202]初萌.什么是教育 ——分析教育哲学家彼得斯的观点及评述[J].中国人民大学教育学刊,2013(04):134-144.

[203]张建伟,陈琦.从认知主义到建构主义[J].北京师范大学学报(社会科学版),1996(04):75-82.

[204]雷颖.罗杰斯人本主义理论的内容及意义[J].青春岁月,2015(21):260.

[205]李鑫.基于合作学习的初中物理探究性实验教学的实践研究[D].济南:山东师范大学,2019.

[206]韩世鑫.基于学科核心素养的高中物理探究性实验教学现状研究[D].南昌:江西师范大学,2020.

[207]刘黎明. 论赞可夫的"发展性教学"理论[J]. 湖南教育学院学报,1998(04):68-71.

[208]邢红军.原始问题教学:一种创新的物理教育理论[J].中国教育学刊,2011(04):46-49.

[209]薛金美.试论新课程下物理探究性学习模式[J].新课程研究(教师教育),2008(11):106-107.

后 记

　　本书是天津市中小学"学科领航教师培养工程"高中物理学科首批学员的研究成果。学员分别来自天津市 15 个区,共计 15 位,他们是:吴娜(天津市第二南开学校)、孙涛(天津市第四十一中学)、刘艳辉(天津市第四十三中学)、刘稳(天津市第七中学)、张红(天津市扶轮中学)、沈建伟(天津市第三中学)、李春华(天津市第一百中学)、李月媛(天津市西青区杨柳青第一中学)、李芳(天津市小站第一中学)、张帆(天津市第四十七中学)、李国营(天津市武清区杨村第一中学)、刘成君(天津市静海区第六中学)、祁正群(天津市滨海新区塘沽紫云中学)、张新江(天津市宝坻区第九中学)、付海林(天津市蓟州区第一中学)。学员导师是李维(天津师范大学)和李永惠(天津市第一中学),并担任本书的执行主编。

　　本书由学员在导师的引领下集体讨论,分头撰写。编写分工如下:第一章第 1 节李春华,第 2、3、4 节刘稳;第二章第 1 节张帆,第 2 节李春华,第 3 节吴娜,第 4 节李国营;第三章第 1 节付海林,第 2 节吴娜,第 3 节刘稳,第 4 节李春华,第 5 节张帆;第四章第 1 节李国营,第 2 节李月媛,第 3 节张新江,第 4 节孙涛,第 5 节刘艳辉;第五章第 1 节祁正群,第 2 节张红,第 3 节李芳;第六章第 1 节沈建伟,第 2 节刘成君;第七章第 1、2 节沈建伟,第 3 节李芳,第 4 节张红;第八章沈建伟。

　　由于编者的水平有限,书中难免出现错误和纰漏,热诚希望专家、同行和读者批评指正。

编者

2021 年 8 月 31 日